De esta edición:

www.circulodetiza.es

Título: América

Primera edición: febrero 2017
Diseño gráfico: Miguel Sánchez Lindo
Impreso en España por Imprenta Kadmos
ISBN: 978-84-945719-0-9
Depósito Legal: M-1627-2017

Nuevas Lecturas Compulsivas

Félix de Azúa

Índice

IV. LA LECTURA HOY

Palabras para abrir un libro

En verdad quedan ya pocas justificaciones para editar un nuevo libro. Quienes todavía lo hacemos deberíamos pedir perdón y eso es lo que voy a intentar en las páginas que se avecinan. Aquellos que lo crean innecesario, pueden pasar directamente al salón sin dejar el gabán en la entrada.

Me excuso, desde luego, pero en mi caso es una compulsión antigua que no puedo separar de otras antigüedades como la facultad respiratoria o el fluido sanguíneo. Yo soy yo y mis animales, siendo mis animales el hígado, los ojos, otras partes corporales y la literatura, que en mi caso también es corporal. En un volumen de lecturas editado hace ya unos años traté de infectar mi enfermedad literaria a todos aquellos que podían caer presas del virus Kafka, Proust, James, Stendhal, Nabokov, y así sucesivamente.[1] Vuelvo ahora a intentar la propagación de mi enfermedad, como un ratón bubónico, con nuevas lecturas

1. Félix de Azúa, *Lecturas compulsivas,* Barcelona, Anagrama, 1998.

que han marcado mis últimos años. Lo hago convencido de que en ese tiempo se han inventado muy buenas vacunas contra la lectura y ya casi todo el mundo está sano.

Con ambos libros vengo a corroborar el título de mi segunda autobiografía: la de papel, en donde afirmaba haber tenido una vida de celulosa. En el mejor de los casos. He vivido siempre entre libros, con libros, ante libros, contra libros, rodeado de libros, enterrado en libros. Así como hay mucha gente que cuenta su cáncer, su operación de rodilla, la muerte de su suegra o las dificultades con un hijo agresivo, así yo quiero dejar constancia de la enfermedad de mi vida. Una enfermedad que, debo confesarlo, me ha proporcionado varias vidas, como a los gatos.

Sin embargo, en este volumen me gustaría dirigir no tanto la mirada al papel cuanto el oído al lenguaje. Porque toda esta tristísima introducción deja de lado la parte placentera de mi enfermedad mortal. Y del mismo modo que los enfermos crónicos tienen una voluptuosidad de las sábanas, del estado ensoñado en que los dejan las drogas, del duermevela, de las enfermeras, así también el papel lleva consigo la voluptuosidad suprema del lenguaje, que es lo que el papel soporta.

Desde muy niño jugué con las palabras como si fueran soldados de plomo, me compuse un lenguaje propio o antilenguaje, cambié el sentido de algunos términos, me burlé de los errores que cometían los adultos, coleccioné términos raros, en fin, fui un niño lingüístico. Constato con gran alegría que mi hija, a sus cinco años, ha heredado la enfermedad y se puede pasar horas saboreando la palabra «tuttifrutti» o tratando de encajar «aborrecible».

Esta última la aplica con talento a la burra que Manuel tiene en su finca: «¿A que es muy aburrecible?». Seguramente quiere decir que es una burra adorable o digna de ser amada.

Con el lenguaje he tenido mis propias guerras. No del orden científico, como Ferlosio, sino del orden aficionado, tonto y devoto. Aunque estudié bastante lingüística en los años setenta y ochenta del siglo pasado (como estaba mandado), nunca me sentí cómodo en la anatomía abstracta. Me parecía a mí que el lenguaje sólo entregaba una parte muy pequeña de su ser a la interrogación científica. Por eso la poesía estaba por encima de cualquier posible ciencia. Poesía y lenguaje vienen a ser como el alma y el cuerpo de algo incognoscible. Separar a uno de otro para analizarlo da resultados muy interesantes, pero mata al paciente. O lo que es igual, la lingüística es una ciencia que sólo trabaja sobre cadáveres. Sus resultados son sumamente sugestivos y han dado para toda una saga de novelas negras y gramáticos generativos.

Y es que el lenguaje no se deja atrapar. Si preguntas: «¿Qué es el lenguaje?», estás enunciando una pregunta que carece de respuesta porque el lenguaje no es una cosa sino una actividad. En todo caso habría que decir: «¿Qué (nos) hace (ser) el lenguaje?». Porque es él quien (¿o «lo que»?) nos hace ser lo que somos. Ahora lo traduzco.

El lenguaje es una potencia con la cual los humanos construimos el mundo, y no hay más mundo que el construido por el lenguaje. Puede parecer que el mundo es lo que tocamos con nuestras manos, pero sólo podemos tocar alguna cosa si esta cosa tiene nombre. En un mundo sin nombres no podríamos tocar nada. Es falso que los sordomudos no pertenezcan a nuestro mundo, y lo sabemos desde Diderot. Están en el lenguaje exactamente igual que los demás. Y cuando se les expulsa del mismo, vagan por los campos hasta la extenuación cubiertos de esparto, como en la Edad Media, o mueren en asilos, como ahora.

Se puede defender que el mundo es el lenguaje y viceversa, como parece que acabo de decir, pero sólo es una metáfora porque entre ambos, entre el mundo hablado y el que se puede tocar, hay un abismo que no cruzaremos nunca. No hay ninguna Madame Bovary esperando a que la abracemos después de leerla. Aunque, eso sí, podemos llamar Emma a quien estemos abrazando en ese momento, tratando desesperadamente de establecer un vínculo entre lenguaje y mundo.

A veces los científicos tratan de atraer a los animales superiores hacia el lenguaje. El resultado es decepcionante: ningún simio ha entrado en el lenguaje. Y aunque se habla del «lenguaje de los pájaros», sólo es otra metáfora. Todo lo que no es humano huye del lenguaje, como si temiera ser atrapado por él. El conjunto viviente escapa al tremendo poder de las palabras, como si viera las redes sintácticas y gramaticales en forma de cárceles amenazantes.

El lenguaje es una potencia exclusiva del humano, o su exclusiva cárcel. Sólo el humano hace mundos, los animales que conocemos están condenados a vivir en nuestro mundo, no en el suyo. Por ejemplo, en un «ecosistema», que es sólo el nombre que damos a una jaula para animales. Convertidos en parte de un ecosistema, los animales son más fáciles de soportar. Imaginarlos verdaderamente libres, como hacen algunas sectas místicas, es de nuevo un uso metafórico del lenguaje. Un «animal libre» de nuestra jaula es tan sólo un aglomerado de hidratos de carbono en estado pasajero que se disemina en pocos años.

Siempre tuve presente, incluso cuando estudiaba filosofía, que todo lo enjaulado por el lenguaje está enjaulado por y para nosotros, pero no está enjaulado en sí. Nosotros enjaulamos lo que conocemos, por ejemplo, el sol, pero lo que en verdad esté enjaulado bajo ese nombre nos es absolutamente desconocido. Gases ígneos, decimos en este caso. Empero, incluso «gases ígneos» es una metáfora que trata de encerrar al «sol» y sólo consigue encerrar a la palabra «sol».

A veces se dice que hay conocimientos directos y externos al lenguaje, algo así como un «ir más allá de las palabras», «decir lo indecible» o «hacer hablar al silencio». Son frases que uno encuentra en los poetas malos. Suele aplicarse, por ejemplo, al amor, en cuyo delirio desaparecen las constantes comprobables de algunas personas o cosas. Es posible, pero nunca lo sabremos porque no lo podemos comunicar. A todos los efectos, es como si no fuera. Queda encerrado en el pozo oscuro e intransmisible de nuestra forma muda de ser, de nuestra noche oscura. Es lo que nos hace ser como somos cada uno, pero nunca lo sabrá nadie más.

El lenguaje no es nuestro, aunque tampoco nosotros somos una propiedad del lenguaje. Estamos en él, ciertamente, pero como los peces están en el mar, sin que éste sea suyo, aunque es cierto que el mar es el agua, las medusas, los besugos y los calamares. Forman unidad. Así que el mundo que hacemos con el lenguaje es un mundo compartido, aunque no sepamos con quién (¿o con qué?). Sabemos, es indudable, que el lenguaje es, sobre todo, eso, lo compartido y compartible, el puro compartir. Un lenguaje no compartible no sería un lenguaje, como se esforzó por demostrar Wittgenstein al describir los lenguajes privados infantiles que antes he mencionado.

Ahora bien, en ese mundo compartido, cuál sea la parte del lenguaje y cuál la de los mortales, es imposible de saber. En el lenguaje que usamos para hacer mundos suenan las voces de millones de humanos muertos. Usamos sus voces sin saberlo, arrastrados por el huracán de sus almas fugitivas. Somos la voz de los muertos en mayor medida que la de los vivos, ellos son los que nos recogen al nacer y nos dan una primera voz. Porque lo que el lenguaje lleva dentro de sí (lo que es) comprende la vida entera de la humanidad. Dentro de sí están las voces cavernarias de los pintores de bisontes, los gritos guerreros de las hordas de Tamerlán y esto mismo que estoy diciendo yo ahora. No hemos perdido ni una sílaba. El lenguaje es y contiene la vida entera de la muerte humana.

Se entiende pues, creo yo, que me proponga como un deber contar lo que he vivido en (ante, con, cabe, so, etcétera) el lenguaje y tratar de infectar mi enfermedad a todo el que quiera padecerla. Hay que tener presente que una vez sabido todo lo anterior, llega un momento en el que superas la timidez, el horror o el apocamiento, dejas que la pasión te arrebate, avanzas con paso firme, abrazas al lenguaje por el talle, como si fuera Emma Bovary, y entonces, escandalosamente, el lenguaje acepta tu abrazo, adelanta el busto, se deja llevar con los ojos en el cielo, gira las vueltas del vals cada vez más rápido, se embriaga de amor, de gozo, de música y escribe un libro llamado *Madame Bovary*.

Lenguaje musical, lenguaje amoroso, lenguaje del gozo, también hay en la literatura, porque es música, amor y gozo de los muertos, de nuestro inacabable pasado. Permitan, pues, que les infecte con esta enfermedad tan a contracorriente, tan rebelde, tan intempestiva, como es la lectura. Y dentro de veinte años, volvamos a empezar.

Félix de Azúa

Nota de edición

Se recopilan aquí, agrupados en cuatro apartados temáticos, los ensayos, artículos y conferencias sobre literatura que el autor ha escrito desde la publicación de *Lecturas compulsivas* (Barcelona, Anagrama, 1998), su primera antología de textos literarios. En cada sección, los textos se han ordenado según un criterio histórico, de tal manera que el lector pueda seguir las reflexiones críticas de Félix de Azúa con la perspectiva propia de lo que ha sido tradicionalmente su campo de investigación, desde el romanticismo hasta el siglo xx. En este sentido, este volumen es el complemento idóneo a algunos de los libros que el autor ha publicado en los últimos años, sobre todo *Autobiografía sin vida* (Barcelona, Mondadori, 2010) y *Autobiografía de papel* (Barcelona, Mondadori, 2013).

De acuerdo con el autor, los textos originales se han editado y ajustado para el presente volumen, eliminando algunas referencias circunstanciales o bibliográficas, supresiones que por otra parte se reproducen en el índice de procedencia de los textos. En las notas se ha dado sobre todo referencia bibliográfica de libros y autores citados, y se ha aclarado además alguna alusión histórica y política necesaria para la cabal comprensión del texto.

Andreu Jaume

1. El fuego celeste: sobre poesía

Hölderlin

¿DE QUÉ HABLAN LOS POETAS?

Aunque desde el bachillerato yo había leído la poesía con la certeza de que era una manera de escribir (una «literatura») distinta a todas y que no podía usarse con ella como con la prosa de las novelas, o la de las historias, o la de los libros de estudio (aunque tenía una imprecisa afinidad con los rezos), creo que mi primera noción concreta de la poesía en tanto que actividad soberana y sin relación con la experiencia inmediata (con el mundo de los sucesos, las actualidades y los objetos) fue cuando tropecé con Hölderlin.

Un acto puramente casual: lo compré porque era bilingüe y en aquella época intentaba aprender alemán. Se trataba de un volumen chiquito, de color verde y papel de mala calidad, editado en algún país americano, quizás Argentina, y traducido por un tal Silvio Pellegrini. Los poemas me impresionaron, pero más aún la convicción inmediata de que aquellos versos, aun siendo una traducción, tenían una fuerza superior a cualquier poeta vivo de los que yo leía entonces, Neruda, Aleixandre, Jiménez. ¿Cómo podía mantenerse lo poético de la poesía cuando todas y cada una de sus palabras habían cambiado, la sintaxis era enteramente distinta y el mundo donde se había producido, la Alemania anterior a la existencia de Alemania, resultaba más exótico que el planeta Marte para un adolescente español del siglo XX?

Estas mismas preguntas se las hacía Marx, perplejo por el mantenido interés que las tragedias griegas despertaban en sus coetáneos. ¿Cómo podía alguien emocionarse, o cavilar sobre nuestro destino, a partir de las palabras que hace milenios concibió el extraño habitante de un lugar remoto poblado por gente que se alimentaba de queso de cabra, aceitunas negras e higos y cuya economía, por así llamarla, se sostenía con las incursiones piratas que emprendían durante el verano por el Egeo? ¿Cómo podía seguir siendo *actual* Sófocles?

Estaba mal planteado. No era actual sino atemporal, o mejor aún, ahistórico. La poesía es aquello que escapa de la historicidad, lo que no puede explicarse mediante un discurso histórico razonable y sin embargo mantiene su significado a través de la historia. Puede hacerse historia de la poesía, puede analizarse históricamente un poema, muchos poemas están atados a su momento histórico, pero lo poético de la poesía excede a la historia. Es irrelevante que Dante fuera un conservador toscano o que Hölderlin fuera un revolucionario suabo, que Eliot fuera un *yankee* monárquico o Rilke un checo imperialista, aunque estas informaciones ayudan a aproximarse a lo más inmediato del poema. Más allá de lo inmediato está lo profundo del poema, lo poético, es decir, la materia misma de la poesía, aquello de lo que trata.

En los años sesenta del siglo pasado hubo un fuerte movimiento de crítica literaria que quería tratar el poema como un mero objeto lingüístico. Desde luego un poema *es* un objeto lingüístico, pero el análisis formal de ese objeto apenas da resultados satisfactorios. No hay nada más triste que el célebre artículo de Jakobson sobre el poema *Les chats* de Baudelaire. La trivialidad de los resultados aportados por el formalismo, el estructuralismo o la descripción fonológica de los poemas, hace patente que el más sofisticado análisis lingüístico acaba por manifestar la misma perplejidad que yo tuve al constatar que la traducción de un poema antiguo podía ser más interesante que cualquier poema vivo en mi propia lengua.

Entonces, ¿de qué tratan los poemas?

Yo diría que la gran poesía es siempre un homenaje y que si el poema no es un canto, entonces no pertenece a la gran poesía. Debo aclarar desde este momento que hay una poesía pequeña perfectamente noble, «bien escrita», interesante y de gran valor. La poesía de García Lorca, la de Paul Verlaine, la de Browning, son sumamente agradables y pertenecen al mundo de la poesía pequeña, la cual subsiste como sombra y recordatorio de la gran poesía, la de Shakespeare, la de Rimbaud, la de Hölderlin. Los ejemplos pueden ser otros, los hay por decenas. Lo relevante es que la poesía pequeña no tendría interés si no existiera la grande, del mismo modo que los gatos son preciosos por sí mismos, pero sobre todo en tanto que descendientes domesticados del tigre. Tigres en miniatura que permiten admirar su apariencia grácil, flexible, su vida secreta, en la alcoba. Un tigre no cabe en una alcoba.

Los grandes no son sólo los antes citados. Hay muchos poetas que poseen de un modo supremo el arte de la poesía y por una razón u otra no llegan a ser universales y atemporales. Sin embargo, también ellos son grandes y escriben cantos, homenajes que forman parte de la gran poesía. Algunos se ocultan: estoy pensando ahora en Philip Larkin, un poeta que se disfraza de funcionario, de cínico, de perverso, de ciudadano vulgar e incluso grosero, de sarcástico y ordinario. Sus poemas, sin embargo, cantan una y otra vez la desesperante fugacidad del esplendor y lo hace con una intensidad tan dolorosa que exige esa máscara de funcionario casposo e idiota para ocultar con dignidad el sufrimiento. En sus mejores poemas Larkin maldice y blasfema, se revuelve como herido de muerte porque las muchachas y los muchachos se vuelven viejos y estúpidos, porque las familias se convierten en una caricatura del núcleo originario de la especie (asunto también obsesivo en Rimbaud), y cuando el grito desgarrador de Larkin alcanza su más negra máscara de cinismo, de impostada elegancia británica, vemos marchitarse a los adolescentes como si asistiéramos a la destrucción de Héctor. A su manera negativa, Larkin canta nuestra fugacidad con la gran música barroca de Ronsard.

En otras ocasiones el poeta no alcanza la grandeza de Sófocles o de Hölderlin porque su obra es fragmentaria e incompleta. El poeta de Irlanda, W. B. Yeats, sólo comenzó a crecer cuando dejó de ser el poeta de Irlanda y eso fue ya en su extrema vejez. La poesía de Yeats tiene una gran importancia para los irlandeses, pero sólo los últimos poemas de Yeats son imprescindibles para todos los humanos. Cuando ya era anciano escribió un poema que nos da indicaciones sobre la materia poética y contesta de algún modo a la pregunta «¿de qué hablan los poetas?». El poema se llama *Among School Children* y es un canto que comienza como un lamento irónico. Yeats es ya muy viejo y figura socialmente como El Poeta de Irlanda, de modo que el gobierno irlandés lo exhibe como una momia por los institutos y universidades. Yeats no se engaña. Sabe que un hombre viejo «es algo detestable, un montón de harapos colgados de una estaca». Sin embargo se presta a ello. Las monjas le llevan a un aula de adolescentes y el viejo poeta pasea su mirada por entre aquellos aburridos colegiales. El lector se siente oprimido por el dolor y la banalidad de la muerte. De pronto Yeats ve unos ojos vivos que se han clavado en los suyos. El tiempo del poema gira violentamente y el anciano cree estar mirando los ojos de Maud Gonne, su amor juvenil. Recuerda entonces lo que esa palabra, «amor», oculta: la fuerza ignota e incomprensible que generación tras generación va llenando la tierra de seres vivos. Emocionado, desvía su mirada para evitar los ojos de la niña y entonces ve, a través del ventanal, un enorme castaño en flor. Los últimos versos del poema elevan la visión hasta lo esencialmente poético. El árbol crece y se lanza hacia el cielo impulsado por una potencia inextinguible, explota en el florecer y en el fructificar, danza a la luz del sol como un bailarín colosal. Y el último verso completa el canto: la música que baila el árbol es la potencia del *bíos*, la música de la vida terrestre. Y cuando van juntos la energía vital y el ser vivo, enlazados por la gracia en esa danza extática, pregunta Yeats, «¿podemos discernir el baile de quien baila?».[1] Lo viviente y la música de la vida son una misma cosa. El castaño es la danza de la vida, nosotros somos música viviente.

Llaman los griegos *bíos* a ese constante ayuntamiento de elementos dispersos: hidratos de carbono, agua, queratina, marfil, hierro, que cuando ya se encuentran ajustados o como imantados los unos con los otros, permiten que un humano se presente en el mundo y permanezca en pie a la luz del sol durante unos años. El *bíos* mantiene en un equilibrio efímero al nuevo humano porque el mismo *bíos* luego suelta al humano, lo olvida, y entonces el humano se disuelve de nuevo en sus elementos primarios, cae en la tierra y los carbonos van a los carbonos, el agua al agua, el cabello se entrega a sus hermanos minerales y el hierro de la sangre oxida la tierra. Otro humano saldrá de esa disolución. Uno tras otro. Y quien dice «un humano» dice un vegetal, un animal, un alga, un hongo, un liquen, cualquier formación que goce de la luz solar durante un tiempo breve o largo, no hay modo de saberlo. Todas son formaciones efímeras apiñadas por el campo magnético del *bíos*.

Todo gran poema es un canto y un homenaje a la fuerza inasible y atemporal del *bíos* que cada año renueva la vida de la tierra, pero también a la misma que cada año la adormece cuando llega el invierno, tema recurrente una y otra vez en los grandes monólogos de Shakespeare ordenados según una figuración de metáforas astrales. Por esta razón la poesía es ahistórica y nos llega desde la más

---

1. Según la traducción de Daniel Aguirre en W. B. Yeats, *Antología poética*, Barcelona, Lumen, 2005.

remota antigüedad o desde los países más lejanos como si hubiera sido escrita por nuestro vecino. Todos nosotros somos el resultado de ese empuje oscuro que nos hace crecer, florecer, fructificar y dormir. Somos conciencia en tránsito. Las estaciones vienen y van (tema recurrente durante la locura de Hölderlin), las horas se suceden como aguas fluviales, los humanos acontecemos como los frutos del árbol, pero a diferencia de las ciruelas y los limones, los humanos dejamos noticia de nuestro paso bajo la luz del sol. Esa noticia puede ser la incisión que un cazador de la era glaciar grabó sobre un hueso de reno, los golpes de timbal que hacen temblar las acacias de la sabana africana, las catedrales góticas o un canto escrito en pentámetros yámbicos. Cuando entendemos esas señales, todos los muertos del mundo se unen a nosotros en un mismo canto.

Puede parecer que el canto y el homenaje en algún momento o lugar se hacen imposibles. Abrumados por la actualidad podemos dar en pensar que el canto y el homenaje hoy en día, por ejemplo, serían ridículos, incluso ofensivos. Eso creyó Theodor W. Adorno cuando, agobiado por el espanto de millones de judíos asesinados por los alemanes, afirmó que escribir poesía después de Auschwitz era una indecencia. El aristocratismo de Adorno le había hecho olvidar sus propios escritos sobre Hölderlin, tan admirables. Y si Hölderlin pudo escribir tras las matanzas de la Revolución Francesa y las guerras napoleónicas, ¿por qué nosotros no? Estos tiempos no son peores que los que vivió Villon, ni nuestras ciudades son más infames que la estepa castellana del Cid. La poesía no depende de las condiciones materiales sino de la percepción y la lucidez con la que contemplemos nuestras relaciones con la vida de la tierra y nuestro lugar en un cosmos del que somos su única conciencia, su verbo, su *logos*. Un poeta torturado por un cuerpo contrahecho, recluido en una celda y apartado del mundo a causa de su inmensa desdicha, el gran Leopardi, no por eso dejó de cantar a las estrellas de la Osa Mayor cuyo fulgor orientó uno de los más grandes poemas de la lengua italiana.[2]

Los tiempos de Hölderlin fueron tan espantosos como para acabar arrojándole en la locura. Sin embargo el canto era posible y la relación de Hölderlin con su hogar un asunto constante de su poesía. A veces ese hogar era la Germania, a veces el Rin, muchas veces Grecia, en un poema supremo fue Patmos, en innumerables ocasiones lo que canta es la imposibilidad de tener un hogar. También nosotros carecemos de hogar, como el Cid, como Hamlet, como Antígona, como Empédocles, como el anciano Yeats, como el bibliotecario Larkin, razón de más para que desesperadamente busquemos nuestro canto y aunque sea de forma sombría aullemos nuestro inmenso *Sí* a la vida, incluso cuando, como Paul Celan, la destruimos.

Una palabra sobre la traducción. La poesía y la traducción de la poesía tienen un arreglo simbiótico similar al de los vegetales con el agua. La traducción mantiene lozana a la poesía. Si hubo unas escuelas lingüísticas que trataron de explicar (o domesticar) la poesía es porque esa materia, lo poético, que puede encarnarse en objetos

2. Giacomo Leopardi, *Le ricordanze*.

visibles y audibles (quizás también en objetos táctiles, pero es terreno oscuro), tiene su materia más apropiada en el lenguaje porque el *lógos,* para nosotros, es inseparable del *bíos.* El lenguaje está vivo, se transforma, cambia con la misma velocidad con la que cambian los paisajes. Quienes hemos vivido una vida sabemos que ningún lugar es hoy como lo conocimos por primera vez, aunque las ciudades cambien más despacio que el corazón del hombre. Los cambios del lenguaje nos obligan a un esfuerzo suplementario cuando buscamos la música de Mio Cid o la de Shakespeare o la de Sófocles. Gracias a su atemporalidad no precisamos un conocimiento filológico e histórico desorbitado sobre el poema, pero sí algunas indicaciones sobre cuáles de nuestras palabras son las que más se aproximan a las antiguas. La poesía, por lo tanto, ha de ser constantemente traducida y la que está escrita en nuestra lengua debe renovarse una y otra vez. Algunos cantos medievales resucitan en Machado, son verdaderas traducciones. La poesía de Eliot nos devuelve el mundo de los barrocos ingleses, nos lo traduce. Pound concibió la insensata idea de traducir a los poetas chinos y japoneses. Hölderlin quería traducir a los griegos. No a los griegos históricos sino a los griegos que escribieron alucinados poemas y tragedias, unos griegos que en cierto modo eran un invento moderno. Hölderlin no se engañaba, su Grecia, como todos los hogares verdaderos, era un lugar que sólo había existido en la palabra.

Las traducciones son como un concierto, una interpretación musical a cargo de un artista. Es cierto que Beethoven es uno, pero sólo llegaremos hasta él sea de la mano de Furtwängler o de la de Harnoncourt, dos modos antagónicos de traducir a Beethoven. Y Bach puede tener la opalina luz pietista de Leonhardt o la abrumada desolación romántica de Richter, que tocaba a la luz de una vela. De modo que incluso los poemas escritos en nuestra lengua requieren traducción porque no es lo mismo leer el *Cantar de Mio Cid* en el más aproximado manuscrito original (necesitaremos un aparato filológico imprescindible) que leerlo en la traducción de Pedro Salinas o en la de Menéndez Pidal. Y si alguien cree que la poesía de nuestros contemporáneos no requiere traducción, yo le invito a que lea a Claudio Rodríguez y compare luego lo que él ha oído en esos versos con lo que hemos entendido cualquiera de quienes le hemos escuchado con atención. Todos los lectores de poesía somos traductores de la poesía que leemos. Sin embargo, algunos traductores son mejores que otros y eso quiere decir, no sólo que se aproximan con mayor exactitud filológica al texto, sino, sobre todo, que han sabido mantener la música del canto y el homenaje.

Hay muchas traducciones de Hölderlin al español. Por fortuna, ha sido un poeta muy escuchado. Cuando leemos una traducción de Hölderlin estamos oyendo la música del poema a través de una versión instrumental específica, a veces es una orquesta sinfónica como en las viejas ediciones de Díez del Corral, a veces es una orquesta mozartiana como en la reciente versión de Helena Cortés y Arturo Leyte.[3] La de Gil Bera me parece música de cá-

3. Véase, en este mismo volumen, el texto «Perder lo que nunca fue nuestro».

mara y más específicamente de inspiración schubertiana.[4] Tiene una coloración crepuscular y muestra la mirada del viajero: es la traducción de un *wanderer* que lleva el libro de poemas en la mochila durante años.

El rostro del mundo poético adquiere siempre los rasgos del traductor. Como en el teatro, a veces Hamlet es gordo y a veces flaco, alto o bajo, viejo o joven, pero eso no importa si se da la unión entre el danzarín y la danza. Lo esencial es que esa música renueve en nosotros la experiencia profunda del tiempo, de nuestro paso por la tierra, de nuestra colaboración con el tiempo de la tierra. Que nos haga ser danzantes de una música que se funde con nuestra danza singular. Si tal cosa acontece, entonces habremos brillado a la luz del sol. Y con eso basta.

PERDER LO QUE NUNCA FUE NUESTRO

La alarma comenzó a entrar en mi adormecida conciencia aquel año, cuando, de visita por el British Museum, observé que la zona de los griegos donde duermen los mármoles de Elgin, posiblemente la obra de arte suprema de la humanidad, estaba desierta. No era fiesta, ni nevaba, ni había partido del Manchester, no se había muerto nadie de la familia real, era un día vulgar. Y lo que es peor, las salas dedicadas a Egipto estaban llenas a rebosar. Cientos de visitantes huroneaban por entre los Isis y los

---

4. Este texto se publicó como prólogo a una traducción de Eduardo Gil Bera. Véase la procedencia de los textos al final de este volumen.

Osiris y los Ibis como en una feria masónica. De vez en cuando se oían gozosas carcajadas de adolescentes.

Me dije entonces que seguramente aquello era debido a que los egipcios habían ganado el mercado audiovisual gracias a las películas de momias, alguna de las cuales me había parecido excelente, con mucho efecto virtual y desiertos enteros que se transformaban en colosos ululantes o en plagas de escorpiones, indistintamente. También habían ganado el mercado *gore* porque un cadáver podrido, con jirones de lana colgando entre sus miembros deshechos, siempre produce una impresión mayor que el dios Hermes con sus alitas en los tobillos.

Siguiendo el razonamiento, también me dije que con los griegos era sumamente difícil hacer películas de terror y no te digo películas *gore*. Es de lo más embarazoso imaginar a los dioses o a los héroes griegos tratando de infundir miedo, pero no por las falditas (que es mentira que las usaran) o las trenzas (otro mito), sino porque todo lo que tiene que ver con Grecia pertenece al lado opuesto del terror, a pesar de que Nietzsche hizo esfuerzos ímprobos por facilitarles también esa parte. Grecia admite el misterio, el terror y el horror, sí, pero siempre mirándoles fijo a los ojos, sin hacer aspavientos, sin dar gritos o agarrarse al brazo del vecino de butaca. Una cosa digna.

Este absoluto olvido de Grecia o esta imagen de Grecia cada día más intempestiva, se remata por el lado político gracias a los regímenes actuales que se parecen a los egipcios, como los Emiratos Árabes, Cuba, algunos pueblecitos vascongados, Corea del Norte, en fin, esos lugares en donde la teocracia se une al uso estúpido de la violencia contra el contribuyente. En cambio, no se me viene ahora a las mientes un solo régimen político actual que se parezca a Grecia. A lo mejor la isla de Bali, pero como sólo la tengo de oídas, no la considero digna de un juicio apodíctico.

Así que por el lado del espectáculo, Egipto, y por el lado moral, también. ¿No es un extraño y desolado destino el de Grecia, origen, según se dice, de Occidente? ¿Arranque de la democracia occidental? ¿Milagro del *logos* que borró de un chispazo la superstición arcaica? ¿Primer paso en la implacable marcha hacia la libertad de los pueblos soberanos? ¿O es un timo?

Yo no sé si hay en la actualidad mucha gente que se haga estas preguntas, lo cual redunda en el triunfo absoluto de los egipcios, pero si la hubiere, puede pasar un rato excelente leyendo un poema, incluso si en su vida ha tenido la tentación de leer un poema. No es un poema cualquiera, es uno de los más grandes poemas del poeta más grande de todos los tiempos, un alemán poco divulgado en el bachillerato español, de nombre Friedrich Hölderlin, muerto hace casi dos siglos, en 1843. El poema se llama *El Archipiélago* y ha recibido una nueva y emocionante traducción editada por La Oficina.[5]

Había ya muy buenas traducciones, pero no importa. En realidad a Hölderlin no se le puede traducir y sin embargo las peores traducciones de Hölderlin suelen ser mejores que cualquier poema contemporáneo. Ahora bien, la traducción de Helena Cortés tiene un añadido suma-

5. Friedrich Hölderlin, *El Archipiélago,* Madrid, La Oficina de Arte y Ediciones, 2011. Edición bilingüe de Helena Cortés Gabaudan. Epílogo de Arturo Leyte.

mente agradable: está construida íntegramente en hexámetros, que es el verso del original. Hay quien dice que el hexámetro no da en castellano, pero que no cunda el pánico: tampoco daba en alemán. El artificio de Helena Cortés reproduce el artificio mismo de Hölderlin, quien trató de aproximarse a Grecia con el verso más parecido posible al mármol de Paros.

El poeta alemán vivió en el momento de máxima adoración a Grecia, eran los tiempos de Winckelmann, de Goethe, de Schiller, faltaba poco para las excavaciones de Schliemann. La Grecia mitificada por la Ilustración se había convertido en el ideal de todos los revolucionarios y demócratas europeos. En 1824 había muerto en Missolonghi el pobre Lord Byron cuando trataba de ayudar a los griegos en su lucha de liberación contra los turcos, pero por desdicha había descubierto que las armas que les proporcionaba con dinero de los servicios secretos británicos, los griegos se las vendían de inmediato a los turcos. Había ya entonces un problema en ese país. Así que Byron contrajo una enfermedad antigua y se murió.

Hölderlin conocía como nadie y amaba como ningún poeta ha amado y comprendía como ningún sabio ha comprendido a la antigua Hélade. De manera que sabía perfectamente que la hermosa Grecia nunca había existido, sino que más bien Occidente había construido el mito griego para que su propio destino viniera de algún lugar y fuera hacia alguna parte. Este peliagudo asunto, es decir, que el origen de Occidente es Grecia y que ese origen nos indica adónde debemos ir, está muy claramente expuesto en el epílogo de Arturo Leyte a la edición que comentamos. En efecto, una vez desaparecido el sueño de Grecia,

¿qué le queda a Occidente? Nosotros ya sabemos lo que nos queda: Egipto, pero cuando Hölderlin comprendió el horror que nos esperaba, era un caso único, porque Europa entera estaba enamoradísima del ideal griego. Viene en el libro una fotografía espeluznante: el ejército de ocupación alemán levantando la bandera con la esvástica delante del Partenón. Incluso aquellas bestias necesitaban el amparo de Atenas para justificarse. Sin ese origen, no tenemos destino, sólo distracciones y mercancías.

¿Y el poema?, me dirán ustedes. El poema es demasiado hermoso y demasiado grande para que se lo comente este gacetillero. Es un poema para ser leído despacio, en soledad, observando con mucho cuidado cada verso, saboreando la portentosa traducción, y mirando de vez en cuando el horizonte. Comienza el poeta preguntando si ya han regresado las grullas, como en cada primavera, y acaba ofreciendo al lector, por todo consuelo, la memoria del silencio.

SIEMPRE EN BABEL

En el origen de este comentario sobre el exilio y el lenguaje se encuentra un poema de Hölderlin tan fragmentario como todos los del periodo previo a su locura, pero particularmente desconcertante. Se titula *Mnemosyne* (segunda versión) y consta de dos partes que, a mi entender, carecen de relación mutua. No estoy capacitado para juzgar históricamente la edición del poema, pero sospecho que en su origen el editor juntó dos fragmentos (o quizás más) que corresponden en realidad a distintos proyectos de poema.[6]

La primera mitad del poema habla de la evasiva significación humana, en tanto que la segunda introduce el tema de la muerte de Aquiles, y aunque evidentemente pueden establecerse relaciones entre ambos motivos, no creo que los fragmentos sean restos de una relación que alguna vez iluminó el espíritu de Hölderlin, sino tan sólo pavesas de distintos naufragios que han ido a coincidir sobre la misma playa.

La estrofa que deseo comentar es la siguiente:

Ein Zeichen sind wir, deutungslos,
Schmerzlos sind wir und haben fast
Die Sprache in der Fremde verloren.

Somos un signo, sin significado
y sin dolor somos, y por poco
perdemos el lenguaje en el extranjero.[7]

La «memoria» a la que alude el título es una misteriosa facultad del espíritu que mantiene unida nuestra coherencia, individual y colectiva, y nos libra de la desintegración. Sólo mediante el recuerdo de lo que hemos sido podemos seguir siendo lo que creemos ser. La «memoria»

---

6. Ésa es también la opinión de Hans Gerhard Steimer, citado en la edición Hanser de las obras completas de Hölderlin. Al parecer *Mnemosyne* no sería sino una colección de fragmentos diversos, unidos por el celo excesivo de Friedrich Beissner, el histórico editor de la *Grosse Stuttgarter Ausgabe. (N. del A.)*
7. Traducción inédita de Pedro Ancochea.

es otro nombre del «significado»; entre ambas denominaciones media un salto del mito al *logos;* ambas son, finalmente, «sentido», es decir, dirección propia hacia un lugar elegido.

El «signo», en cambio, señala siempre hacia otro lugar, sin alcanzar jamás a significar algo por sí mismo; como esas flechas pintadas en las autopistas, puestas allí para que pasemos sobre ellas hacia alguna parte no incluida en el signo. Si la memoria nos permite habitar en nosotros mismos, los signos nos ponen fuera, nos enajenan. Finalmente, el término *Sprache* (que sólo el pudor nos impide traducir por «verbo») relaciona o liga lo que está unido junto con lo que está disperso. El habla, el lenguaje, utiliza signos (en sí mismos insignificantes) para tejer memorias significadoras.

Pero lo sorprendente es que Hölderlin no dice que seamos «memoria» o «habla», y por lo tanto «sentido». Dice que somos «signo». Y como todos los signos, sin significado. Somos flechas que señalan hacia algún lugar, pero nunca hacia sí mismas. ¿Somos, entonces, indicaciones para el sentido de «otros»?

Aun cuando el fragmento ha sido habitualmente interpretado como un juicio sobre la condición humana en la edad moderna, sea en relación con la *Gestell* heideggeriana, sea en relación con el concepto de alienación que de Hegel a Marx ha marcado el pensamiento de la modernidad, yo me inclino a creer que Hölderlin propone una visión más general de nuestra carencia de significado y de la pérdida de la lengua común capaz de tejer la común memoria de los hombres.

En esa estrofa se habla de un exilio ontológico: Hölderlin afirma que los humanos hemos habitado *siempre* en el extranjero, desde nuestro origen, y no sólo a partir del acelerado proceso de tecnificación universal que caracteriza al mundo postilustrado. Y que hemos perdido nuestra lengua común (sin dolor; es importante subrayarlo) al perder nuestra patria originaria, aquella en la que no éramos extranjeros ni para la tierra ni entre nosotros mismos.

El exilio perpetuo del poema presupone un origen u hogar común, en donde todos hablábamos la misma lengua y del que, o bien fuimos expulsados, o bien nos ausentamos. Algunos comentaristas, como Jochen Schmidt, han señalado que tanto la selección léxica del brevísimo fragmento como sus imágenes muestran una fuerte influencia bíblica. Pero ese origen y hogar común no es, sin embargo, el Paraíso original del Génesis, ya que la expulsión del Edén se produjo *gracias* al dolor (el cual se constituyó en el cómplice natural de nuestro nacimiento) y Hölderlin especifica que la pérdida se ha producido *sin dolor.* El lugar originario común, la patria unitaria a la que alude Hölderlin, creo que aparece en el Génesis algo más tarde, cuando los descendientes de Noé comienzan su habitación del mundo postdiluviano.

Un doble castigo precede a la pérdida del lenguaje común: la expulsión del Edén, tras el desafío de Eva y Adán, y el Diluvio universal que exterminó a la estirpe de Caín. Pero el tercer acto del acceso de los humanos al mundo no es un castigo, sino un movimiento táctico del proyecto divino. Para acercarse a los términos de Hölderlin, el tercer acto es un *desvelamiento* del destino de los mortales.

El texto de Babel

Todos tenemos presente la leyenda de la Torre de Babel, y si hiciéramos una breve encuesta comprobaríamos que la mayoría cree que la leyenda narra *otro* castigo divino; el tercero, tras la expulsión y el Diluvio. Muchas personas, incluso lectores habituales de la Biblia, están persuadidas de que los humanos perdimos nuestra lengua común y nuestra patria común porque el Señor castigó la soberbia de los descendientes de Noé cuando éstos comenzaron la edificación de una Torre que llegara hasta el cielo, con el propósito de prevenir un segundo diluvio, desafiando de ese modo (y por tercera vez) a la divinidad. Mucha gente cree que la leyenda de Babel es, como los anteriores capítulos del Génesis, una historia de pecado y penitencia.

Pero no es así. Veamos las palabras del Génesis lo más literalmente posible:

Y fue (y era) toda la tierra / lengua (labio) una y palabras unas
Y fue / en su viaje hacia oriente / y encontraron un
valle en el país de Chin'ar (Shinear) / y allí se establecieron.

Y dijeron / los unos a los otros / vamos /
blanqueemos los blancos ladrillos (ladrillemos) / y alumbremos las lumbres /
y el blanco ladrillo para ellos / fue / roca / y el betún
para ellos / fue / mortero.

Y dijeron /ea / alcemos una ciudad / y una torre / y su cabeza en el cielo /

y démonos / un nombre / para no dispersarnos / por la haz de la tierra.

Y Adonai (el Señor) descendió / para ver la ciudad / y la torre que construían / los hijos (de Adán) del hombre.

Y Adonai dijo / si el pueblo es uno / y la lengua una /
para todos / y esto / es lo que ahora comienzan a hacer / ya /
no podrá impedírseles nada / de cuanto meditan / hacer.
(nada podrá impedirles hacer lo que decidan)

Descendamos / y embabelemos (embrollemos) / su lengua /
que no entiendan / el uno / la lengua del otro.

Y Adonai los dispersó / de allí / por la haz de la tierra /
y cesaron / la construcción de la ciudad.

Así que / se llamó / Babel / porque allí Adonai /
embabeló / la lengua de toda la tierra / y de allí /
Adonai los dispersó / por la haz / de la tierra.[8]

---

8. Génesis, 11, 1-9. Versión del texto hebreo según H. Meschonnic en *Les Tours de Babel,* TER, 1985, p. 11. Y variantes de traducción según E. Fleg en *Sémiotique et Bible,* junio 1978, n.º 10. «Lengua» es *saphâh o safa,* es decir «el labio». Una figura, como en español «la lengua» por «el lenguaje». «Chin'ar», Sennaar o Sanhar es la altiplanicie que se alza entre el Tigris y el Éufrates: la Mesopotamia. La región de Babel, la cual se decía había sido construida en una ensenada o valle adonde habrían ido a dar, como en aluvión, los muertos del Diluvio, incluía también las ciudades de Akkad, Erek y Kalné, sobre las que reinó el monarca histórico (y luego mítico) Nemrod. «En su viaje hacia oriente»: los hijos de Noé son nómadas. El verbo *nâsa'* significa «desclavar las puntas de la tienda». Nosotros diríamos «levantar el campo». Adonai es la forma oral del tetragrama (Yahvé) que no se lee. Su significado

Todo el fragmento sobre la Torre de Babel nace de un juego de palabras. En asirio, Babilonia *(Bab-ilani)* significa «puerta de los cielos». Pero en el término hebreo *Babel* (que viene del acadio *Bab-ilu*) figura la raíz de «confundir», «embrollar»: *balal.* Es un término frecuente en otras lenguas, como en árabe *balbala,* en inglés *to babble,* o en español *balbucir,* así como en el *bárbaroi* griego. Todos ellos sugieren el desarticulado e incomprensible modo de chapurrear de «los extranjeros», de los «bárbaros». El juego de palabras, que aparece explícitamente en el versículo 9 por la proximidad de *bavel-bilbel,* no ha sido traducido como tal juego de palabras casi nunca en las versiones modernas de la Biblia. Para las iglesias, Dios no escribe chistes. Los antiguos, sin embargo, eran menos estrechos: San Jerónimo y los Setenta conservan el juego verbal.

El propósito del fragmento bíblico era transformar la etimología noble de Babilonia como «puerta de lo divino» o «puerta de los cielos», en una etimología bufa como «lugar de la confusión» o «lugar del embrollo». El redactor del fragmento (seguramente interpolado) ridiculiza el politeísmo babilónico, en cuya cautividad el pueblo de Israel pasó crueles años de esclavitud. La comparación que el redactor yavehísta establece entre el pueblo babélico (es decir, las antiguas poblaciones mesopotámicas) y su pro-

---

es el mismo: el Señor. Los hijos del hombre son los hijos de Adán. En la leyenda del Diluvio aparecen unos misteriosos «hijos de Dios» que nadie osa interpretar, aunque lo más probable es que sean algún tipo de ángeles carnales, ya que al cruzarse con las hijas de los hombres dan lugar a la dinastía de los Gigantes, según cuentan abundantes textos intertestamentarios, muchos de ellos de origen esenio. Nemrod, el mítico constructor de Babel según algunos de estos relatos, no es otro que el cabecilla de los Gigantes y el cerebro de la rebelión. *(N. del A.)*

pia tradición hebrea está también presente en los detalles constructivos (uso de ladrillo en lugar de piedra, aplicación del betún como argamasa), los cuales pertenecen a la técnica babilónica de elevación de zigurats.

Las intenciones retóricas del fragmento son evidentes desde el comienzo por el uso de un estilo arcaizante rico en recursos verbales humorísticos. Así por ejemplo en «blanqueemos los blancos ladrillos» hay un juego fonético («nilvena levenim») que aproxima «hacer ladrillos» («lavan») y «blanco» (también «lavan»). O en «alumbremos las lumbres» («venisrefa lisrefa»). La voluntad de mostrar los recursos del lenguaje como un instrumento de juego, pero también de confusión y de embrollo, está presente desde el primer verso.

No obstante, las interpretaciones de la leyenda de Babel son abundantísimas y de una extrema seriedad. Ninguna aceptó su carácter irónico.

El plan divino y la supervivencia

Si se lee el texto con cuidado se comprobará que no hay en ningún momento desafío alguno por parte de los humanos, sino tan sólo un comprensible deseo de permanecer en común; para lo cual es imprescindible su autodenominación: «démonos un nombre» equivale al acto fundacional de la comunidad, al pacto social que funda la soberanía de una colectividad, cuyo nombre garantiza que la memoria reposa sobre un objeto real.

El suceso, además, tiene lugar en una futura patria común: «alcemos una *ciudad* y su cabeza en el cielo». No hay un solo elemento del relato que indique la más mínima rebeldía o transgresión por parte de los humanos. Es el Señor, preocupado por la habilidad de los hijos de Noé y viendo que con su capacidad transformadora (la misma que inspira el angustiado canto de Sófocles en *Antígona*) pueden permanecer unidos en un solo lugar y conseguir cuanto se propongan, quien se apresura a destruir el fundamento de su unidad, la lengua, y de ese modo impide que se realice una habitación en común y una memoria única. El Señor dispersa a los humanos por la haz del mundo, convertidos en grupos mutuamente ininteligibles, y así los convierte en signos que señalan los unos a los otros.

La dispersión, si se atiende a la traducción literal, no es el castigo de ningún desafío, ni se produce «con dolor»; es tan sólo una necesidad técnica para que los mortales pueblen la tierra, ya que ése es el proyecto divino y condición para la existencia misma de los humanos:

> Y creó Dios al hombre a imagen suya, a imagen de Dios lo creó, y los creó macho y hembra; y los bendijo Dios, diciéndoles: «Procread y multiplicaos, y henchid la tierra...»[9]

Por eso, la divinidad, tras el Diluvio, repite a los supervivientes del Arca la orden de ocupar *toda* la tierra, como signo de que el proceso de habitación, interrumpido por la iniquidad de los cainitas, vuelve a comenzar:

---

9. Génesis, 1, 28.

> Bendijo Dios a Noé y a sus hijos, diciéndoles: «Procread y multiplicaos y llenad la tierra...»[10]

Si el destino de los mortales es ocupar toda la tierra, no deben permanecer unidos en una sola ciudad, ni es conveniente que usen una sola lengua. Su propia cohesión es un impedimento para poblar rápidamente las enormes extensiones postdiluvianas. La multiplicación de las lenguas responde a una necesidad de orden táctico en el proceso de habitación del mundo. No hay desafío humano en la construcción de la Torre, ni castigo divino en la supresión del lenguaje común: el Señor multiplica las lenguas para que los mortales, debilitados, se extiendan a gran velocidad empujándose los unos lejos de los otros. Ésta es la razón de que «por poco» (pero aún no del todo) hayamos perdido el lenguaje en tierras extranjeras: nos queda todavía la memoria de la unidad inicial y gracias a ella podemos aún entendernos a través de los diferentes lenguajes. La traducción es el sacrificio permanente que mantiene viva la memoria del lenguaje común.

En la táctica de dispersión que emplea el Señor contra los mortales para desunir la ciudad de Babel, es sensato ver una explicación mítica de los primeros asentamientos y la aparición de ciudades cuando los pueblos nómadas se hicieron sedentarios. Para el espíritu del redactor yavehísta de este fragmento del Génesis, la construcción de una ciudad suponía la renuncia al nomadismo (el redactor habla de desplazamientos hacia oriente en tiendas de

10. Génesis, 9, 1.

campaña), lo que va en contra de la errancia que debía conducir al pueblo elegido hasta la tierra de promisión.

En la interpretación rabínica inspirada por la *midrash*, a Yahvé le perturba que los humanos se establezcan en ciudades en esta etapa de la habitación del mundo; el Señor los quiere nómadas y errantes. También suelen resaltar los rabinos una crítica implícita en el texto contra las invenciones técnicas: los de Babel utilizan el ladrillo, que es un producto artificial, un invento humano, en lugar de usar la piedra que es el producto «natural». Los zigurats, en efecto, estaban construidos con ladrillo crudo en sus zonas internas y con ladrillo cocido (a veces esmaltado) en sus zonas externas. Una parte de la tradición rabínica interpreta el fragmento como un intento de los descendientes de Noé para alcanzar la seguridad por sí mismos mediante argucias técnicas, como si la seguridad y el asentamiento en el mundo pudieran conseguirse únicamente mediante la voluntad humana y sin mediar la voluntad de Yahvé. El Señor les quita pronto todas las esperanzas en tal sentido. Pero ni siquiera en estas lecturas estrictas y severas hay la menor culpa por parte de los mortales. Tan sólo un acto dictado por el instinto de conservación, rápidamente neutralizado por el Señor.

La torre de babilonia

La única frase que podría interpretarse como un desafío («y su cabeza en los cielos») no es, posiblemente, sino la traducción hebraica de la inscripción que los constructores asirios esculpieron al pie del zigurat de Babilonia levantado (y abandonado) en tiempos de Nabucodonosor I (siglo XII a. C.): «E-temen-a-ki», es decir: «casa del fundamento del cielo y de la tierra». Para los asirios, la pirámide en terrazas era una escala por la que descendía el dios cuando deseaba visitar a los mortales en su ciudad (había un santuario en los fundamentos de la torre seguramente destinado a la hierogamia del dios con una mortal); y, a su vez, los mortales subían a la «cabeza» de la torre para observar el curso de los astros (un segundo santuario dedicado a la adivinación astrológica estaba situado en la cúspide), lo que explica razonablemente esa expresión, «la cabeza en el cielo», que figura en el texto. La torre era la casa que unía la tierra con el cielo, tanto en sentido ascendente como descendente.

Es muy probable que el redactor del fragmento bíblico, o los sucesivos redactores datables hacia el siglo X a. C., estén comentando la historia verídica del zigurat de Nabucodonosor I que quedó inacabado doscientos años antes (siglo XII a. C.). En el siglo VII a. C. el emperador Nabopolasar emprendió su restauración y de ella hay un eco en Herodoto, quien aún pudo ver los restos de la torre «de Etemenaki» hacia el año 460 a. C. El redactor yavehísta usa la leyenda para dar su explicación sobre el origen de las lenguas, la aparición de los pueblos sedentarios, y las primeras construcciones de ciudades.

De otra parte, la leyenda de la división de las lenguas podría remontarse precisamente a un poema épico sumerio, *Enmerkar y el Señor de Aratta,* datable en el tercer milenio antes de nuestra era, donde se menciona por primera vez el tema del lenguaje originario único y la historia de su dispersión por la acción de un dios enfrentado a otro dios. Pero tampoco en el relato sumerio interviene la culpabilidad humana; sólo las disputas divinas cuyos efectos caen sobre los mortales porque lo propio de su destino es soportar los conflictos divinos.

Un arqueólogo creyente, André Parrot, notorio precisamente por sus excavaciones en Mesopotamia, insinúa con muchísima prudencia y abundante zalamería dirigida a los teólogos vaticanos (por los que siente un pánico cerval) que finalmente el zigurat babilónico de Etemenaki, y por lo tanto la Torre de Babel, no era sino «un trait d'union destiné à assurer la communication entre la terre et le ciel».[11] No un instrumento de soberbia y lucha contra la divinidad, sino «una mano tendida» hacia la altura, como lo define patéticamente.

¿Por qué, entonces, tenemos nosotros esa clara memoria de la leyenda de Babel como un terrible castigo de nuestra maldad? ¿Por qué recordamos el relato como otro capítulo de la culpabilidad humana, el tercero en el Génesis?

La culpa

Lo cierto es que la tradición cristiana (aunque no *toda* la tradición cristiana) adoptó otra versión de la leyenda de Babel, una versión muy posterior a la escritura del Génesis, la cual, esta vez sí, es una versión culpabilizante: la de Flavio Josefo en sus *Antigüedades judías*, la de Filón

11. «Un guión destinado a asegurar la comunicación entre el cielo y la tierra.»

de Alejandría en *De confusione linguarum*, la del Pseudo-Filón en sus *Antigüedades bíblicas*. Una tradición que llega hasta el *De Vulgari Eloquentia* de Dante y finaliza con el Hegel de *El espíritu del cristianismo y su destino*.

Nuestra convicción de que la leyenda es un relato de pecado y penitencia obedece a que los traductores modernos de la Biblia siempre desvían el sentido del texto tendenciosamente, porque todos ellos obedecen a la tradición interpretativa culpabilizadora. Traducciones como: «cuya cúspide *llegue* al cielo» (De Valera), o «que su cima *toque* al cielo» (Pirot), por ejemplo, insinúan que los constructores quieren violar el espacio divino. El caso más exagerado es el de la Biblia de Jerusalén: «Bâtissons-nous une ville et une tour dont le sommet pénètre les cieux».[12] Según estos honrados traductores, los humanos querían, por lo menos, *perforar* el cielo.

Otros exégetas prefieren situar la soberbia humana en la necesidad de «darse un nombre». Así, «y hagámonos nombrados», dice la Biblia del Oso, y una pérfida nota a pie de página añade: «célebres, hombres o gente famosa», como si los constructores sólo estuvieran movidos por la vanidad. O bien, «y nos haga famosos» (Nácar-Colunga), junto con esta admirable elucidación de los «profesores de Salamanca»: «El autor sagrado ve en estos designios algo demoníaco en contra de los designios divinos».[13]

---

12. «Construyamos una ciudad y una torre cuya cúspide penetre los cielos.»
13. *Biblia comentada*, BAC, 1967, p. 160.

Antes de exponer, aunque sea muy brevemente, la segunda leyenda de Babel, me permito adelantar que Hölderlin se sitúa al margen de la tradición penalizadora y que no es el único. Isidoro de Sevilla, por ejemplo, en *De linguis gentium (Etymologiarum. Lib. IX),* atribuye la construcción de la Torre a la soberbia humana, pero no afirma que la dispersión sea un castigo:

> *Linguarum diuersitas exorta est in aedificatione turris post diluuium. Nam prius quam superbia turris illius in diuersos signorum sonos humanam diuideret societatem, una omnium nationum lingua fuit quae hebrea uocatur.*[14]

Se podría incluso argumentar que el uso de una fórmula tan neutra como «prius quam superbia turris» no carga la «soberbia» sobre los constructores, sino sobre la misma Torre. Pero es un argumento para que lo desarrollen los lingüistas. Dejémoslo en que la diversidad de lenguas simplemente «aparece».

Tampoco Calvino culpabiliza a los humanos, en este particular pasaje bíblico. En su *Comentario sobre el Génesis* presenta la dispersión como un acto de previsión divina; la diversidad de las lenguas es sólo una *consecuencia* de la dispersión, cuando los pueblos dejan de hablar entre sí.

14. La división de las lenguas apareció con ocasión de la construcción de la Torre, tras el Diluvio. Antes de que la soberbia de la Torre dividiera a la sociedad humana según diferentes sonidos cargados de significado, había una sola lengua común a todas las naciones, a la que llaman el hebraico. *Etymologiae IX,* París, Les Belles Lettres, 1984, p. 30.

Ciertamente no puede evitar acusar a los humanos de ser orgullosos, pero la construcción de la Torre no constituye un pecado de orgullo; tan sólo es un *síntoma* de orgullo. Algunos comentaristas modernos, como Von Rad, Benno Jacob o Westermann también diferencian entre la dispersión (que no es un castigo sino una *profilaxis,* según sus propias palabras) y la diversidad de lenguas que adviene como consecuencia de la misma.

Caso extremo de interpretación en defensa de la inocencia humana es el de Juan Benet en su extraordinario artículo sobre las características técnicas de la construcción de la Torre, según pueden deducirse de la célebre tela de Pieter Brueghel en el Kunsthistorische de Viena. La torre allí pintada no posee la habitual estructura helicoide, sino una forma telescópica que obliga a replantearse todas las medidas en cada terraza o tambor. Ninguna de las seis plantas pintadas por Brueghel aparece concluida, pero a medida que asciende la torre, más débiles y contradictorios son los elementos constructivos. En su cúspide, se alza un incomprensible e inquietante circo o graderío.[15]

La torre de Brueghel es imposible de rematar por su propia naturaleza y toda la construcción es utópica: de hecho, la torre, convertida en un proyecto trascendental y simbólico, usurpa lo propio del ámbito sagrado, y ése es su error. Podría hablarse de una soberbia «técnica» que no va dirigida contra ninguna divinidad, aunque la substituya. Tengo para mí que Benet, en su artículo, señala in-

15. Véase Juan Benet, *La construcción de la torre de Babel,* Madrid, Siruela, 1984.

directa y sagazmente a los constructores del «socialismo real», cuya Babel, por cierto, es hoy una verdadera ruina.

Pero en el terreno histórico, Benet interpreta la pintura de Brueghel como un disimulado ataque contra el Vaticano (nueva Babilonia), cuyas construcciones monumentales hacia 1520 son comparables a las de Babel, y cuya unidad lingüística (el latín) será destruida por los reformistas, los cuales inaugurarán la lectura de los Evangelios en todas las lenguas nacionales. Según este criterio, la dispersión no fue un castigo, sino una bendición.

No deja de ser curioso que en ello coincida con teólogos «multiculturalistas» como B. Anderson, de Princeton, para quien Dios decide en Babel la necesidad y la bondad de la diversidad racial, lo que explica casualmente la situación de los Estados Unidos como más adecuada al plan divino que la de los países sin problemas de integración racial. Un juicio que comparte con los teólogos nazis, para los cuales la existencia de un pueblo único (un pueblo internacional y cosmopolita) es algo explícitamente condenado por Dios en el episodio de la Torre: Dios quiere que los humanos sean nacionales y, a poder ser, nacionalistas y nacionalsocialistas.

Por las más variadas y aun contradictorias razones, hay, en efecto, un puñado de partidarios de la inocencia humana. Pero los defensores de la culpabilidad son muchos más. Veamos las líneas generales de la exégesis penalizante, la cual siente particular complacencia en mostrar la impotencia humana, como si de ella pudiera *deducirse* la omnipotencia divina.

La culpabilización forma parte de la exégesis rabínica al texto del Génesis. Para muchos exégetas judíos la Torre es un instrumento de ataque de los humanos en su guerra contra Dios, sea para llegar hasta él y combatirle (*Targum* del Pentateuco), sea para explorar sus condiciones de resistencia (la *midrash* del Génesis), sea para resistirse a un segundo diluvio *(Talmud).* La tradición interpretativa de los comentaristas hebreos considera unánimemente la leyenda de Babel como un capítulo más en la lucha contra Dios que emprenden las generaciones anteriores a Abraham, lucha que ya habría traído un primer diluvio y podía precipitar el segundo en cualquier momento.

Hay una razón para ello: toda la narrativa del Génesis no es sino la historia de cómo la estirpe de Abraham llegó a ser la única en el mundo con la que el Señor pudo establecer su alianza. El relato bíblico, desde la perspectiva hebrea, debe leerse como una historia de *eliminación progresiva,* en la que, al final, el pueblo elegido y la tierra prometida caen en el linaje de Abraham. Los rabinos interpretaron los primeros capítulos del Génesis, consecuentemente, como las sucesivas etapas de la destrucción de los malvados.

Hay algunos textos intertestamentarios especialmente interesantes. En *Baruch III,* también llamado *Apocalipsis griego de Baruch,* escrito en Egipto por una comunidad de místicos judíos hacia el año 115 de nuestra era, los humanos construyen la Torre para averiguar si el cielo es de arcilla, de bronce o de hierro, con la intención de cegar las grietas por las que se derramó el agua del Diluvio. En la *midrash* del Génesis (colección de comentarios efectuada por los amoraim de Palestina entre el 200 y el 400 de nuestra era pero que recoge textos muy anteriores) la Torre es un pilar y forma parte de un vasto programa de sujeción del cielo para que no vuelva a derrumbarse sobre los humanos.

Tan extendida se encuentra la interpretación de la Torre como elemento de resistencia a la voluntad divina y como estrategia contra el segundo diluvio que no parece haber otra explicación para la misma. Pero de nuevo hay una razón suplementaria: el Señor había pactado con Noé y su descendencia el fin de los diluvios:

> Hago con vosotros pacto de no volver a exterminar a todo viviente por las aguas de un diluvio y de que no habrá ya más un diluvio que destruya la tierra.[16]

Y la señal del pacto, como sin duda recordará el lector, fue el arco iris, uno de los escasísimos gestos realmente amables del Señor. En consecuencia, aquellos postdiluvianos que se preparan para resistir un segundo diluvio son, sencillamente, los incrédulos. No confían en la palabra divina y quizás opinan que si la máquina humana ha disgustado a su Creador por dos veces, raro será que no le disguste una tercera. Son ramas humanas, pueblos, etnias, que van a quedar fuera del pacto. En Babel se dispersan los pueblos para así poder aislar con mayor facilidad a los elegidos.

---

16. Génesis, 9-11.

De la *midrash* proviene ese añadido delicioso (que Dante utilizará de un modo muy ingenioso) según el cual la confusión de lenguas trajo consigo una peculiar confusión de términos técnicos, de manera que si alguien pedía ladrillos le traían agua, y si otro necesitaba cal le traían hierro, lo que acababa provocando comprensibles asesinatos y matanzas. Recuerdo haber escuchado esta explicación en el colegio (un duro colegio católico de Barcelona) y estoy persuadido de que el fraile no sabía que su fuente era una fuente hebrea. De haberlo sabido creo que se habría horrorizado.

En abundantes textos judíos la soberbia humana aparece unida a una portentosa habilidad técnica; y no es infrecuente que el aprendizaje de las artes haya sido tutelado por los Gigantes, hijos de ángeles y hembras humanas prediluvianas, entre los cuales figura el magnífico Nemrod (aunque en el texto masorético Nemrod aparece como descendiente de Noé). Es lo que da su atractivo al *Libro de los jubileos,* redactado en medios próximos a la gnosis de Qumram y en el que, como en tantos otros, la habilidad técnica es un obsequio de los Gigantes a los humanos (aliados ambos contra Yahvé) en su desesperado intento por dominar el cosmos.

Buena parte de las interpretaciones penalizantes están también de acuerdo en que hay un lenguaje originario (el hebreo) gracias al cual Dios habló con Adán y que Adán empleó para nombrar a los animales. La catástrofe de Babel significa el fin de ese lenguaje unitario, como castigo al pecado de soberbia en la guerra de los humanos contra Dios. Algunos comentaristas, sin embargo, salvan a Abraham del desastre de Babel y conceden a sus descendientes el encargo de perpetuar el lenguaje originario (Pseudo-Filón, *Antigüedades bíblicas,* traducción latina de una crónica judía, seguramente de origen esenio, datable hacia el primer siglo). La historia de esta «lengua sacra» o *Ursprache* forma uno de los capítulos más fascinantes de la protociencia lingüística. Abraham y el pueblo elegido quedan, por lo tanto, como guardianes de una lengua sagrada mediante la cual pueden comunicarse con el Señor.

De todos los relatos de fuente judía, el más influyente fue el extenso tratado de Flavio Josefo (Joseph ben Matthias), *Antigüedades judías,* seguramente escrito a finales del primer siglo (entre 40 y 100) y muy penetrado por los comentarios haggádicos de la Torah. Su autor, adscrito según su propio testimonio a la escuela farisea desde los diecinueve años, hizo carrera en Roma, alcanzó la ciudadanía, y sus obras se conservaron en las bibliotecas públicas copiadas con cargo al estado, lo que explica su notabilísima difusión. Josefo dio un profundo matiz a la soberbia humana (lo que traerá consecuencias en la era moderna) al hacer de Nemrod un precursor de Napoleón, y el inventor de la tiranía secularizada y tecnocrática:

> [Nemrod] les persuadió de que era un error tener a Dios por única causa de la prosperidad, y que debían considerarla hija de su propio talento humano, y poco a poco fue transformando la situación en una tiranía, ya que pensaba que el mejor modo de hacer perder el temor de Dios a los hombres era usar a fondo la propia potencia humana. Prometió vengarse de Dios si trataba de inundar la tierra de nuevo, y propuso la construcción de una torre más alta que el

nivel que pudieran alcanzar las aguas, y así vengar a sus antepasados.[17]

Otros textos menos divulgados, de origen helenístico aunque de cultura judía como los *Oráculos sibilinos* (datable entre el año 80 a. C. y el 50 a. C.), o el sincretista *De confusione linguarum* de Filón de Alejandría (primer siglo de nuestra era), tuvieron también fuerte penetración entre los comentaristas cristianos debido al paralelo que establecen entre los mitos griegos y los mitos hebreos, en defensa de la superioridad bíblica. En la hermenéutica alejandrina, la leyenda de la Torre de Babel se identifica con la guerra de Zeus contra los Titanes. Para Filón, por ejemplo, el modelo de los constructores babélicos son los hijos de Poseidón e Ifimedea, los cuales intentaron armar una escala que les permitiera llegar hasta Zeus, superponiendo los montes Osa, Olimpo y Pelión (*Odisea,* XI, 315-8). Ambas gigantomaquias, la hebrea y la griega, se presentan en Filón como símbolos de una misma y única verdad figurada en lenguas diversas. La interpretación de Filón propone una atractiva alegoría (que influirá en el pensamiento de los gnósticos), según la cual la Torre simboliza el esfuerzo de los humanos por alzarse hasta el Logos.

Los sincretistas de Alejandría fueron adaptados por los Padres de la Iglesia: por San Irineo y San Teófilo de Antioquía (comentarista de los *Oráculos sibilinos*), por Orígenes (lector de Filón y del *Targum*), por Agustín de Hipo-

---

17. Flavius Josèphe, *Les Antiquités Juives,* I-III, París, Cerf, 1992, pp. 113-115.

na (quien retoma el asunto de los Gigantes constructores pero da una importancia nueva y trascendental a la Ciudad, la cual casi había desaparecido bajo la sombra de la Torre), y por tantos otros que repiten el mismo tópico de mil y una maneras distintas. En resumidas cuentas, la penalización de origen helenístico y hebreo es acogida sin discusión y perfeccionada por la patrística cristiana.

Los modernos

Y tras la patrística, siguió culpabilizando toda la tradición culta medieval. La más influyente de las autoridades, Dante, utiliza en *De Vulgari Eloquentia* la leyenda de Babel para defender la lengua vulgar frente al latín, e incluye al gigante Nemrod de la exégesis hebrea en los últimos y terribles círculos infernales de la *Comedia* como culpable de uno de los más nefandos pecados de soberbia. Es muy notable que Dante, al igual que la *midrash,* presente la confusión de las lenguas como una incompatibilidad entre lenguajes técnicos y gremiales, cada uno de ellos incomprensible para quien no pertenece a la cofradía:

> Sólo usaban la misma lengua aquellos que se habían agrupado para una misma tarea; así, por ejemplo, quedó una misma lengua para todos los arquitectos, otra lengua para todos los poliorcetas, otra para los talladores de piedra, y así sucesivamente para cada grupo de obreros. El género humano fue, por tanto, dispersado en tantas lenguas como trabajos imponía la construcción; y cuanto mayor fue la excelencia de su tarea, más ruda y bárbara es ahora su lengua.

Las lenguas romances son, para Dante, hijas de aquellos lenguajes gremiales y técnicos. La descendencia *lingüística* de este argumento dantesco es infinita.

El modelo culpabilizador pasó intacto a los reformadores durante el Renacimiento, y Lutero volverá a hablar de una guerra de los humanos contra Dios en los orígenes del mundo. En su *Comentario al libro del Génesis* añadió, sin embargo, aquella hábil aproximación de Babel con la Roma constructora de la basílica de San Pedro que tanto seducía a Juan Benet, pero sólo para hacer un uso político de la analogía y no porque creyera que la dispersión de los constructores babélicos había sido un regalo divino. Thomas Müntzer, en cambio, utilizó el tema agustiniano de la ciudad del mal para fustigar a las ciudades feudales opresoras del campesinado. Y no habrá un solo utopista, de More a Campanella, que no repita la versión penalizadora.

Quizás la más radical de todas las interpretaciones es la de Roger Caillois, quien entiende que la divinidad ni siquiera hubo de intervenir para dispersar a los constructores. La soberbia de los babélicos, los cuales se presentaban ante sus semejantes como hombres superiores y de ideas muy radicales, actuó como un disolvente y arruinó cualquier posibilidad de construir la Torre. ¿Por qué iban a preocuparse de calcular y medir, de levantar con aplomo y solidez, de ornamentar y sanear, unos obreros que habían superado nada menos que la idea misma de divinidad y que miraban con desprecio a los pobres estúpidos que aún hacían ofrendas? No hubo necesidad de castigo: la propia culpa destruyó a los babélicos. La lectura de

Caillois, ingeniosa y malévola, aproxima el episodio de Babel al de las vanguardias artísticas contemporáneas.

Pero éstas son derivaciones externas al núcleo moral de la leyenda de Babel y utilizaciones oportunistas del mito. Hora es ya de regresar a nuestro punto de partida, es decir, a la diferente visión que sobre la culpabilidad de los humanos tenían Hegel y Hölderlin allá por los años 1798 y 1802.

El filósofo y el poeta

En 1797 Hölderlin logró que Hegel fuera elegido para una plaza de preceptor en la ciudad de Frankfurt, en donde él mismo residía contratado por el banquero Gontard para educar a los cuatro hijos de su esposa Suzette. Y aunque en 1798 se vio obligado a dejar el empleo porque su relación con Suzette no era del agrado de Gontard, Hölderlin buscó domicilio muy cerca de Frankfurt para mantener viva su ligazón amorosa. Así que ambos amigos, Hölderlin y Hegel, permanecieron en constante relación hasta 1800. En una de sus últimas cartas, antes de acudir a Frankfurt desde Berna, Hegel le había escrito a Hölderlin:

> La parte que en mi rápida decisión [de aceptar el empleo] haya tenido el ardiente deseo de volver a verte y hasta qué punto el pensamiento de nuestra reunión, el alegre porvenir que compartiremos juntos, va a permanecer vivo ante mis ojos durante los días venideros, eso es algo sobre lo que no voy a extenderme.

Hegel y Hölderlin se encontraban en un momento crítico de su desarrollo intelectual, y precisaban el uno del otro para un constante contraste de puntos de vista. A las turbulencias sentimentales añadió Hölderlin, en ese mismo periodo, la redacción inacabada de su *Empédocles* y los esenciales fragmentos sobre la tragedia griega; un temario de filosofía política centrado en las relaciones jurídicas de los individuos dentro de la *pólis*. Hegel, a la sazón, redactaba el también inconcluso *Espíritu del cristianismo y su destino*, en el que trata de pensar los orígenes jurídicos de las monarquías cristianas. Ambos estaban reflexionando sobre el fundamento de una posible sociedad libre, empujados por el huracán de la Revolución Francesa. Y ambos se hacían la misma pregunta: ¿por qué y cómo desaparecieron los dioses que sostenían las libertades de la *pólis* griega? O lo que es igual: ¿cuál es la esencia del cristianismo? ¿Por qué nuestras sociedades cristianas son sociedades absolutistas y serviles? ¿Cómo y por qué la cultura cristiana *prefirió* la servidumbre?

Para el Hegel de Frankfurt la respuesta es clara: el cristianismo es una de las múltiples estrategias de control sobre ese vacío que llamamos «muerte»; una estrategia que consiste en deshacerse de todas las libertades potenciales para vivir una libertad absoluta *en sueños*. La misma estrategia que cíclicamente empuja a los pueblos al totalitarismo cuando la vida interna de la sociedad se ha extinguido. El origen de esa estrategia hay que buscarlo, según Hegel, en el monoteísmo judío, primer ejemplo documentado de servidumbre voluntaria, y para comprender la religión de los judíos es preciso estudiar con extrema atención los mitos y leyendas bíblicos, pues en cada uno de ellos se encuentra expresado de manera inmediata, ingenua y literaria, un pensamiento que se busca a sí mismo.

En su versión de la leyenda de Babel, Hegel, como Dante, también añade al texto bíblico el desarrollo de Flavio Josefo sobre el gigante Nemrod y la proeza técnica de Babel como un desafío paralelo al de los Titanes contra Zeus. Pero por vez primera en la historia de la leyenda el desafío ya no nace de una inexplicable «soberbia» ínsita en los humanos desde su creación (lo que haría cuando menos arriesgada la adscripción de la «culpa»), sino de un lúcido análisis histórico por parte de dos conductores de pueblos postdiluvianos. Nemrod y Abraham, los caudillos de Babel, toman decisiones libres, sin culpabilidad ninguna, atendiendo al futuro de su pueblo. El porvenir político, el proyecto social en común, y no una inexplicada «soberbia» culpabilizante, se convierte en la causa eficiente del episodio de Babel. La construcción de la Torre aparece como una alegoría del momento de divergencia en dos concepciones de la autoconciencia humana y de la construcción de sociedades complejas. He aquí, muy resumida, la interpretación hegeliana:

Los humanos perdieron su confianza en la naturaleza tras el Diluvio. El inmenso desastre infligió una herida irreparable a los supervivientes, los cuales dejaron de verse como *una parte* de la totalidad natural: ahora se veían como *enemigos* de la naturaleza y como su *diferencia.* Pero esta enemistad se tradujo en una doble táctica o negociación: por una parte, Abraham, tras negar y abjurar de la naturaleza, se entregó a un Señor todopoderoso, superior a la misma naturaleza, abstracto y eterno, capaz de garantizarle una participación en su poder por alejado de la realidad empírica que éste pudiera encontrarse. Es lo propio de todos los fundamentalismos. De otra parte, Nemrod, el gigante fundador de ciudades y constructor de torres, emprendió activamente el dominio y sujeción de la naturaleza, poniendo en juego toda la potencia humana, como única posibilidad de supervivencia. El primero puso a su pueblo bajo la estupefaciente protección de un sueño omnipotente. El segundo puso en práctica una omnipotencia imposible y autodestructiva.

Nemrod, según el texto hegeliano, logró reunir a los supervivientes dispersos y desconfiados que habían conocido el Diluvio y fundó con ellos una tiranía basada en la técnica. Abraham, en cambio, «vagaba con sus rebaños por una tierra sin fronteras, sin considerar como propia ni la más reducida de las parcelas, sin cultivarla, sin embellecerla, sin amar tierra alguna ni convertirla en su propio mundo». Abraham se separa absolutamente de la naturaleza, la desprecia, y ni siquiera se digna trabajarla. Abraham es «un extranjero en la tierra», firmemente atado a su condición de extranjero. Mantiene la unidad de su lengua porque esa lengua *no es de ningún lugar.*

Si la negación de Nemrod, nihilista y atea, conduce al reino de la violencia, a la confusión de las lenguas y al abandono de la tarea en una tierra esquilmada por la represión y las guerras civiles, la negación de Abraham aísla a un pueblo entero, atado a sí mismo por su feroz desprecio de los otros pueblos y su sumisión a los tiranos teocráticos que se suceden en la dirección de la horda. La ceremonia de la circuncisión, según Hegel, simboliza la castración de ese pueblo enajenado en la omnipotencia abstracta; el deseo de que todo lo natural se extinga y sea devorado por lo divino.

Los pueblos aglutinados violentamente por Nemrod pierden su lengua común por falta de libertad y habitan un campo de concentración en el que *todos son extranjeros.* El pueblo de Abraham se mantiene unido en su lenguaje y en la endogamia, pero está condenado a vivir eternamente *en el extranjero.*

En la versión de Hegel, la culpa se ha racionalizado y ya no hay «castigo». Los humanos no son responsables de ningún pecado, sino que son víctimas de la hostilidad de la naturaleza, o, con mayor precisión, del descubrimiento de la diferencia sin mediaciones. La voluntad de dominio técnico y la voluntad de aislamiento racista son las dos invenciones sociales postdiluvianas. En el sistema hegeliano no prevalece, tras el Diluvio, ni Grecia, ni la *pólis* de las libertades (el Paraíso histórico y «verdadero»), sino que prevalecen Abraham y Nemrod, padres del cristianismo junto con Jesús de Nazaret, el profeta del amor universal (sin Estado) ajusticiado por sus propios compatriotas. La armonía con la naturaleza y la sociedad libre que Deucalión y Pirra construyen en la Hélade es sólo un paréntesis entre el Diluvio y el Gólgota; entre el momento Simbólico y el momento Romántico, por usar la terminología de sus *Lecciones de estética,* cuando, al final de su vida, vuelva a reflexionar sobre Babel. La historia de la cultura occidental, para Hegel, no nace en Atenas sino en Babel, y nace con dos proyectos totalitarios: las tiranías teocrático-nacionalistas y los despotismos científico-técnicos. No parece que el cristianismo haya evolucionado mucho desde entonces.

Bien es verdad que en la exposición del cristianismo que Hegel propondrá unos años más tarde, en su *Fenomenología del espíritu,* la Ciencia (de Hegel), con el apoyo de Napoleón, puede construir el acabamiento de la era cristiana y el inicio de un Estado técnico-democrático que supere el absolutismo monárquico y cristiano. Pero quizás sobre ese punto habría que consultar a Nietzsche.

En los años de Frankfurt, años de intercambio diario entre Hegel y Hölderlin, es imposible que no disputaran sobre la cuestión más acuciante desde que los franceses, pocos años antes, decapitaran a su monarca absoluto: ¿cómo y por qué razón *no somos* Grecia? Es impensable que no comentaran —ellos, hijos de pastores luteranos— ese primer momento originario del desarraigo, del exilio, y de la ausencia de significado. Nemrod y Abraham, el técnico y el teócrata, esos dos fundadores de nuestra errancia y del exilio cristiano, resuenan en el fragmento de Hölderlin:

> Somos un signo, sin significado
> y sin dolor somos, y por poco
> perdemos el lenguaje en el extranjero.

Así pues, «sin dolor» porque el exilio no es un castigo de nuestra soberbia, sino una *voluntad* de exilio: los humanos hemos hecho de la tierra *nuestro* extranjero, sea por la vía técnica, sea por la vía teocrática. Ningún dios nos ha expulsado; nos hemos ido por nuestro propio pie, los unos a conquistar la tierra, los otros a encerrarse en la lengua de un Dios omnipotente. No hemos pecado, o más bien, nunca hemos dejado de pecar. Unos versos más adelante,

Hölderlin añade: «Pues los celestes no lo pueden todo», y luego (no sé si con desesperación o con orgullo satánico), «llegan los mortales más pronto al abismo».

«Sin dolor», pero también «por poco». En este «por poco» se encuentra, creo yo, la más profunda e insalvable diferencia entre Hegel y Hölderlin. «Fast», aquí, no es «casi», sino «aún no». Creo que equivale a: «todavía no me doy por vencido; no hemos perdido, *del todo,* ni el lenguaje ni el ser». La reconciliación con el mundo, a la que Hegel aspiraba ya entonces y que intentaría realizar con su (soberbio) sistema, no formaba parte del proyecto del poeta. Para el poeta, *todavía* somos un signo: una pura y en sí misma insignificante relación entre un lenguaje que no es de este mundo, y una memoria que mantiene la coherencia de los exiliados, aunque sólo sea como tales exiliados. Insignificancia presente, sentido del acabamiento, abismo y exilio.

En cierta manera, con su sistema filosófico Hegel parece continuar la rebelión teocrática de Abraham tratando de aislarse en un lenguaje que *hable directamente* con la divinidad: «Éste es el discurso de Dios *antes* de crear el mundo», dice uno de sus más notorios textos. Hegel continúa la rebelión de Abraham amparado en un Verbo que comunica directamente con el Absoluto y que es capaz de construir una Legalidad sistemática y salvadora. Ese lenguaje absoluto es el adecuado para la absoluta apropiación técnica de la tierra por parte de los mortales, esos exiliados de la tierra.

Pero Hölderlin, en sus himnos abandonados, en sus incomprensibles esbozos, en sus elegías truncadas, en los escritos de la locura, parece querer vislumbrar el fulgor de los celestes, no desde aquí abajo, sino a su misma altura, y fuerza titánicamente el lenguaje (como si construyera una torre) para alzarlo hasta ellos como si intentara interrogarles *en persona.* Es, yo diría, un heredero de la rebelión de Nemrod y por eso sus poemas desmembrados, caóticos, con ventanales ciegos, arcos que sólo sostienen el vacío y vertiginosas escalas truncadas que dan sobre abismos y sobre la noche del espíritu, son las auténticas ruinas de Babel. Nada significan, señalan siempre hacia remotísimos lugares, y mantienen la vida de un lenguaje sin tierra.

Byron.
Don Juan se jubila

En mi opinión, la figura poética de Don Juan nace como metáfora del mal y por lo tanto va variando según se defina la maldad en cada etapa histórica. El primer Don Juan es necesariamente teológico y lo inquietante del personaje es su desafío a la divinidad, a la que desea humillar, pero no la humillación de las mujeres. Si toma esa particular forma de burla erótica es porque la representación del mal no resiste la repetición y el asesino en serie no tenía por entonces presencia pública, a menos que fuera un Príncipe como Gilles de Rais (siglo xv), origen de Barba Azul. Durante el barroco, seducir mujeres tenía una importancia secundaria frente a la diabólica seducción de la condena eterna. Y esto es así hasta el *Don Giovanni* de Mozart, ya muy degradado, pero centrado en el problema de la salvación o condena del burlador.

Cuando tras la Revolución Francesa la maldad teológica pierde fuerza, el desafío de Don Juan cambia y de metafísico pasa a ser estético. Es el Don Juan de Kierkegaard y el de los románticos, una figura asocial y solipsista que niega las leyes sociales que han sustituido a las leyes de Dios, pero no por razones teológicas sino psicológicas. Es el momento realmente sexual del modelo, cuando desafía la propiedad y el honor burgués humillando a doncellas y esposas y debilitando la solidez jurídica de la herencia.

Por fin, cuando también esa negación pierde fuerza, la figura cambia de sexo y aparecen las Doñas Juanas de la modernidad: la Carmen de Bizet, prototipo genial, la Lulú de Wedekind, espléndida *femme fatale*, las vampiresas del siglo XX. En este último caso, la negación es biológica, como corresponde a una sociedad tecnificada, y el desafío aparece como humillación de una «ley natural» paternalista que confirma la modernidad en tanto que nihilismo triunfante.

La bisagra de la última transformación del mal, sin embargo, entre el romanticismo y la modernidad, es todavía un varón, un Don Juan, pero se comporta pasivamente y de hecho se burla de sí mismo hasta destruir su propia figura. Tengo al *Don Juan* de Byron por ese momento final, autoconsciente, en el que es el mismo Don Juan quien cede la iniciativa a sus víctimas, persuadido de su propia inutilidad en una sociedad a la que ya no humilla la maldad del seductor. La obra, inmensamente célebre, hoy es escasamente conocida. (¿Quién la ha leído?)

El poema es desmesurado, 16.000 versos, y lo comenzó ya en época tardía, a los treinta años. Los dos primeros cantos se publicaron en 1819. Los tres siguientes, en 1821. Del VI al XIV, en 1823. Y los dos últimos en 1824, el año de su muerte. Trelawny encontró un fragmento del XVII al recoger las pertenencias del poeta en Missolonghi.

En este inmenso poema, Don Juan es seducido sucesivamente por Doña Julia, una mujer casada amiga de su madre, la cual le inicia sexualmente. Por Haidée, hija de un pirata griego y jefa del clan en una isla del mar Jónico, que lo convierte en su consorte. Por Gulbeyaz, favorita del sultán de Constantinopla, la cual lo mantiene vestido de mujer en su harén particular. Por la emperatriz Catalina de Rusia, nada menos, al adoptarlo como *chevalier servant*. El poema quedó interrumpido cuando Don Juan dudaba entre dejarse seducir por Lady Adelina o Lady Aurora y era finalmente seducido y engañado por la duquesa de Fitz-Fulke.

En cada una de las seducciones es la mujer la que actúa por iniciativa propia y vence la resistencia de Don Juan (cuyo comportamiento coincide con el de las antiguas seducidas barrocas y románticas). En todos los casos Don Juan se enamora y quiere casarse, o por lo menos desea alcanzar una posición estable y confortable. La burla de la burla no puede ser más explícita.

Lo más sorprendente es que el poema responde con precisión a la vida de su autor: por esas fechas Byron se encontraba en pleno proceso de conyugalización. La relación entre Byron y la *contessina* Teresa Gamba Guiccioli es ya una novela del siglo XX. Se la presentaron en 1819 y sólo se separó de ella para ir a morir en Missolonghi. Cuando la conoce, Byron ha cumplido treinta años, está escribiendo el tercer canto, y se considera un hombre acabado, gordo, calvo, macilento, agotado. Ella tiene diecinueve años, se ha casado un año antes, en 1918, con el conde Guiccioli, un viudo cuarenta años mayor que ella, y según su aguda biógrafa, Iris Origo, es tonta *(silly)*, pero no estúpida *(stupid)*.[1]

El final de la increíble historia es un monumento a la decadencia de Don Juan. Cuando en 1823 Byron y Teresa han conseguido todas las licencias vaticanas que les permitan casarse, Byron parte a la liberación de Grecia (los patriotas griegos están vendiendo las armas que le proporciona el gobierno inglés a sus implacables enemigos turcos) y muere en Missolonghi a los pocos meses, en abril de 1824, pero de enfermedad.

Y lo que es aún más sintomático, aunque Teresa no lee una palabra de inglés, al conocer en 1821 la traducción al francés de los dos primeros cantos, le prohíbe seguir escribiendo esa obra inmoral e indigna de un caballero. ¡Y Byron acepta! De hecho, en una carta a su editor, John Murray, le comunica que los tres cantos recién enviados son los últimos. Más tarde, Teresa levantó la prohibición, siempre y cuando Byron eliminara todos los pasajes obscenos.

Me parece evidente que en esos momentos finales del romanticismo, en la bisagra de la modernidad, la figura de Don Juan está agotada y va a tener que ceder su papel a las seducidas, convertidas a partir de ahora en seductoras. Veinte años más tarde, en 1847, Baudelaire escribirá su célebre poema en el que Don Juan aparece ya en el infierno, abrumadoramente aburrido. Poco después será sustituido en la tierra por esa figura típica del simbolismo, «la Eva futura» que Villiers de L'Isle-Adam edita en 1886, la primera autómata femenina y madre de la malvada au-

1. Iris Origo, *The Last Attachment*, Nueva York, Scribner's, 1949.

tómata de *Metrópolis,* metáfora del siniestro capitalismo americano que trata de seducir al empalagoso galán nazi, empeñado en casarse con «María».

Decía Bertrand Russell que la libertad por la que luchó Byron hasta la muerte no era la de los ciudadanos comunes, sino la de un jefe *cherokee.* Es otro modo de constatar que Don Juan había pasado a la reserva.

Eliot.
Truenos, ninfas y agua sucia

Cuando se limpia con arte una obra de arte, como cuando limpiaron la Capilla Sixtina, aparece una obra nueva para quienes viven en ese momento. La antigua, la que el tiempo ensució, tiembla un momento en la nostalgia de los ancianos, pero está irremisiblemente muerta. El mismo efecto se produce cuando una traducción artística resucita una obra avejentada por la edad y el comercio. Esa impresión he tenido tras la lectura de la emocionante traducción que ha editado Lumen. La temible *Tierra baldía* de T. S. Eliot vuelve a vivir en la versión de Andreu Jaume.[1]

En este poema, sin duda una de las cimas del siglo xx, el poeta inglés quiso cantar (pero es un lamento) a su sociedad como si ésta fuera un sólido conjunto a la manera gótica, sólo que arruinado y disperso. El puente de Londres, el agobio sexual de algunos empleados, la asfixia de

1. T. S. Eliot, *La tierra baldía,* edición y traducción de Andreu Jaume, Barcelona, Lumen, 2015.

Flebas y otros cuadros, se exponen en un fresco que, a la manera de Lorenzetti en Siena, quiere representar una ciudad ordenada y armoniosa. Sin embargo, está condenada. Una Ley corrompida es incapaz ya de sostener la vida en común de los desdichados ciudadanos. El árbol parece robusto, pero está agusanado.

Algo de fresco medieval refleja el poema, pero sin la alegría y la esperanza de las sociedades antiguas, cuando un destino externo (un camino de espinas hacia la salvación) reunía todas las angustias en un solo haz de palabras celestes. Los condenados, tribu apartada, se agitaban también, pero su baile funesto, contorsionado, servía sólo para resaltar la alegría de los crótalos y panderos que conducían el baile de las muchachas en el Palacio Público de Siena.

Por el contrario, en la ciudad descrita en *La tierra baldía* no hay diferencia entre condenados y salvados. La democracia ha destruido la posibilidad de distinguir entre el brote fértil y el cizañero. La sociedad que canta (que lamenta) Eliot es la sociedad democrática y el río Támesis baja repleto de basura humana y municipal.

Eliot refinará su fresco del tiempo moderno en los *Cuartetos* (aquí está aún en estado salvaje), pero el concepto es claro. Como Benjamin, el poeta cree que el pasado (la Historia) no es sino un conjunto de ruinas del presente, seleccionadas como espectáculo para votantes. En cada ruina brilla una luminosidad que nos remite a otro pasado, éste ya inaccesible, soñado, como la luz de las estrellas muertas. Es lo propio de una sociedad baldía, que ya no produce, que sólo conserva, como esos aglomerados comunistas o islamistas donde nada nace, pero conservan el sueño de una salvación y un paraíso divinos, al precio de un sufrimiento tan inmenso como roñoso. Tierras baldías. También las nuestras.

La traducción de Andreu Jaume, admirable, nos permite regresar a este poema, uno de los últimos en los que el poeta aún podía remitirse a la trascendencia, en un español sin sonajero, de una sobria elegancia. Su prólogo, un ensayo sobre el poema que permite pensar que no se ha agotado la gran tradición crítica de los años cincuenta del siglo pasado, es imprescindible antes o después de la lectura.

Octavio Paz y Pere Gimferrer. Cartas de poetas

En el grueso volumen editado por Seix Barral, en sus más de doscientas cartas firmadas por uno de los protagonistas, se cuenta una historia.[1] Es un *topos* clásico, mil veces repetido y que ha alimentado a la literatura desde su nacimiento. Henry James compuso variantes extraordinarias de esta historia clásica, pero las hay también en la literatura griega, japonesa o rusa. Es la historia del maestro y el discípulo. Una historia eterna.

Octavio Paz fue uno de los últimos ejemplos de poeta transnacional, una figura que está desapareciendo a gran velocidad. Hasta hace unos años había poetas que eran leídos, no como voces emanadas de una cultura específica, de un lugar geográfico concreto o de una demarcación administrativa, sino como voces sin otra procedencia que la propia tradición poética, de Homero a Pound.

---

1. Octavio Paz, *Memorias y palabras. Cartas a Pere Gimferrer 1966-1997*, Barcelona, Seix Barral, 1999.

Que la poesía, como la filosofía, no puede pertenecer a ningún lugar físico es una creencia que aparece durante el Renacimiento, cuando los poetas trasladaban sus poemas del latín al italiano, y del italiano al castellano o al gallego o al catalán, y de ahí, de nuevo al latín sin el menor problema. Desde Descartes, pero todavía en la época de Baudelaire, era frecuente que los filósofos y los poetas comenzaran escribiendo sus primeras piezas en la lengua de Ovidio, cambiaran luego a las lenguas vernáculas, o se trasladaran a otras de mayor acogida internacional sin el menor empacho.

La figura del poeta transnacional se sustenta sobre la creencia, tanto lingüística como filosófica, de que todas las lenguas son capaces de decir *lo mismo* y de que la poesía sólo tiene como fundamento a la propia tradición literaria. Con esa convicción escribieron poetas como Petrarca, Shakespeare o Eliot. Pero frente a ese modelo se levanta otro poeta, el poeta romántico y nacional, sustentado sobre la creencia opuesta, la de que cada lengua sólo puede decir *lo suyo,* lo específico de su cultura nacional, y que tal diferencia es intraducible a otras lenguas. Este segundo tipo de poeta no atiende tanto a la autoridad de la milenaria historia de la poesía, cuanto a la autoridad de su propia lengua, y considera que ésta es la emanación de un espíritu trascendente, el *Volksgeist* o «espíritu del pueblo». En cierto modo el poema, según cree el romántico, no lo produce el poeta sino la lengua misma, de manera que el poema es un patrimonio de la colectividad nacional y no un objeto dirigido únicamente a los lectores de poesía.

Ambas posturas, la renacentista que obedece a la autoridad literaria y la romántica que obedece a la autoridad nacional, se han prolongado durante el siglo xx en formas más o menos puras y más o menos híbridas. Hubo, por ejemplo, vanguardistas transnacionales y renacentistas como los surrealistas o los constructivistas, pero también vanguardistas románticos y nacionales como algunos futuristas y expresionistas. Todavía hoy ciertos poetas se inclinan hacia la racionalidad semiótica y otros hacia el mito del verbo nacional.

Octavio Paz, que escribía desde una posición transnacional heredada de la vanguardia ilustrada de principios de siglo, se encontró, en el año 1966, con una figura que al principio debió de parecerle familiar —un joven heredero del surrealismo— y a quien creyó poder orientar como maestro. Se trataba de un muchacho que le escribía desde Barcelona para darse a conocer. La historia comienza, pues, de un modo característico y las primeras cartas de este libro muestran, como no podía ser menos, a un poeta muy puesto en su papel de experto que ayuda al principiante a disipar dudas y enmendar errores:

> A mi juicio el texto ganaría mucho si lo sometieses a tres operaciones: condensar, simplificar y marcar más claramente las transiciones y contrastes. En algunos casos, la condensación implica supresión de pasajes más bien enumerativos; en otros, substitución de frases y giros (etc.). (9 de abril de 1979.)

Pero muy rápidamente el discípulo fue tomando entidad y al final del proceso era el maestro quien consultaba el criterio de su joven amigo, y en él encontraba el apoyo y la orientación que le faltaban:

> Tus poemas, que he leído con grandes dificultades y gracias al diccionario que me regalaste, me han encantado. Es el tipo de poesía que a mí me gustaría hacer ahora. (10 de marzo de 1980.)

Y procede luego a comparar esos poemas con los de la *Antología griega*. Diez años más tarde, el discípulo se hace ya del todo imprescindible:

> Hace un siglo que no te escribo aunque a menudo converso mentalmente contigo para comentar algo que he visto, leído u oído — un cuadro, una página, un nombre. [...] Guardo tu pequeño ensayo entre unas cuantas cosas preciosas para mí —cartas de Cernuda, Bianco, Buñuel, Elizabeth Bishop, Reyes, libros de Breton, Camus, Michaux, Caillois... (30 de abril de 1991.)

Sin duda el discípulo había entrado en el panteón personal del maestro. Lo sorprendente del caso (o, si se prefiere, su variante específica) es que este joven, en un momento de la relación epistolar, había optado por un cambio de lengua que a Paz le tomó desprevenido. Hay un conjunto de cartas en las que el maestro, siempre respetuoso, transmite su incertidumbre:

> Al cerrar tu libro pensé que era una lástima que no hubiese aparecido en castellano pero corregí inmediatamente este envidioso nacionalismo lingüístico y me dije: qué bueno que ese libro de poemas haya aparecido ahora —en catalán o en cualquier otro idioma—... (14 de junio de 1971.)

La admirable generosidad de Octavio Paz (que es un mero síntoma de su inteligencia) le permitió saltar limpiamente por encima del escollo lingüístico, de la queja nacionalista por el «abandono» o «infidelidad» a la lengua-madre. Sin embargo, es lícito pensar que, siempre desde el respeto, se estaría preguntando algunas cuestiones. ¿Había hecho lo más adecuado, Gimferrer, cambiando el español por el catalán? Cabía la posibilidad de que con semejante decisión se hubiera destruido la base del mutuo entendimiento, a saber, la creencia de que toda poesía habla desde y para la poesía; cabía la posibilidad de que el joven discípulo se hubiera transformado en un poeta romántico cuyos poemas ya sólo se dirigirían a una comunidad nacional; cabía la posibilidad de que no se tratara tan sólo de un cambio de lengua funcional, como el que en su día decidieron Beckett, Nabokov, Conrad, Cioran o el Rilke de los poemas franceses, sino de un cambio de lengua en tanto que *cambio de alma,* y que el antiguo renacentista, el vanguardista transnacional, se hubiera transformado en un romántico de raíz germana y colectivista.

No fue así. Poco a poco, Octavio Paz vio cómo la nueva lengua asumía los mismos desafíos que la anterior, la misma tarea que había comenzado en español, y comprobó con qué terquedad iba Gimferrer continuando su proyecto poético, ahora amoldado al nuevo material lingüístico cuyas peculiaridades le iban a permitir un trabajo perfectamente original. La escultura seguía creciendo y aunque del bronce se hubiera pasado al mármol la figura seguía siendo la misma.

Al final de su vida, Octavio Paz ya no precisaba de un diccionario para leer a su discípulo. Un idioma para él desconocido había entrado en su hábito poético y ahora ya podía considerarlo familiar. De ese modo Paz descubrió una lengua cuya capacidad para transmitir el poema no era distinta a la del inglés o el español, y así pudo leer a Ausiàs March, a Foix o a Riba. El discípulo le había descubierto un continente poético al maestro.

Si algo se manifiesta en esta correspondencia es, precisamente, que no es el llamado «genio de la lengua» lo que hace posible el poema, sino la voluntad del poeta y su adaptación a una tradición milenaria construida con decenas de lenguas y para lectores de culturas tan diversas como la mejicana y la catalana. Y también, claro está, la aplicación adecuada en cada caso de esa inteligencia a un material lingüístico concreto. El mítico horizonte circular de Fichte y Herder, esa clausura en el seno de la lengua-madre intraducible, parece sólo una muralla de conveniencia para desviar la responsabilidad propia hacia una entidad trascendental a la que nadie pueda pedir cuentas. Gimferrer, como pronto entendió Octavio Paz, estaba dispuesto a rendir cuentas sin abrigarse en ningún refugio colectivo o trascendental.

Durante treinta años, Paz y Gimferrer se rindieron mutua cuenta de su tarea poética con palabras perfectamente claras y responsables, sin acudir a las oscuridades del mito, y gracias a ello estas cartas nos ofrecen datos muy valiosos sobre la faena de escribir poemas, sobre la carpintería y la cocina del poema. A veces, mediante informaciones tan chocantes como la adaptación del verso al tamaño de la mancha de página de una editorial:

> Como me di cuenta que el formato de los libros de Seix Barral y los puntos que emplean en los tipos no se ajustaban en muchos casos a la extensión de mis líneas, procuré reducirlas a 50 golpes

(letras) de la máquina de escribir. Un trabajo espantoso. Esta reacomodación del texto me llevó, fatalmente, a corregirlo y rehacerlo en muchos casos. (8 de marzo de 1976.)

Aunque no tan sorprendente si se considera que el poema siempre se levanta gracias a unas leyes que oponen resistencia, y que las cortapisas y las trabas *formales* son sus puntos de apoyo. Como la paloma de Kant, si el poema no trabaja contra unas reglas, se desploma.

Pero no debo terminar esta breve presentación sin subrayar otro aspecto de la correspondencia tan importante como el anterior, a saber, el registro minucioso del trabajo de Paz como difusor de su poesía. Es asombrosa la actividad que desplegó para que sus libros llegaran hasta los lectores. Convencido de que el poema es un útil universal y benéfico (y no, por ejemplo, la pieza ornamental de una geografía), Paz no cejó ni un minuto, nunca descansó en su cruzada: conferencias, congresos, artículos, traducciones, clases, simposios y viajes y más viajes y más viajes, cientos, miles de viajes. Octavio Paz trabajó muchísimo más que todos los ejecutivos de todas las editoriales que publicaron sus poemas. ¡Qué inmensa fatiga debía de producirle esa imprescindible necesidad de *explicar* su poesía en el mundo entero! ¡Y qué admirable nos parece esa actitud frente a los remilgos y desdenes de los falsos malditos, de aquellos que se acomodan confortablemente en la «incomprensión»!

Admirable, porque esa actividad febril era el resultado de su pasión por la poesía, de una fe inconmovible en el valor del poema, y no sólo se fatigaba por difundir su propia poesía sino la de todos aquellos que le merecían respeto. La certeza de que el poema debe ser conocido es algo perfectamente opuesto a la ambición personal, no hay un solo párrafo en estas cuatrocientas páginas que permita hablar de vanidad o codicia, sólo de abnegación. Y eso era posible porque Paz, renacentista y transnacional, estaba persuadido de la importancia de continuar un arte milenario del que él era, tan sólo, un heredero, y que esa herencia no debía despilfarrarse en un consumo egoísta, sino labrarse como un campo para que siguiera dando fruto. Tal es la razón de que Paz pudiera pasar en sus cartas, sin la menor transición, de una deslumbrante descripción lírica a la más inmediata de las urgencias civiles:

> *Arde el mar* es una llama azul y verde que baila sobre el oleaje y se desliza en nuestro cuarto por el ojo de la cerradura. A veces es una estridente sirena de alarma y otras un concierto en el fondo de un cráter.
> Te envío con estas líneas, ya firmado, el contrato y tomo nota de que los pagos serán hechos por Planeta-México (etc.). (21 de febrero de 1995.)

Una actitud similar encontramos en los diarios de viaje de Durero, cuando, también sin transición, pasa de comentar una maravillosa rama de coral que ha admirado en alguna colección principesca a la intendencia más inmediata y terrestre. Los poetas no viven en torres de marfil, sino en sus obradores, practicando un oficio, administrando una herencia transitoria y con la prensa internacional desparramada por mesas y sillas. Por lo general, sólo viven en torres de marfil los poetas subvencionados con fondos públicos.

No creo pecar de exagerado si digo que en sus últimas cartas Paz parecía estar hablando con un heredero, aquel que deberá seguir trabajando el legado tras alcanzar el máximo galardón que todo poeta estima, el de ser considerado *il miglior fabbro* por un maestro universalmente reconocido. Lo singular de este heredero es que trabajaba sus poemas en otra lengua, la cual, sin dejar de ser extranjera para Paz, era la misma, la única lengua de los poetas, la que en lugar de diferenciar y dividir nos hace semejantes y comunes. Sobre todo, comunes.

Próxima ya la muerte, el maestro le pasó el testigo a su discípulo y en ese traspaso incluyó, lógicamente, la lengua que el discípulo le había enseñado a conocer:

> En cierto modo, *Mascarada* puede verse como un gran poema postsurrealista. Quiero decir: sería incomprensible sin cierta poesía surrealista, pero va más allá de ella y nos lleva a otro mundo. Es un poema que nadie ha escrito en español (¿y en francés?), tal vez porque es imposible escribirlo en nuestra lengua pero que, por lo visto, sí ha sido posible hacerlo en catalán. Gran triunfo de la lengua y gran triunfo tuyo. (24 de enero de 1997.)

Sólo pudo escribir una carta más, pero en esta su penúltima carta, Paz señalaba lo específico de las lenguas poéticas. No todo está dicho en todas las lenguas, cada lengua dice a su manera lo que luego *pueden* decir las demás. Y así como el poema amoroso que nace en Italia fecunda la poesía renacentista española, así como el surrealismo francés había fructificado en el catalán de Gimferrer, ahora su perturbador y fulgurante poema catalán, *Mascarada,* va a permitir que otras lenguas a su vez digan lo mismo. En español, por ejemplo. Es la lengua que une, no la que separa, la poesía.

Ferrer Lerín. La música de los buitres

¿Qué se puede decir de la poesía, un arte en vías de extinción si no ya extinguido totalmente? Nada. Ni falta que le hace. Pero sí podemos hablar de algunos especímenes supervivientes que, como el lince de Doñana, aún se mueven entre nosotros.

Para su desdicha, el poeta Ferrer Lerín (a partir de aquí «Paco») no tiene biólogos, ecólogos y naturalistas que vigilen sus pasos para evitar que le aplaste un cuatro por cuatro, no está tutelado, ni protegido, ni recibe subvenciones. Tampoco le facilitan los apareamientos, lo que seguramente él agradece.

Sin embargo hay que pensar que el lince tiene otra clientela, como por ejemplo sus compañeros de vida salvaje. Algunos están ahí para ser devorados, como los conejos. Otros, para darle compañía. Hoy nos hemos reunido para darle compañía, aunque corramos el riesgo de acabar devorados.

Puede parecer extraño que alguien de la tribu silvestre, pero de especie más abundante, común, de menor categoría, un zorro, un gato montés, o incluso un meloncillo *(Herpestes ichneumon)*, haga el panegírico del lince, pero de eso se trata y allá voy. Éste es el panegírico de un lince en boca de un meloncillo.

Creo haber dicho en varias ocasiones que los poetas, a diferencia de la restante gente de letras, tienen la obligación de llevar una vida ejemplar. No pueden contradecirse. O bien están perfecta y perpetuamente locos, como Panero, y no se convierten de la noche a la mañana en profesores de literatura. O bien son colosalmente cuerdos y, como Eliot o Stevens, se mantienen toda la vida petrificados en la figura egipcia de un burócrata bancario o un agente de seguros.

Habría sido lamentable que de repente Eliot se hubiera dejado crecer unas largas guedejas y, vestido con apretados pantalones de *tweed*, se hubiera unido al alegre grupo de los chicos de Isherwood. La poesía de Eliot habría aparecido a una luz totalmente distinta y seguramente *Miércoles de ceniza* se habría interpretado como una reunión de fumadores de porros.

Muy escasos son los poetas verdaderos que pueden contradecirse biográficamente: se es lince de una vez por todas, o se produce una enorme confusión y aquello no era lince sino chihuahua. Vean el caso ejemplar de Rimbaud, que cuando decidió cambiar de vida y dedicarse al contrabando abandonó para siempre la poesía.

Paco era lince ya a los dieciocho, cuando le conocí, y creo que hoy, ya talludito, nadie lo confundiría con un chihuahua. No hay un momento de su vida que niegue al anterior. Dado lo difícil que es hoy juzgar la poesía, es su coherencia vital lo que la garantiza. De muy joven, ya el lince espiaba a los buitres desde su madriguera y así sigue en la actualidad. Ha pasado su vida entera mirando hacia arriba. En general, los poetas, como los niños, miran hacia arriba.

¿Quiere esto decir que ha dedicado todos estos años a escribir poemas? En absoluto. Estoy persuadido de que les habrá dedicado, haciendo la media, un cuarto de hora al año como mucho. Pero es suficiente porque él ha vivido poéticamente y sus escritos son tan sólo breves documentos de su experiencia. Eso es lo que suelen ser los poemas verdaderos, el testimonio de una experiencia que la mayoría de los humanos nunca tendremos. Otro poeta verdadero del género loco, Hölderlin, decía que los poetas son pararrayos. Creo que muy pocos de entre nosotros habrán tenido esa experiencia, recibir directamente el fuego del cielo sobre el occipucio es algo reservado a personas de mucho fuste.

Perdonen que insista en la comparación, pero los biólogos saben que hay linces y que gozan de buena salud porque van dejando deposiciones aquí y allá, a veces rellenas de huesecillos animales y otras veces de simiente frutal. Esto me lo enseñó el propio Paco en nuestras primitivas excursiones. También me enseñó palabras poéticas como «egagrópila». Los poetas saben palabras que parecen pertenecer a una lengua ancestral.

Pues bien, mal que nos pese, los poemas vienen a ser esas señales orgánicas que dan fe de vida. No estoy siendo soez. Recuerden que la obra de arte que inaugura el arte contemporáneo, la *Mona Lisa* del arte actual, es un urinario.

Así que la vida del poeta Ferrer Lerín no tiene nada que ver con la vida habitual de los ciudadanos, aunque siendo Paco hombre de exquisita educación, lo disimule y lleve una vida aceptable para la Guardia Civil y para el Ministerio de Hacienda. Sin embargo, lo que él ha podido ver, lo que sabe de esta vida nuestra incomprensible, no tiene relación alguna con lo que nosotros hemos visto o sabemos. Pertenece a otro orden, a un saber que sólo se adquiere dedicando una vida completa a mirar hacia arriba y a soportar el fuego celeste.

Y como estamos entre amigos, voy a contarles la última vez que Paco tuvo la generosidad de compartir conmigo un poema. Fue hace pocos meses. Estábamos agazapados unos cuantos lectores de su poesía entre los árboles de un monte de la Jacetania, que viene a ser el Macondo de Paco, a la espera de que bajaran los buitres para devorar unas piltrafas que antes habíamos extendido por una planicie a unos cincuenta metros de distancia.

Les ahorro la descripción de una nube de buitres cubriendo el sol hasta hacernos creer que había llegado el crepúsculo a mediodía, y cayendo luego en picado a pocos metros de nuestros ojos. Lo que en esa ocasión me descubrió Paco no fue la épica de las carroñeras, que la tiene, sino la lírica del vuelo y de la caída. Cuando los buitres estaban ya a punto de precipitarse, Paco susurró casi para sí mismo, «el ruido, el ruido».

En efecto, lo sobrecogedor no es el acto mismo del ave precipitada sobre la carroña, sino el estruendo de cien alas de siete metros cada una cayendo sobre la tierra como los ángeles condenados por su soberbia. Es una música atronadora y fúnebre. Un redoble colosal que parece anunciar la decapitación de un monarca.

Ése fue el último poema que he compartido con Paco. Por fortuna, hay en este libro muchos otros poemas, esta vez escritos, que permiten al lector atento vivir experiencias inusitadas, capaces de transformar nuestras vidas terrestres en algo más próximo a la vida solar y de hacernos mirar hacia arriba aunque sólo sea durante unos minutos.[1]

Porque los poemas de Paco imitan con gran exactitud la música de los buitres. El sonido de la caída. El himno de los condenados.

1. Se refiere al volumen de la poesía reunida de Francisco Ferrer Lerín titulado *Ciudad propia*, Artemisa, 2006. Véase al final de este volumen la procedencia de los textos.

Poesía y pintura.
Ut pictura poesis

Los supervivientes del Holocausto tardaron más de veinte años en poder contar su historia. El primer intento de Primo Levi, recién acabada la guerra, no dio resultado, su historia era incomunicable y fue rechazada por los distintos editores a los que llegó el manuscrito, comenzando por Einaudi. Sólo en los años sesenta pudo editarse y entrar en el circuito literario. Los lectores de los años cuarenta no tenían herramientas para aceptar como verosímil una narración semejante y los supervivientes carecían de formas previas, ya establecidas por anteriores horrores, para dar cuenta de tan terrible experiencia. El horror estaba en la memoria de los supervivientes como una nebulosa de recuerdos desordenados, un conjunto borroso de espantos superpuestos que exigía su clarificación, pero todo significado nuevo exige un aprendizaje narrativo y sólo muy despacio fueron apareciendo relatos y crónicas parciales de aquello que no podía formularse. Ahora cabe decir que ya hay una práctica de escritura y lectura suficiente, y que aquel horror ha cristalizado en objetos capaces de comunicarse a sociedades cada vez más numerosas. Simultáneamente, es posible que ese proceso haya significado también que el Holocausto comienza a pasar al olvido. La presencia de los relatos, fijados y analizados como *obras,* oculta un horror indecible y silencioso que va convirtiéndose en la enorme incógnita que se esconderá, ya para siempre, tras ellas.

Ésta es una analogía (sin duda anacrónica) de lo que sucedió con la poesía a partir de Simónides. No podemos imaginar lo que supuso detener el flujo verbal, ligado a los acontecimientos y rituales, en una forma fija y estable que no equivalía a la legislación. La palabra detenida y mineralizada, transformada en objeto, sólo tenía como soporte, hasta entonces, la voluntad divina (el verbo sagrado) o la misma voluntad delegada en un rey (la ley), pero nunca hasta Grecia el poema había aspirado a una solidificación, a una permanencia que le permitiera estar siempre *a mano.*

En Oriente la escritura había proporcionado marcas mnemotécnicas destinadas al intérprete sacerdotal, pero el poema de la época de Simónides sujetaba otro tipo de oración y la detenía construyéndola a la manera de un edificio en el que podían entrar y salir libremente los inquilinos como intérpretes propios. De ese modo se hizo posible que la palabra poética, huidiza y ligada al instante del acontecimiento (y también a una casta de «intérpretes»), se conservara materialmente y pudiera ser considerada una mercancía entre las mercancías. La palabra poética pudo desde entonces tener propietario, y cuando Simónides de Ceos *vende* por vez primera un producto poético (y de ese modo convierte el poema en una «obra»), se abre la puerta por la que Platón podrá poco más tarde expulsar de la *pólis* a los poetas como «autores» de poemas y elementos sociales inasimilables a la *episteme*.

La revolución atribuida a Simónides no pudo ser otra cosa que la identificación y aceptación social de un nuevo modo de acceder al poema, y sólo podemos imaginar ese cambio de uso (de una importancia insondable) como un traslado de la piedad a la fruición, aunque sería superficial denominar a este paso simplemente como «estético». Podemos hacer un nuevo esfuerzo comparativo e imaginarnos a nosotros mismos, cuando de niños (aquellos que fueron educados en religión) recitábamos los rezos sin reparar en el sentido de las palabras. ¿Quién no recuerda la estupefacción que producía la frase «y bendito es el fruto de tu vientre Jesús»? Ni siquiera podíamos establecer una separación entre «vientre» y «Jesús», ya que el fruto era más verosímil nacido en el vientre de Jesús que en el de María, así que durante un tiempo decíamos que Jesús tenía frutos benditos en su vientre, aunque no entendiéramos la imagen. No era necesario. Sabíamos que el poder del rezo no estaba en las palabras mismas sino en el *acto* de decir las palabras. Éste no es un comportamiento infantil. Ha sido el hábito de millones de creyentes adultos mientras duró la misa latina.

Creo yo que el paso de Simónides hubo de ser muy similar, a saber, el traslado de una recitación y audición cuyo significado (o cuyo poder, si es que hay alguna diferencia) estaba fuera del poema, emanado de una trascendencia misteriosa, a otra recitación que usaba ya el poema como máquina significadora por sí misma. De la repetición sacerdotal, cuya eficacia estaba en la pura enunciación (sin que los contenidos semánticos se superpusieran a la eficacia de la comunicación), debió de pasarse a una repetición hermenéutica y hedonista en la que los significados iban a ser el único contenido fundante, la única justificación del acto poético. El poema ya no unía verticalmente con un mundo trascendente cuya opacidad permitía todos los sinsentidos, sino que el poema comunicaba horizontalmente para nosotros y entre nosotros.

Intuyo que así sucediera porque tengo presente una nueva analogía (y ya van tres) que atañe al comportamiento de las artes de la imagen tras un paso similar que tuvo su prólogo a finales del gótico europeo. La representación de imágenes bidimensionales había dependido de la arquitectura en términos absolutos hasta finales del siglo xiv, sea en forma de mosaicos o frescos, excepción hecha de algunos objetos de culto privado como los iconos portátiles bizantinos. Por decirlo de un modo brutal, el sentido de las imágenes venía predeterminado por un contexto arquitectónico que les concedía credibilidad. Pero gracias al invento del «cuadro» (una forma que se desarrolla exponencialmente en lo que llamamos «Renacimiento») la imagen adquirió un carácter traslaticio que permitió su uso en contra de cualquier situación ancilar respecto de algún edificio, es decir, respecto de algún *lugar.* A partir de entonces la pintura tuvo su propio lugar, se apropió de su lugar, y comenzó una carrera autónoma que culminaría (y quizás acabaría) en las vanguardias del siglo xx.

La historiografía sociológica dice que de ese modo apareció por vez primera una mercancía pictórica capaz de entrar en el mercado capitalista, tanto por su flujo como por su capacidad para obtener cotizaciones variables. Pero hay algo más. Al quedar la imagen flotando en un espacio abstracto, separada de su envoltura arquitectónica (y simultáneamente semántica), perdió el antiguo contexto que le daba sentido y en muy breve plazo lo que había sido, pongamos por caso, la Virgen o el Crucificado en su propia casa, pasó a ser «una Virgen» o «un Crucificado» en el repertorio del arte de la pintura. Así se facilitó el paso de una contemplación piadosa, con sus contenidos fuera de la imagen (y por lo tanto indiferente a los contenidos no directamente icónicos), a una contemplación hermenéutica que en breve sería la especialidad del *connoisseur,* así como a una fruición hedonista que es la única propiamente «estética».

Supongamos que los supervivientes del Holocausto se hubieran juramentado para no escribir jamás sus recuerdos, para no fijarlos nunca, para no venderlos como «obra». Sigamos suponiendo que en ese juramento se hubiera fundado también un ritual según el cual, en alguna fecha señalada del año, se reunirían los supervivientes y sus sucesores para cantar el dolor y dar vida al recuerdo. El horror entonces habría permanecido en el recinto de la memoria *antigua,* anterior al invento de Simónides. Sin duda habría dado nacimiento a un ritual o ceremonia, y consecuentemente a un lugar específico, quizás no muy distinto al Muro de las Lamentaciones o quizás enteramente distinto. ¿Cómo podemos saberlo si esa memoria ya ha sedimentado en obras y monumentos?

Pues así como los relatos del Holocausto van ocultando la presencia real del horror en la memoria viva de los supervivientes, y aquel horror vivo va siendo sustituido por una sucesión de monumentos en forma de libros, así también la contemplación de la imagen de una Virgen y de un Crucificado en el arte de la pintura ha ido privándonos de la contemplación inmediata, siendo ésta sustituida por la contemplación apreciativa y valorativa de la imagen de cualquier cosa, ya que no importa tanto lo que se representa como la habilidad técnica de la representación. No muy distinto debió de ser, creo yo, el paso del poema recitado en cada momento y lugar (el alarido o canto del muecín a las horas señaladas), a un poema cristalizado, detenido y traslaticio que está a mano de cualquiera, sea creyente o infiel, y en cualquier momento o lugar.

Algo así debió de suceder en la *pólis* de Simónides y desde entonces el poema ya no ha regresado (ya nunca emprendió el regreso) al antiguo lugar, a la arquitectura espiritual que lo unía mediante una escala invisible con la trascendencia, no ha regresado ya nunca más a la oralidad instantánea y sin memoria, al templo invisible de un tiempo efímero en el que la palabra poética se sostenía sólo un instante en la emisión de unos fonemas más significativos como *acto* que como *obra.* A partir de entonces, la palabra del poema quedaría solidificada en lo que ya (y por vez primera) podía calificarse de mercancía poética.

Ahora bien, parece como si al descender del mundo divino (o al esfumarse la escala invisible) todo adquiriese un carácter mercantil, de tal modo que el agua habría sido de Dios (y por lo tanto un elemento *vivo*) mientras no se ha transformado en «Font Vella», «Evian» o «Lanjarón», es decir, en pequeñas partes de agua valoradas y analizadas técnicamente, capaces de fluir por el mercado y obtener precios variables, lo que equivale decir en «obra», siendo cada obra la que corresponde a su marca y caracteres diferenciales para el gusto y el análisis.

Si esto fuera así, la calidad mercantil de toda obra no sería sino la pura resistencia a un despilfarro del sentido en el claustro semántico del Otro. La mercancía, claro está, sólo sustituye ausencias y «Evian» ocupa la ausencia de «agua». Sin embargo lo ausente quizás tiene, en la mercancía, un asentamiento más firme ya que en todo momento podemos hacerlo venir (o podemos *celebrarlo*), ciertamente como ausente, pero ¿acaso *vino* alguna vez lo Otro con toda su presencia? Si alguna vez lo hizo, si el conjuro trajo alguna vez esa presencia, nunca lo sabremos porque los presentes fueron fulminados por un ángel demasiado fuerte y tremendo. Así que la invención de Simónides no sería sino la fijación y ligazón de una ausencia esquiva para no conmemorarla en tiempos fijos sino en el tiempo abierto de la pura arbitrariedad y a resguardo.

Esta vieja historia, de una actualidad permanente, es la que nos relata con rigor y excelente prosa (muy de agradecer en un mundo académico cada vez más iletrado) la profesora Neus Galí. Mis gaseosas analogías son tan sólo un oscuro telón de la verdadera narración de la obra, pero sírvame de excusa que han sido escritas tras la provocadora lectura de uno de los ensayos más imaginativos y sugerentes que he leído en los últimos años.[1]

---

1. Neus Galí, *Poesía silenciosa, pintura que habla,* Barcelona, Acantilado, 1999.

II. El mundo desencantado:
novelas, cuentos, memorias, crónicas

Mateo Alemán. Apoteosis de un famoso pícaro

No debía de ser fácil, en la Sevilla de 1547, venir considerado como descendiente de un judío que ha abrazado el cristianismo con la intención de sobrevivir o medrar en sociedad. Los conversos, los célebres criptojudíos del barroco español, fueron en buena medida los artífices de nuestra mejor cultura. Debieron formar una élite consciente de su valía y quizás con razón se consideraban superiores a los cabestros que mandaban entonces y que les hacían la vida imposible. Es, en todo caso, asunto muy disputado. Sus defensores, el histórico Américo Castro y el actual Juan Goytisolo, tienen sus contradictores, pero los argumentos a favor de un numeroso grupo de intelectuales y escritores de ascendencia judía son sólidos.

Tal era la condición de uno de los más grandes escritores españoles, Mateo Alemán, y no el mejor conocido. Hijo de un cirujano de la Cárcel Real de Sevilla (oficio en sí mismo frecuente entre los judíos), se discute sobre quiénes fueron sus antepasados, pero la extraordinaria edición de Luis Gómez Canseco no duda ni un segundo: Mateo vendría de aquella estirpe cuyo más famoso ancestro fue un «Alemán Pocasangre, el de los muchos fijos Alemanes», según lo documenta un escrito de los conversos sevillanos que protestaban contra los abusos de la Inquisición. El abuelo Pocasangre fue quemado en la hoguera en 1497 por tan santa institución.[1]

A pesar de las hogueras antropófagas, aquellos muchos hijos siguieron generando Alemanes hasta que en 1547 naciera Mateo. Su vida, azarosa, a veces incomprensible, en buena medida desconocida, le daría para entrar dos veces en la cárcel por deudas, en 1580 y 1601, casar con Catalina Espinosa como pago de otra deuda (aunque en esta ocasión contraída por su madre), presentar un estremecedor informe sobre la situación de los forzados en las minas de Almadén que no le facilitó las cosas (las minas eran propiedad de la corona y de los Fugger), y escribir la más grande novela de la literatura española anterior al *Quijote*. Y es que, por si cupiera alguna duda, fue Cervantes quien leyó y se inspiró en el *Guzmán de Alfarache* y no al revés.

Su densa y agobiada vida, siempre encerrada en el laberinto de las deudas, le empujó finalmente a pedir permiso para emigrar a Méjico. Asunto peliagudo porque aquellos permisos los entregaba según le venía en gana un Pedro de Ledesma, secretario del Consejo de Indias, y como suele ser hábito en España entre las sabandijas de despacho, cobraba y no poco. Mateo Alemán hubo de

1. Mateo Alemán, *Guzmán de Alfarache,* edición, estudio y notas de Luis Gómez Canseco, Madrid, Real Academia Española, Barcelona, Galaxia Gutenberg-Círculo de Lectores, 2012.

legarle una casa de su propiedad que tenía en Madrid y los derechos de la segunda parte del *Guzmán de Alfarache*. Hoy no se imagina uno a un novelista pagando un soborno fiscal con los derechos de autor, pero aquélla era una época más elegante. Mateo logró salir de España en 1608 para no volver jamás.

¿Qué fue de él hasta su muerte, documentada en 1614? Poco se sabe. Escribió otra pieza fundamental, una *Ortografía castellana* de mucho interés por lo moderna y que le valió la acusación de «erasmista», el elogio de su benefactor mejicano el arzobispo García Guerra con una muy bella oración fúnebre, la historia de San Ignacio de Loyola, alguna pieza más, y seguramente murió y está enterrado en Méjico en algún lugar incierto. En Chalco, según el criterio de Enrique Miralles, otro de sus editores.

Algunos testigos de la época escribieron que no logró escapar al laberinto de las deudas porque su entierro se pagó con dinero de la caridad pública. Es conmovedor, sobre todo cuando uno mira el estupendo retrato grabado por Pedro Perret en 1599, un cobre en el que nuestro autor se muestra noble y digno, a la romana, con imponente gola y sosteniendo un libro de Tácito. Su rostro es tan verídico que uno cree conocerle, pobre pretendido caballero. Parece escapado de un Greco, pero también de un consejo de ministros. Apena imaginarlo tratando con tanto ahínco de ennoblecer su ascendencia. Dos blasones fantasiosos esquinan el retrato.

La grandeza de la novela (o del *Guzmán*, como siempre se la ha conocido) no puede emprenderse en este corto espacio, aunque quizás baste con decir, como antes apunté, que influyó en Cervantes, si bien éste amplió soberanamente la peripecia del pícaro y su ir y venir de desdicha en desdicha hasta convertirlo en el molde de la novela moderna. Desde su aparición, el libro del pícaro Guzmán tuvo un rotundo éxito internacional. Fue traducido a todas las lenguas cultas europeas y un poeta como Ben Jonson lo juzgó como «this Spanish Proteus».

Pues bien, hete aquí que a comienzos del año en curso se publicó la edición que no puede sino calificarse como modelo de erudición, cuidado y elegancia, la de Luis Gómez Canseco, en la soberbia colección de clásicos de la Real Academia Española, empresa extraordinaria, en parte financiada por La Caixa, lo que, francamente, tal y como están las cosas en aquella parte del país, es muy de agradecer.

Ésta es una joya para quienes la literatura tiene sorbido el seso y se debe leer con parsimonia y a lo largo de un año, pero debo advertir que me ha llevado exactamente nueve meses conseguirla. Si yo, pobre de mí, un obseso de los libros, he tardado ese tiempo en tocar con mis manos un ejemplar (mil ciento sesenta páginas de finísimo tacto) gracias a una gran dama amiga mía que lo consiguió no sin esfuerzo, imagínense un lector cualquiera que simplemente quiera leer uno de los más grandes clásicos de la literatura española y monumento de la literatura europea.

Bernal Díaz del Castillo y Garcia de Orta. Los nuevos mundos nuevos

No creo que sea cosa fácil, para un contemporáneo, imaginar con exactitud la experiencia que supuso navegar océanos desconocidos o penetrar en tierras vírgenes. Ni siquiera la ficción lo presenta de un modo convincente. En ocasiones el arte utiliza la metáfora de los exploradores para hablar de virtudes modernas, como en la excelente *Master and Commander*;[1] otras veces asimila la exploración a una futura (y muy optimista) navegación por el espacio, truco frecuente entre escritores de ficción científica. Sin embargo, la intraducibilidad de la experiencia de los navegantes clásicos nos obliga a participar de su aventura con perplejidad rayana en la estupefacción.

No creo que haya relato más asombroso que el de Bernal Díaz del Castillo. Su *Historia verdadera de la conquista de la Nueva España* sólo puede compararse con la épica homérica. No me cabe duda de que si Díaz hubiera sido

1. *Master and Commander* es una película dirigida por Peter Weir y estrenada en 2003.

súbdito de la corona inglesa hoy sería más famoso que Sir Francis Drake, y estaría por encima del relamido Bougainville de haber estado al servicio del rey de Francia. Sin embargo, es imposible entender seriamente sus experiencias pues son tan desmesuradas como las de Ulises. Imagine el lector que nunca haya entrado en el relato el momento en que Díaz, junto con Hernán Cortés, otros soldados y los naturales acogidos a la protección militar del comandante español, después de atravesar junglas, marismas, llanuras y montes, avistan la ciudad de México:

> Y desque vimos cosas tan admirables, no sabíamos que nos decir, o si era verdad lo que por delante parecía, que por una parte en tierra había grandes ciudades, y en la laguna otras muchas, e veíamoslo todo lleno de canoas, y en la calzada muchas puentes de trecho a trecho, y por delante estaba la gran ciudad de México, y nosotros aun no llegábamos a cuatrocientos soldados.[2]

Aquellos extremeños, vascos o castellanos que sólo conocían sus aldeas o como mucho la destartalada villa de Madrid, veían aparecer ante sus ojos una urbe armada de palafitos, como una Venecia paleolítica, con pirámides y palacios de sillar que relucían al sol poniente como si fueran de oro. ¿A qué experiencia moderna puede compararse? Al lado de semejante sorpresa, el paseo por la Luna es una pobre cosa.

---

2. Bernal Díaz del Castillo, *Historia verdadera de la conquista de la Nueva España,* cap. LXXXVIII, Madrid, Real Academia Española, Barcelona, Galaxia Gutenberg-Círculo de Lectores, 2011.

Que nuestra experiencia, la del mundo actual, es incomparable (creo que la palabra adecuada sería «inconmensurable») con la del mundo renacentista y barroco se disimula por el hecho de que nuestra experiencia es de orden ortopédico. La navegación aérea nos concede alas colosales, el teléfono nos da oídos omnipotentes, la televisión coloca nuestros ojos en cualquier lugar del planeta. Convertidos en un solo individuo virtual, una masa cuyo cerebro es la suma de todos los discos duros, privados y públicos, del planeta, los actuales humanos somos incapaces de imaginar una experiencia *personal.* Porque lo inconmensurable de Díaz del Castillo es que vio la ciudad de México en persona, y no en un programa de televisión. Él y sus compañeros eran únicos. La Luna la pisamos todos cuando la pisó Armstrong. Nuestras exploraciones son colectivas. Periodismo.

Bien podría decirse que aquéllos fueron los últimos viajes realizados por individuos, aunque restos de aventura personal se arrastran hasta el romanticismo. «No se trata tanto de la humanización de la naturaleza o de la naturalización del hombre [...] cuanto de la demostración de la singularidad del hombre en el espacio», escribe Isabel Soler en *El nudo y la esfera,* estudio de mucho provecho para quienes tengan la curiosidad viva por los orígenes del mundo actual.[3] De eso se trataba, de experiencias singulares, sin posibilidad alguna de extenderse a colectivas. Diría yo que una última voz de tipo singular es la de Casanova navegando por el último océano descono-

3. Isabel Soler, *El nudo y la esfera. El navegante como artífice del mundo moderno,* Barcelona, Acantilado, 2003.

cido, el sexo femenino, hoy ya explorado por completo y urbanizado como «género». Todavía en las *Memorias* del veneciano se oye la voz del que ve y siente algo que aún no es público, aunque pronto lo será.

Al tiempo que la experiencia de estos aventureros ampliaba el tamaño del mundo físico, otros exploradores expandían el horizonte mental que un par de siglos más tarde llamaríamos «la ciencia», es decir, exploraban objetos del mundo que no sólo tienen presencia sensible, sino también sentido cósmico. Los minerales, vegetales, animales, y ese animal inconcluso que llamamos «el humano», fueron dispuestos de manera que el sentido del mundo se adaptara a las nuevas hechuras. No podemos hablar de «ampliación» del mundo porque igual de ancho es el de Hesíodo que el de Marx, a saber, tiene el diámetro de nuestro cráneo, pero sí podemos hablar de «complicación», como ese nudo del que habla Isabel Soler, o el laberinto, pues ambos reúnen más recorrido en menos espacio que el camino recto.

Valga de ejemplo Garcia de Orta, físico del rey de Portugal, que en 1534 se embarcaba con el almirante Martim Afonso de Sousa para una exploración de cuatro años por las colonias asiáticas. En 1563 aparecía en Goa su *Coloquio de los simples, o de las drogas de la India* que ahora, tras casi quinientos años, podemos volver a estudiar gracias a la espléndida edición francesa de Messinger-Ramos.[4] El grueso volumen nos introduce en la cabeza de un nue-

4. Garcia de Orta, *Colloques des simples et des drogues de l'Inde*, traducción francesa del portugués por Françoise Marchand Sauvagnargues y Sylvie Messinger-Ramos, Arlés, Actes Sud, 2004.

vo tipo de ciudadano más complicado, más anudado, más laberíntico que el medieval. Para poner de manifiesto su novedad, Orta escribe su tratado en forma dialogada con un oponente (Ruano) que es el producto característico de las universidades de la época, en las que la física (lo que hoy llamamos «medicina») se enseñaba como sección de la teología. Frente al medieval Ruano, el moderno Orta sólo cree en lo que ve, en lo que experimenta personalmente, lo que «por delante aparece», lo que han visto sus ojos y probado su lengua. El tratado, uno de los primeros en hablar científicamente sobre las «drogas» o *simples,* o sea, sobre los principios químicos de algunos minerales, vegetales o animales capaces de actuar sobre el cuerpo humano, nos traslada del universo mágico del medievo al de la moderna farmacia. El fabuloso sonido de los términos «ámbar», «aljófar» o «mirra» resuena allí redoblado por los ecos del laberinto salomónico que es un laboratorio, y no con la inmediata desnudez románica.

El giro es decisivo. Nuestra salud ya no dependerá de la posición de las estrellas, del día en que nos parieron, de que estemos bajo el influjo de un astro, un lugar o una flor, sino de los compuestos químicos que nos afectan, ordenan o disipan. Así, poco a poco, gracias a estas experiencias, fuimos dejando de ser hijos singulares de Dios, del Rey, de la Patria, o de cualquier otro Ser intangible y eterno, para comenzar a ser hijos de nuestra capacidad para modificarnos químicamente. Aquellos individuos trajeron esta masa.

En quinientos años, y aunque todavía queden restos de quimera, los delirios mágicos sólo tienen lugar como diversión televisiva o panfleto político para gente atribulada por su identidad. Los ciudadanos vivos somos ahora, lo quieran o no los conservadores, un descomunal banco de plancton autorregulado que flota y fosforece sobre la piel del globo y al que las compañías farmacéuticas abonan cada día con toneladas de drogas para mantener el tono y el pulso del bancal. Así, el cardumen navega por su laberinto interno en busca de nuevos mundos nuevos.

Cervantes

LA SEGUNDA ENCARNACIÓN

Es asombroso que don Quijote haya ejercido una tan poderosa fascinación sobre pintores y dibujantes desde su aparición en este mundo. Escasísimas figuras de ficción tienen un aspecto físico tan sólidamente establecido. Para encontrar algo similar deberíamos remitirnos al mundo divino y en especial al Jesucristo de los Evangelios, también él un personaje de ficción aunque sólo sea por las contradicciones internas de los textos sagrados.

La comparación puede parecer exagerada, incluso blasfema, pero ni lo es ni pretende serlo, sino del todo pía, como se verá. Para fijar la imagen de Jesucristo fueron precisos varios siglos de batalla teológica y la falsificación de las memorias de Longino, el pretendido centurión que asestó la última lanzada al cuerpo ya inerte de Jesucristo. La invención de las «Actas de Pilatos» (o el «Evangelio de Nicodemo») se impuso como deber a la Iglesia carolingia porque era ya urgente unificar la faz del Salvador que los bizantinos habían representado como un efebo rubio e imberbe. La severa expresión de los cristos medievales enmarcados en la almendra de los pantocrátores, sus cejas fruncidas y las barbas negras, eran un aviso sobre la vida cristiana, bastante alejada del sensual heliocentrismo grecolatino.

Aparte pues de los personajes divinos, don Quijote es el solo ejemplo de personaje ficticio que haya adquirido unos caracteres inamovibles. De Fausto tenemos mil caras y de Lancelot, también de Emma Bovary y del capitán Ahab, pero de don Quijote, si exceptuamos algunas versiones francesas que amostazaban a Unamuno, hay una sola imagen única y conciliar. El Caballero de la Triste Figura es tan inconfundible como un icono sagrado.

Sin embargo, a poco que se curiosee en el texto, se verá que el hidalgo manchego está muy levemente abocetado. Si se repasa el impagable «Volumen complementario» de la edición del profesor Rico para el Instituto Cervantes, se encontrarán toneladas de información referente al entorno, los enseres, la vestimenta, las armaduras y los arreos que aparecen en o cabe don Quijote, pero muy poquita cosa sobre su aspecto físico. Es lógico. La caracterización estaba en el Seiscientos todavía determinada por la física de los humores, de modo que si de Hamlet todo lo que sabemos es que respondía al aspecto del «melancólico», de don Quijote nos basta saber que se acerca a la naturaleza del «colérico», simpatizante del fuego y del león según Savonarola.

Sin duda, Cervantes no creyó necesario dar más información sobre la fisonomía de su héroe que la convencionalmente adscrita a la fisiognómica popular y quizás (aunque por vía osmótica, nos atreveríamos a decir) algunos elementos de la gimnasia militar que ordenaba el porte del cuerpo entre la nobleza militar. Recuérdese que el retrato no puede ser más leve y conciso, pura punta seca: «Era de complexión recia, seco de carnes, enjuto de rostro, gran madrugador y amigo de la caza». El ornamento venatorio le da una vitola aristocrática. Como un emblema.

Con estos pocos datos hubieron de bregar los artistas que desde muy temprano se lanzaron a retratar al ingenioso caballero. Lo asombroso es que llegaran tan pronto a un acuerdo y que el acuerdo se respetara hasta el día de hoy. El arquetipo se repite una y otra vez, incluso cuando sube al escenario del *music-hall.* Al hidalgo castellano no le caen encima los estragos que atontan al pobre Jesucristo en cuanto le ponen música. El arquetipo se repite sin cambios.

Lo que me importa subrayar es que hubiera semejante necesidad de ilustrarlo. Esto es algo que no sucedió ni con el también muy popular Robinson, ni con la sensual Moll Flanders, ni con la suave belleza de Manon, en fin, con los personajes populares de la novela renacentista y neoclásica.

Mi aventurada hipótesis es que, por ser el primer héroe de la subjetividad, por aparecer por vez primera como agonista de la interioridad en cuya conciencia lucha el mundo antiguo y encantado contra el desencantado mundo moderno, y por resolver el desgarro mediante un final trágico que lo eleva a categoría de héroe épico, don Quijote exige una Encarnación.

Llevándolo al extremo donde las hipótesis se hacen imposibles, veo un parentesco entre la iconografía de Jesucristo y la del hidalgo castellano, ambos con sus barbas apuntadas, sus bigotes «grandes, negros y caídos», los miembros largos y nervudos, la mirada iluminada, como si don Quijote fuera un Cristo que, habiendo sobrevivido al suplicio, se agitara, ya cincuentón pero aún perfectamente ebrio de trascendencia, por entre las gentes de este mundo. El aspecto caricaturesco, de irónica comicidad, es lo que a mi entender aproxima ambas figuras en lugar de separarlas. Es don Quijote una segunda Encarnación del Verbo, antes de que llegue la tercera en forma napoleónica, si hemos de creer a Hegel. Y toda repetición del sacrificio originario debe un rédito a la épica.

No aburriré al lector con un resumen de la desacreditada tesis de Lukács sobre la épica decadente que es la novela (casi siempre apodada «burguesa» por el pensador húngaro), pero confesaré que no estoy muy lejano a ella en lo que llevo diciendo. Lo ajustaré un poco más.

La proposición (apodíctica) de Lukács es la siguiente:

> La novela es la epopeya de una época para la cual no está ya sensiblemente dada la totalidad extensiva de la vida, una época para la cual la inmanencia del sentido a la vida se ha hecho problema pero que, sin embargo, conserva el espíritu que busca totalidad, el temple de totalidad.[1]

---

1. Georg Lukács, *Obras completas*, vol. I, *Teoría de la novela*, traducción y edición de Manuel Sacristán, Barcelona, Grijalbo, 1975, p. 323.

Traducido de la fatigosa jerga posthegeliana a nuestro idioma: la novela trata de dar sentido a la vida humana en un mundo desencantado, allí donde la religión no es suficiente para atemperar la inquietud que produce la muerte y un destino individual que se nos aparece como aniquilación. Aunque el mundo-sin-Dios se convierte de inmediato en un abrumador depósito de mercancías (de las cuales forma parte cada uno de nosotros), no por eso desaparece la aspiración a un sentido unitario, un sentido que no es ya sino el vacío dejado por la divinidad ausente.

Don Quijote, héroe de la trascendencia, aspira al sentido absoluto que sólo puede dar la creencia en un mundo providencialmente regulado por Dios, en el que los humanos están en tránsito hacia su inmortalidad. Es el sentido absoluto del que habla Walter Benjamin en su tratado sobre el *Trauerspiel*, el drama barroco alemán en tiempos de Cervantes, que llora el sentido consolador desaparecido de un mundo en donde los encantamientos del Viernes Santo van transformándose en los embelecos del Fin de Semana.

El mundo-sin-sentido que desde el siglo de Descartes hasta hoy estamos tratando de habitar es el mundo novelesco, última práctica mágica capaz de dar unidad a lo disperso y efímero, aunque sea bajo la forma del simulacro. Las novelas, en efecto, proporcionan un sentido (incluso como sinsentido: véase el *Ulises* de Joyce), capaz de unificar verosímilmente lo que en realidad no es ya sino un caótico tráfico de mercancías que nos incluye a nosotros mismos. El mundo-sin-sentido tan sólo es cuantificable, y a eso se reduce el sistema político que lo controla, la democracia, pero nos queda la novela (que puede tomar la forma de la teleserie) para ofrecer, desesperadamente, un simulacro de valor.

Si volvemos a nuestros borregos, he aquí que tras los Lanzarotes, Amadises y Tristanes, aparece sin avisar un héroe que lleva sobre su espalda el conflicto entre mundo antiguo y moderno, entre el mundo mágico y el almacén de mercancías, entre la épica y la novela. Un héroe de la interioridad del conflicto (como Hamlet, su contemporáneo) que si bien parece actuar en el exterior, en el mundo de los cabreros, de los bachilleres, de los molinos y los odres de vino, en realidad actúa en la intimidad de su conciencia con el fin de alcanzar a ser un ciudadano moderno y sobrevivir en el vacío.

Cuando en su lecho de muerte reconozca ante Sancho la nueva verdad, el mundo antiguo (el mundo divino) se derrumbará como un castillo de naipes para desolación del escudero. La muerte de don Quijote da nacimiento al mundo moderno, no sólo para él sino también para su sirviente. La muerte del héroe era necesaria para llegar a la conciencia de un nuevo orden admitida por todos.

No otra cosa representó, para la Europa que iba a abandonar el politeísmo, la figura de Cristo. También el Salvador es un héroe que parece tener una aventura mundana contra fariseos y mercaderes, con Poncios y Caifases, un héroe que acabaría muriendo para decir la nueva verdad del mundo nuevo: «Padre mío, ¿por qué me has abandonado?». También Jesús representa una aventura interna que le conduce a asumir su mortalidad y renunciar para siempre a la inmortalidad. Un dios había de morir para que los humanos se divinizaran en esa muerte y pudieran, por fin, aceptar la divinidad de su condición insignificante.

Puede parecer un disparate poner cara a cara a Jesucristo y don Quijote lejos de toda inspiración religiosa, y verlos como héroes fraternales del doloroso Vía Crucis que traza el camino de *nuestro* sentido. Sin embargo, veo en la intimidad de su sacrificio, en la oscura iluminación que produce su muerte, la causa que hace de ambos sendas figuras del culto popular. Gigantesca la de Cristo, más modesta la del hidalgo. Ambos, no obstante, con el poder inmenso de emocionar al lector sensato que para soportar su mortalidad ya no confía en la ayuda divina, sino en las muertes de algunos humanos ejemplares.

Como saben de sobra todos aquellos que aman, a las figuras de culto hay que darles imagen. Y llevarlas encima.

LA MADRE DE LA LITERATURA

Hablamos como podemos y sobre todo como nos enseñan en casa, si acaso tenemos casa. El aprendizaje suele ser suelto y zoológico, pura imitación. Otra cosa es lo que escribimos. La lengua de la literatura apenas tiene relación con la lengua que se habla, es el resultado de una técnica esforzada y compleja, así que no parece raro que vaya desapareciendo, sustituida por una prosa que se arrastra por la tierra como las lombrices, pero con menos gracia. Escribir literariamente es una tarea extenuante y hermosa. Los literatos actuales tienden, razonablemente, a una escritura masificada.

Suele decirse que la moderna literatura europea nace a finales del Renacimiento y su impulso decisivo es la Biblia en sus traducciones a lenguas vernáculas. Adaptar el gran estilo bíblico a una expresión comprensible en lengua llana fue una tarea monumental. Ahora que por fin se está traduciendo al castellano la versión de los Setenta, la célebre Septuaginta de Alejandría, podemos dedicar diez minutos a pensar en este particular: que en España, a diferencia de Inglaterra, Alemania o algunos lugares de Italia, no hemos tenido un texto bíblico como modelo literario.

El primero que concibió el alcance inmenso que podía tener una traducción de la Biblia al idioma común y corriente fue, famosamente, Lutero. En 1522 aparece un modo de escribir que rápidamente se convertiría en lo propiamente literario del ámbito germánico. Lutero estuvo atento al habla de la calle e incluso se dice que iba por los mercados anotando expresiones como un profesor Higgins teutón. Lo cierto es que el idioma alemán no existía, sino un sinfín de dialectos muchas veces incomprensibles los unos para los otros. En este sentido puede decirse que Lutero inventa el alemán literario al ingeniar una síntesis de gran belleza. Su influencia sobre Herder, Lessing, Goethe o Nietzsche, proclamada por ellos mismos, llega hasta las jeremiadas bíblicas de Bernhard.

Lo mismo sucede con la Biblia en tierras inglesas y aún con mayor fuerza. La primera traducción de intensa influencia es la de William Tyndale, comenzada, por emulación, a partir de la edición de Lutero. Sólo pudo acabar el Nuevo Testamento y parte del Antiguo, pero sus discípulos la completaron y está en la base de la llamada Biblia de Ginebra editada en 1560. Era la primera en usar el texto hebreo en lugar del griego, pero el lenguaje mismo, el lenguaje literario de la Biblia de Ginebra, contiene un ochenta por ciento de Tyndale, según Harold Bloom.

La Biblia de Ginebra tuvo una gran difusión y es la que leyeron Shakespeare, Milton, Spenser o Donne, pero era de ideología puritana de manera que el rey Jacobo I encargó una nueva versión para uso de la Iglesia de Inglaterra. Es la célebre King James, que se completa en 1611. Ésta será la Biblia común de ingleses y americanos, una obra maestra traducida del texto hebreo (el Antiguo Testamento) y del griego (el Nuevo). Escritores como Melville o Faulkner serían inconcebibles de no contar con esta fuente siempre conspicua. Autores de muy distinta musicalidad, como Dickens, Joyce o Jane Austen, son también hijos de tan asombrosa obra de arte literario.

En España, como es nuestro frecuente destino, eso no fue posible porque la prohibición de leer la Biblia se prolongó hasta el siglo XIX. Y aún podríamos añadir que ni siquiera en el siglo XX es una lectura literaria común, excepto entre los mejores, como Juan Benet y Sánchez Ferlosio, lectores admirados de la Biblia del Oso, nuestra traducción renacentista. El siglo XXI ya no necesitará que nadie la lea. Hemos llegado a otro mundo y no está en éste.

La historia de la Biblia del Oso y de su autor, Casiodoro de Reina, es una novela fascinante. Sorprende que no haya dado pie a una serie televisiva en los periodos medianamente liberales que hemos tenido en ese ente. Casiodoro de Reina era un monje del monasterio de San Isidoro, próximo al centro urbano de Sevilla, en donde burbujeaba la Reforma luterana con auténtico vigor. En consecuencia, él y otros doce monjes se vieron obligados a huir en 1557 al saber que la Inquisición se estaba interesando seriamente en sus ideas y trabajos. Bien hicieron, porque de los cien que no pudieron escapar cuarenta murieron en la hoguera.

Se instaló primero en Ginebra, pero la intransigencia calvinista le hastiaba y las ejecuciones le repugnaban. Se exilió, entonces, a Londres, donde llegó a ser nombrado pastor con parroquia y pensión. Sin embargo, las relaciones diplomáticas con España habían dado un siniestro poder a los espías de la Inquisición, así que hubo de huir nuevamente en 1563. Su efigie había sido quemada en Sevilla un año antes y su cabeza tenía precio. Buscó entonces refugio en Frankfurt, donde vivía su suegro. El resto de sus días los pasará en constante trasiego entre esta ciudad, Basilea y Estrasburgo.

La Biblia del Oso, así llamada por la ilustración de portada, un oso en trance de arañar con sus garras un panal, aparece en 1569 y es una de las más bellas y perfectas del conjunto europeo. Tiene la peculiaridad de que, aun siendo obra de un creyente protestante, contiene el entero canon católico. Su nombre es la transcripción icónica del impresor, Samuel Biener (Apiarius), y juega con el oso de Berna y las abejas del apellido. Cipriano de Valera, otro de los monjes que huyeron de Sevilla junto a Reina, editó en 1602 una segunda edición con algunas alteraciones y ésa es la biblia de los protestantes hispanos así como la de los literatos de arte mayor.

Al igual que los casos alemán, italiano o inglés, la escritura de Reina es un fabuloso ejemplo de la lengua común castellana de su siglo, empleada con suma elegancia literaria. Si la King James suele compararse con Shakespeare (aparece cuando se estrena *The Tempest*), Reina puede hacerlo con Cervantes cuyo *Quijote* data de 1605. Así lo juzga Menéndez Pelayo: «[Casiodoro de Reina es] el escritor a quien debió nuestro idioma igual servicio que el italiano a Diodati». La frase (citada por González Ruiz en su inencontrable edición de 1987) parece un sacacorchos, pero se entiende: Reina inventa el castellano literario de la calle, por así decirlo, como Giovanni Diodati inventó el italiano en su traducción de 1607, obra maestra de la lengua de su país.

No obstante, la frase de Menéndez Pelayo es extraordinaria porque, habiendo podido ejercer la influencia que las traducciones bíblicas tuvieron en Inglaterra o Alemania, en España esto no fue posible. Muy poca gente leyó la traducción de Reina en nuestro país. Podía costarle la vida. Todavía en 1835, cuando George Borrow recorre España intentando vender biblias protestantes, su vida pende de un hilo. Hay que leer sus aventuras en *La Biblia en España* (hay una muy notable traducción de Manuel Azaña) para darse cuenta de lo que debió de soportar. Casi hemos de ponernos en Unamuno para divisar la influencia de la Biblia del Oso en algún escritor de altura.

Pero entonces, si no se produjo un efecto similar al del resto de Europa, una lectura doméstica del texto que originara un estilo literario, ¿cómo explicarse la aparición en España de una literatura en lengua vulgar, pero de gran elevación estilística? Comprendo que cometo una imprudencia al dar mi opinión de un modo tan abrupto, pero tengo para mí que el *Quijote* de Cervantes, cuya primera parte se edita en 1605 y la segunda en 1615, cumple exactamente con las condiciones exigidas en ese momento de fundación literaria en lenguas vernáculas europeas. Sus trescientas citas de las Sagradas Escrituras confirman un extenso conocimiento del texto bíblico, aunque no se ha podido establecer qué traducción llegó a sus manos.

Puede sonar como una frivolidad de aficionado, pero ¿no podría ser el *Quijote* nuestra particular Biblia y de ahí su enorme éxito, no sólo en España sino también en Inglaterra y Alemania? Una Biblia laica, sin subida nobleza, pero mucha sagacidad, sin grandeza quizás, pero con cálida fraternidad, sin heroísmo, pero con esa simpatía que se da en los países pobres hacia los pequeños, los desvalidos, los chiflados. Una Biblia aún más popular que la elegante traducción de Casiodoro de Reina para un público algo más bajo, más vulgar que el lector protestante norteño. Un libro que expresa igual o mayor desengaño que el que pueda leerse en el Eclesiastés, igual o mayor fervor amoroso que en el Cantar de los Cantares. Una Biblia descreída e irónica. Una Biblia para un país sin Biblia.

Prévost.
La sensibilidad culpable

El visitante que llevado por la curiosidad recorra los pasillos del Museo Carnavalet de París —un soberbio palacete renacentista sito en el barrio del Marais y que fuera la residencia habitual de Madame de Sévigné— puede toparse con una pintura de Étienne Jeaurat que sólo llamará su atención si lee la cartela: *La Conduite des filles de joie à la Salpêtrière.* El acarreo de las rameras a la prisión de la Salpêtrière. ¿Por qué alguien se entretuvo en pintar una escena tan miserable, tan triste, tan inconveniente, tan poco grata de contemplar?

En la tela figura un carromato tirado por dos caballos frisones, cuya carga la forman veinte mujeres y tres esbirros con bastones de castigo. Son prostitutas detenidas por la incipiente policía de París y van a ser expulsadas a la Luisiana tras su registro en el centro de detención de la Salpêtrière, un antiguo hospital en donde se amontonaban los vagabundos, los pordioseros y las rameras. El exilio forzado de aquellas mujeres se debía a que en la colonia francesa de América faltaban hembras. La administración de la corona ya había enviado algún cargamento de voluntarias —todas ellas, como es lógico, pobres de solemnidad o desesperadas—, pero los colonos alzaron la voz tras comprobar la fealdad y vejez de aquellas infelices. Por decisión del regente, uno de los monarcas más inmorales de la historia de Francia, ahora embarcaban prostitutas. La edad habitual de estas muchachas andaba siempre por debajo de los veinte años. Su esperanza de vida no superaba los treinta. La pintura de Jeaurat tenía, por lo tanto, un elemento pintoresco y morboso, muy del gusto de la época. Pero había algo más.

El cuadrito de Jeaurat data de 1757 y es obligado preguntarse si el artista no habría leído la novela que ahora nos ocupa, *Manon Lescaut,* editada primero en 1731 y luego, como volumen exento, en 1753, porque la pintura ilustra con toda exactitud el comienzo del relato. Hay en ella incluso un caballero negociando con los soldados que custodian el cargamento humano, tal y como se vio obligado a hacer Des Grieux para poder hablar con su amada Manon, presa en la carreta junto a las restantes rameras. Manon, la preciosa Manon de dieciséis años —uno menos que su amante—, va en esa carreta camino de la desolada desembocadura del Mississippi en donde concluirán sus aventuras. El cuadro, por lo tanto, representaba una escena que miles de ciudadanos conocían por haberla leído en *Manon Lescaut* y eso nos da una idea de la inmensa popularidad del relato.

El comienzo de la narración tiene algo de cinematográfico: es una premonición del *flashback* y un prodigio de ingeniería literaria. Observará el lector que no estamos ante un verdadero comienzo, ya que la novelita apareció como apéndice de otro relato mucho más extenso (y mediocre) titulado: *Mémoires et aventures d'un homme de qualité qui s'est retiré du monde.* Las memorias y aventuras de este personaje habían ocupado ya seis volúmenes cuando, en el séptimo, apareció nuestra *Histoire du chevalier Des Grieux et de Manon Lescaut,* inmediatamente reducido su título, por decisión popular, al exclusivo nombre de la muchacha, siendo así que en la voluntad de Prévost el protagonista había de ser el muchacho.

Debemos prestar atención a esta sucesión de voces narrativas: Prévost nos cuenta las aventuras de un gentilhombre (es imposible traducir ese *de qualité*), el cual, a su vez, nos cuenta su entrevista con el caballero Des Grieux, el cual nos cuenta sus desdichadísimos amores con Manon. La muchacha aparece, por lo tanto, en una lejanía onírica e inalcanzable al cabo de tres voces sucesivas, pero la experiencia erótica se nos confía en primera persona y con una proximidad turbadora.

La fascinación que desde su aparición ha ejercido esta novelita sobre miles de lectores se debe, entre otras muchas razones, a esa lejana proximidad o intimidad distanciada que nos permite ver al detalle lo más epidérmico de la muchacha, al tiempo que nos mantenemos separados y con perspectiva. Dicho sin rodeos, estamos practicando el más desvergonzado voyerismo. Numerosas escenas de la novela obedecen a esta obsesión por la mirada que penetra en lo más secreto sin cegarse con la proximidad, una mirada que va a determinar la forma y el fondo de la sociedad burguesa posterior a la Revolución y que todavía hoy nos asedia desde la publicidad.

La novela de Prévost invita a mirar por el ojo de la cerradura con la insinuante gesticulación de una alcahueta de altos vuelos. No de otro modo se planteaban la mirada muchos artistas coetáneos del escritor, como Fragonard, Watteau o Boucher, todos ellos especialistas, con mayor o menor mérito artístico, en escenas eróticas, galantes o lascivas. Los tres grandes talentos del primer Setecientos pintan jovencitas sorprendidas en su *boudoir* con las piernas desnudas y los pies en una palangana, o recostadas en un sofá tan rendidas de cansancio que inadvertidamente por el escote de su corpiño dejan escapar un seno breve y delicado, o son atrapadas por el amante que las ha perseguido hasta el dormitorio en donde ofrecen una desmayada resistencia. Tal era el juguete de las clases aristocráticas, la sensualidad voluptuosa, el libertinaje, pocos años antes de que los atrapara la guillotina.

Sin embargo, la novela de Prévost no habría pasado de ser otra novelita galante o rococó más —como cien otras firmadas por Crébillon, por Duclos, por Hamilton—, no habría sido sino otro antecedente de la obra maestra de Choderlos de Laclos, *Les liaisons dangereuses,* escrita cincuenta años más tarde, si se hubiera reducido a un mero entretenimiento erótico. No; *Manon* no es un esbozo preparatorio, ni un escalón prescindible, ni un taburete al que empinarse para divisar la gran obra maestra del futuro, porque, además de un Fragonard, la novela es también una pintura de Greuze.

A la superficie voluptuosa, sensual, debemos ahora añadir una primera profundidad con el mito moralizante de una burguesía que es anticipo de la Revolución. Por las fechas de las que hablamos, el pintor Jean-Baptiste Greuze, aconsejado por Diderot, inventó un género novedoso que ponía de manifiesto la sobriedad, la entereza moral, la severidad, la honradez, de la futura clase revolucionaria. En contraste con la corrupta y frívola aristocracia que decoraba sus salones con muchachitas semidesnudas, la burguesía se pintaba a sí misma con los rasgos de la integridad republicana.

Si los artistas de la aristocracia —Watteau, Boucher, Fragonard— pintaban insinuantes escenas en las que los joviales caballeros irrumpían tirso en ristre en el *boudoir* de las damiselas, Greuze, por su parte, representaba honradas familias que celebraban la boda de una hija (himen intacto), el castigo del hijo descarriado y tarambana, o el estoicismo del ciudadano acosado por una justicia prevaricadora, con la sencillez y nobleza de los antiguos romanos. En la misma sintonía, y cuando llegue su momento, Jacques-Louis David pintará la Revolución con sus horiáceos y curiáceos, sus Brutus, sus Marats sacrificados en el altar de la patria, sus Leónidas en las Termópilas. El éthos republicano no sólo le cortará la cabeza (una castración poco disimulada) al insaciable violador de muchachas pobres, sino que también se alzará como héroe de una nueva moralidad categorial e imperativa a partir de 1790. De los suntuosos atavíos de la aristocracia, abigarradamente coloreados, pasaremos al terno marrón, negro o gris perla del honesto burgués. Al fondo silba la guillotina, que es la encarnación material de la ética burguesa.

Tal es la pintura costumbrista, exaltación de la virtud y rectitud burguesas, que también aparece en la novela de Prévost y con la que reivindica su derecho moral a terminar de una vez con los abusos de la nobleza degenerada. Son escenas conmovedoras entre padres e hijos, entre hermanos no por opuestos menos fraternales, con amigos honrados y sabios dispuestos a arruinarse para acudir en auxilio de la oveja descarriada. Todo ello, en contraste brutal con el viejo *fermier* —la odiada persona del recaudador de impuestos— que con espasmódica asfixia trata de poseer a Manon mientras cubre su cuerpo con corales, oro, perlas y diamantes.

Sobre el escenario, estos dramas moralizantes se denominaban *comédie larmoyante,* comedia lacrimógena, y hoy nos parecen melodramáticos y algo ridículos, pero en aquel momento inauguraban un espacio de la pasión, de la emoción, de la *sensibilidad* (ésta es la palabra clave), enteramente desconocido. Recuérdese que el *Werther* de Goethe, la novela en la que más lágrimas se vierten de toda la literatura universal, aparece en 1774, cuarenta años después de *Manon.* Estamos hablando, por lo tanto, de una novela pionera.

La obra maestra de Prévost se hizo famosa porque por su puerta entraban en la literatura multitud de pasiones mal conocidas, temidas, peligrosas. Si se nos permite ponernos levemente académicos, diremos que nuestro abate escribía en un momento muy peculiar: la Razón cartesiana, el fundamento indudable y firme de los juicios científicos desde el siglo XVII, se estaba resquebrajando. El ácido que la corroía era aquello que los empiristas ingleses llamaban «la sensación», es decir, el efecto de los impactos físicos que el mundo material provoca al chocar con nuestros sentidos corporales: luces, aromas, sales, durezas, ruidos. Según Descartes, nacemos con una Razón ya construida y siempre la misma para todos los humanos; según los empiristas, nos hacemos con una razón *propia* según la experiencia, es decir, según las sensaciones a las que nos vemos sometidos y según cuál sea nuestra capacidad para asimilar esas sensaciones. La Razón objetiva, impersonal y teológica estaba dando paso a la subjetividad emotiva, sentimental y mística.

Prévost, que vivió años en Gran Bretaña huyendo de los acreedores que le perseguían en el continente, conocía el pensamiento inglés (y escocés, por cierto) y tomó de los empiristas la noción de «sensibilidad», es decir, de la distinta capacidad emocional que determina fatalmente a cada individuo según se vea afectado por las sensaciones. Algunas personas, creía, son más sensibles que otras, es decir, tienen una estructura receptiva más o menos resistente al impacto. Eso significa que los extremadamente sensibles pueden sufrir auténticos maremotos cuando la pasión se apodera de ellos, pero no porque sean moralmente débiles, sino porque «tal es su naturaleza»... o tal es su sensibilidad. Vean en este punto los inicios de la teoría del «genio», ese monstruo romántico totalmente sensible y nulamente racional que no actúa por sí mismo sino como marioneta de la Naturaleza.

Sin duda, Des Grieux, joven sensato y sereno, inclinado a la reflexión y a la vida retirada, sufre una convulsión catastrófica cuando entra en contacto con Manon. La muchacha se convierte en un proyectil sensible, es decir, carnal, material, que penetra en su alma como un obús y provoca un destrozo irreparable. La Razón nada puede hacer para remediarlo: la «sensibilidad» de Des Grieux, que es extrema, convierte su alma en un paisaje arrasado por el huracán emocional. La familia, el honor, los amigos, la honradez, la religión, son barridos y desintegrados por el estallido sexual. Desaparecido todo lo demás, la vida familiar, el trato social, el mundo entero, Des Grieux ya sólo dispone de espacio interior para Manon. El alma del muchacho, antes razonablemente amueblada y ordenada, es ahora un colosal vacío, una basílica desnuda condenada a que en ella tan sólo arda la antorcha sacrificial de Manon.

El impacto físico, sexual, de la muchacha sobre la íntima constitución de Des Grieux, lo convierte en un ser sin voluntad propia, un hombre vampirizado. He aquí el anuncio de *El ángel azul* de Sternberg, de *Ese oscuro objeto del deseo* de Buñuel, de la *Lulú* de Wedekind, de todos los futuros relatos y películas en los que una mujer fatal provoca la autodestrucción de un hombre cabal. La vampira o vampiresa, concebida como puro armazón de glándulas, aromas, humores y contracciones —¡ha de carecer de cualquier asomo de vida interior!—, disimula su esencia maligna bajo una apariencia angelical, inocente, prístina. Por eso Prévost no nos informa acerca de Manon, ni si piensa por sí misma, ni si posee carácter o personalidad; Manon es un mero fantasma sexual inasequible, una máquina destructiva y fatídica como la María de Fritz Lang en *Metrópolis,* la Manon robótica del siglo XX. Lo único que Prévost nos dice de ella es que «tiene un voraz apetito de placer». Sólo de pensarlo ya dan escalofríos.

A la estampa galante del Antiguo Régimen *Manon* añade, por tanto, la anatomía moral burguesa y sus terrores sexuales, como una aurora de la futura Revolución. Queda, sin embargo, una última profundidad: la que da a la novelita de Prévost su transfiguración mágica e inolvidable. A esa última profundidad podríamos llamarla «el plenilunio macabro».

La estampa, en realidad, aparece mucho más tarde —con frecuencia como ilustración de alguna escena de Chateaubriand—, pero hay ya en *Manon* un momento lúgubre, de camposanto iluminado por la luna, un momento cadalsiano y funesto. Cuando, al final de la novela, Des Grieux cava con sus manos la tumba de Manon en el desierto de Luisiana, la novela alcanza la sublimación romántica mucho antes de que el romanticismo tenga ni siquiera nombre. He aquí un nocturno lúgubre, una pintura atribulada, sombría, melancólica, que es en realidad posterior a la Revolución y más propia del Imperio napoleónico. Es una escena que ha dejado muy atrás la música de Mozart, y también la de Beethoven; quizás sólo el Schubert terminal podría ponerle un fondo sonoro.

El pobre desdichado cuya vida sólo tuvo sentido mientras Manon le inyectaba sus humores genitivos, se desnuda ahora para envolver con sus ropas el cadáver de la temible adolescente. Quiere que, en aquellas terribles condiciones climáticas, el irresistible cuerpo de Manon se conserve el mayor tiempo posible y que no lo devoren las alimañas. Luego cae desmayado sobre la tumba improvisada en los arenales del Mississippi. La luna proyecta sombras y contrastes fantasmales sobre la escena macabra, mientras los coyotes aúllan en la lejanía. El ciclo sexual de posesión y muerte ha concluido. Des Grieux, tan milagrosamente vivo como el Ismael de *Moby Dick,* puede ya regresar a Francia y contar su historia.

El lector acaba la lectura. Nunca olvidará esta escena.

Casanova. Una cruz en Duchov

La más antigua metáfora que conocemos es aquella que nos estimula a ver en todas las criaturas y fenómenos un reflejo nuestro, como si el mundo fuera un espejo y toda la creación se hubiera hecho a nuestra semejanza. Los técnicos la llaman «metáfora antropológica» y consiste en creer que todo nace, crece, se reproduce y muere, como solemos hacer los humanos. No sólo plantas y árboles, mamíferos e invertebrados, sino también las cordilleras, los volcanes, los mares y los hielos, el cosmos entero, nacerían, crecerían y acabarían muriendo como un humano cualquiera.

La fuerza inmensa de esta metáfora influye incluso en nuestro modo de entender la historia, con imperios o naciones que pasan de un momento primitivo a la plena madurez y luego a una decadencia anunciadora de la muerte. Sin embargo todos sabemos que es tan sólo una ficción poética. Ni los imperios, ni los árboles, ni las cordilleras nacen, crecen y mueren, entre otras consideraciones porque no hay nada en el mundo natural que tenga alma, sea de árbol, de elefante o de territorio. Sólo las almas nacen y mueren; sólo los humanos tenemos alma, es decir, conciencia. Esa conciencia es propiamente conciencia de la muerte y no atormenta sino a los efímeros mortales. No hay que engañarse, lo único que muere en el cosmos son las almas.

Bien pudiera ser que la tremenda potencia del libro que el lector tiene en sus manos obedezca a que es una de las más perfectas formas que se le ha dado a la metáfora antropológica, el nacimiento, desarrollo, decadencia y muerte de un hermoso animal contados por él mismo.[1] Casanova expone su vida como una brillante floración en uno de los más frondosos jardines del siglo XVIII, la República de Venecia; le sigue un crecimiento deslumbrante en las cortes más poderosas de Europa; viene luego una madurez robusta, aunque algo pálida, durante la cual esa viva lumbre se va achicando poco a poco; y por fin una decadencia insoportable a la que sólo la muerte puede aliviar. Muchas, innumerables han sido las vidas que se han contado según esta metáfora que solemos llamar «biográfica», es decir, que dibuja una vida biológica de nacimiento a muerte, pero posiblemente la de Casanova sea la más perfecta desde el punto de vista artístico, la de mayor riqueza constructiva y reflexiva.

Siendo una metáfora, la incógnita primera es la de su veracidad. ¿Es cierto todo lo que Casanova cuenta en su pretendida autobiografía? La pregunta es estéril. Si

---

1. Se refiere al libro para el que estas páginas sirvieron como prólogo: Giacomo Casanova, *Historia de mi vida.* Véase la procedencia de los textos al final de este volumen.

sólo hubiera narrado «la verdad», el libro conocido como *Histoire de ma vie* creo que carecería de interés literario, aunque bien podría haber sido un gran documento para historiadores y sociólogos. Lo asombroso es que en su estado real, *Histoire de ma vie* es, además de un documento de singular importancia sobre la vida europea en el siglo XVIII, también una obra maestra literaria, un relato que conmueve, exalta, divierte, inspira, solaza, y excita tanto la lujuria como el raciocinio.[2]

Al arte de Casanova se lo debemos, y ese arte consiste propiamente en haber construido un personaje indudablemente amable, simpático, inteligente, vigoroso, sagaz,

---

2. La documentación que aporta Casanova sobre la vida europea del XVIII es gigantesca. Uno de sus últimos biógrafos, Alain Buisine, ha censado las ciudades en las que vivió el tiempo suficiente como para tener aventuras o experiencias notables: Venecia, Padua, Corfú, Constantinopla, Ancona, Roma, Nápoles, Dresde, Praga, Viena, Lyon, París, Milán, Mantua, Cesena, Bolonia, Parma, Vicenza, Ginebra, Dunkerque, Ámsterdam, La Haya, Múnich, Colonia, Bonn, Stuttgart, Estrasburgo, Zúrich, Baden, Berna, Basilea, Lausana, Aix-les-Bains, Grenoble, Aviñón, Marsella, Metz, Antibes, Génova, Livorno, Florencia, Turín, Londres, Riga, Mitau, San Petersburgo, Moscú, Berlín, Wesel, Leipzig, Ludwigsburg, Aquisgrán, Augsburgo, Madrid, Toledo, Zaragoza, Valencia, Barcelona, Montpellier, Nimes, Aix-en-Provence, Spa, Varsovia, Niza, Pisa, Siena, Sorrento, Trieste, Gorice y Duchov. Esto sin contar los múltiples regresos a París, Bolonia o Venecia. Es algo inaudito en su tiempo, cuando viajar era peligroso y quebraba la salud del más brioso. Por ejemplo, Diderot murió en esas fechas como consecuencia de un viaje a Rusia. Tanta movilidad ha infundido sospechas sobre actividades de espionaje que pudo llevar a cabo Casanova. Hay que contar, además, con la magnífica capacidad de Casanova para divertirse en los más diversos ambientes, desde las cortes de los grandes monarcas a la amable atención de una cocinera de posada, de modo que tenemos el retablo completo de todas las clases sociales de la Europa dieciochesca. *(N. del A.)*

curioso por la ciencia de su tiempo, de ideas perfectamente modernas, con una energía sobrehumana para resolver problemas prácticos, en fin, un galán absoluto. Aunque también un sinvergüenza, un estafador, un timador, un mentiroso, un vanidoso, un aprovechado. Nada oculta Casanova, o bien, si se prefiere, lo que oculta salta a la vista del lector perspicaz. Como en toda obra de arte moderna, son las sombras lo que construyen la parte luminosa del héroe.

Para conseguir semejante *tour de force* es preciso advertir sobre una peculiaridad casi detectivesca del manuscrito, cuya enrevesada historia dejamos para un apéndice técnico. Está de sobra documentado que Casanova quería escribir su vida desde que nace hasta 1797, y tal es el título original. Sin embargo la historia se interrumpe con chocante brusquedad en 1774. Ello es debido a que el final de Casanova, los terribles años de su vejez (y no son pocos), habrían precisado otra narración distinta y aun opuesta. Una cosa es exponer sin pudor la decadencia de la edad, cuando Casanova es expulsado de todas las cortes europeas y no tiene dónde caerse muerto, pero aún está entero. Y otra cosa es contar cómo cayó muerto, en efecto, durante veintitrés espantosos años en un infierno apartado del mundo, consumido a fuego lento, muerto en vida. Ese final no es galante, no es dieciochesco, para ser narrado habría precisado el talento de un escritor moderno, un Dostoievski, por ejemplo, ebrio de metafísica, o un Thomas Bernhard ebrio de resentimiento. Casanova, sin embargo, no es un romántico sino un clásico, y carece de órgano para la desolación, el resentimiento, la melancolía o la metafísica. Su muerte, según le dicta su conciencia, no le importa a nadie, o a nadie debería importar. Por lo tanto, queda fuera de *l'histoire de ma vie.*

La interrupción del relato en 1774 elimina oportunamente la parte insoportable de la metáfora, el borde abismal de la vida: su insignificancia, el enigma de nuestra mortalidad. Nosotros, lectores modernos, estamos obligados a preguntarnos: ¿de qué le habrán servido esos magníficos años juveniles, cuando Casanova saltaba de cama en cama, de corte en corte, se paseaba cubierto de diamantes y se permitía recibir cumplidos de Federico de Prusia y de Catalina de Rusia, si al cabo hubo de soportar más de veinte años en estado de piltrafa humana? Por fortuna, Casanova no era un escritor moderno y ni se le ocurrió que ése pudiera ser asunto para dar a leer al público educado, de manera que su historia es una exaltación de la potencia biológica en estado puro y tan sólo una insinuación de que ese poder es transitorio. Como inspirado por Nietzsche, el veneciano bailó una última *furlana* sobre su propia tumba, mientras admiraba los brillos y resplandores del tiempo pasado.

El gran héroe atemporal, Aquiles, moría joven por la envidia de los dioses. Casanova, que ya no podía creer en ninguna divinidad, sustituye la mano de los dioses por su propia pluma y decapita al ser que ha creado cuando todavía sus brillos no se han apagado por completo. De ese modo consigue algo que Proust replantearía de un modo radical (y moderno) un siglo más tarde: que el esplendor sólo permanece vivo en el arte literario y que hay que escribir contra el presente, contra el fracaso del instante, en busca de un tiempo irremisiblemente perdido, si uno quiere mantener en este mundo el precioso tiempo pasado, aquel en el que era posible decir: «Detente, instante, ¡eres tan hermoso!». No con otra intención escribe Casanova su *Histoire de ma vie,* para que su esplendorosa juventud no se vea vencida y humillada por la calumniosa vejez, para que la ironía filosófica no ría rencorosa desde una esquina del libro esperando su momento y afilando la guadaña.

Siendo así que nadie mejor que él va a contarnos su vida, limitaremos esta introducción a unos cuantos asuntos que pueden orientar al lector. Y el primero de ellos es ¿a qué «vida» se refiere el título? Porque Casanova vivió decenas de vidas y no una sola; es el suyo un caso de síntesis colosal en la que es posible adivinar por lo menos cinco destinos potenciales, aunque por fin venciera el menos cómodo para él. Vivió la vida de un seductor, pero también la de un eclesiástico, músico, inventor, político, científico, geómetra, médico, químico (o alquímico), economista, ¿qué vida no vivió? Este hombre tanto se dedicaba a proporcionar atractivas muchachas a Luis XV (la célebre Mademoiselle O'Murphy cuyas nalgas de melocotón aún se pueden admirar gracias a Boucher) como le escribía un estudio a la emperatriz de Rusia para adaptar el calendario ortodoxo al europeo.[3] Y sin embargo, cuestión que a él

3. Como ejemplo de sus trabajos científicos (y en razón de que lo menciono), el lector curioso puede ver el titulado «Proposiciones de un diputado de la república de las letras, sometidas al profundo juicio de la emperatriz de todas las Rusias, Catalina II, con el objeto de hacer coincidir el calendario ruso con el europeo». Fue traducido y editado por *La Gaceta del FCE* en su n.º 132 (diciembre de 1981). *(N. del A.)*

le desagradaría profundamente, ha quedado para siempre decretado como aquel que sedujo a cientos de mujeres, el fenómeno sexual de Europa. Ésta es su herencia trivial.

¿Sedujo Casanova a muchas mujeres? Para empezar, rara vez seduce sino que más bien se deja seducir, es decir, acepta de buen grado las ocasiones que se le presentan. Eso sí, adivina muchas más ocasiones de las que un ciudadano vulgar es capaz de intuir... o asumir. Nunca fuerza la situación, jamás violenta a ninguna de sus amantes e incluso tiene una reserva sensible que le impide, por ejemplo, aprovecharse de mujeres ebrias. No hay nada extraño o exagerado en la vida amorosa de Casanova como no sea algo que, en efecto, es infrecuente: que se convierte casi siempre en amigo y protector de sus antiguas amantes. Muchos casanovistas lo han subrayado: el veneciano es el anti-Don Juan, su contrario y enemigo. Allí donde el aristócrata sevillano, infectado por la teología, se muestra vengativo, psicópata, misógino y engañador, en ese mismo lugar luce el burgués veneciano cómplice de las mujeres, su secuaz y su salvador en más de una ocasión. De otra parte (permítaseme la humorada), tampoco fueron tantas. No más de las que muchos estudiantes actuales conocen bíblicamente entre el bachillerato y la licenciatura.[4]

Quizás el mayor misterio sea el de cómo pudo producirse semejante fenómeno: un libertino que, sin embargo, respetaba profundamente a las mujeres, en contraste, por

4. En cambio, fue severamente castigado por estas tan inocentes aficiones. El doctor Jean-Didier Vincent da la siguiente lista de enfermedades venéreas de Casanova entre los diecisiete y los cuarenta y un años: cuatro blenorragias, cinco chancros blandos, una sífilis y un herpes prepucial. *(N. del A.)*

ejemplo, con el perverso seductor Valmont de *Les liaisons dangereuses* (otro manual casi científico sobre las estrategias sexuales), por no hablar del marqués de Sade.[5] Creo que en esa inclinación amable y loable de Casanova influyó grandemente que fuera nativo de Venecia, lugar en donde no se dio la represión religiosa que atenazó al resto de Europa durante siglos, donde la tolerancia sexual era manifiesta, y en donde (como le sucedió al propio Casanova) casi nadie era hijo de su padre. Absoluta y rotundamente veneciano, siempre en relación con venecianos que irá encontrando por todos los rincones del mundo (¡incluso en Barcelona... y le costará la prisión!), Casanova no dejó su patria hasta verse obligado a escapar.

Nos referimos al celebérrimo episodio de su huida de la prisión de los Plomos, una de las mejores aventuras de su vida, una obra maestra de suspense que fundará su fama en las cortes europeas cuando la publique con el título de *Mi huida de los Plomos.* Pero cuando esto sucede nos las tenemos ya con un hombre de treinta años en la plenitud de su fuerza. De no ser así, nunca habría podido escapar. Hasta ese momento, 1756, ya era muy viajado, había vivido en Constantinopla, en París, en Dresde, en Praga, en Viena, pero seguía siendo un perfecto súbdito

5. Hay que subrayar, además, que muchas de sus aventuras amorosas o sexuales son serias y no cosa de un día. Algunos de sus lances son deliciosas novelitas dentro de la gran novela de su vida. La historia de la abadesa de Murano que compartió con el espléndido abate Bernis, la del travestido Bellino y esa escena digna de Hollywood que es el reencuentro con la mujer irrecuperable ya convertida en esposa y madre, la de Henriette a quien tanto respetaba y la única de quien quemó las cartas, la de Manon Balletti y tantas otras, podrían editarse como breves narraciones libres y con fundamento propio. *(N. del A.)*

de la Serenísima. La huida de la prisión del dogo y la humillación de la nobleza veneciana ante semejante audacia, harán imposible su regreso hasta mucho más tarde.

Emociona pensar que sólo a partir de esa extraordinaria fuga perderá Casanova la nacionalidad republicana, pero que no cejará hasta que la retome en 1774, cuando la nobleza se digne perdonarle. Y aquí tiene el lector otro dato de suprema importancia: en cuanto regresa a Venecia con el perdón del dogo, se acaba la historia de su vida narrada, se acaba la *Histoire de ma vie.* No cumple su promesa y cierra el relato cuando regresa a casa. Será justamente ese ansiado retorno, ya cincuentón y vencido, lo que le irá sumiendo en un abismo de abyección (espía, soplón, rufián) que sólo acabará con un segundo exilio, cuando, moral y físicamente hundido, se vea obligado a fatigar nuevamente los caminos de Europa sin un céntimo, rechazado por la sociedad opulenta (que era su sustento, como el mar para los peces) y en circunstancias cada vez más desesperadas hasta que, ya sexagenario, lo recoja el conde de Waldstein y lo mantenga en la biblioteca de su castillo de Dux (hoy Duchov, en Chequia) como una curiosidad o un ornamento de gabinete. Allí moriría en 1798 sin ni siquiera una lápida. Y cuando por fin la pusieron, estaba mal escrita.

Los detalles de esa parte sombría, la que Casanova no escribió, nos han ido llegando gracias a los casanovistas, un club internacional selecto y trabajador que ha rastreado hasta el último rincón de la vida real de Casanova y esclarecido puntos chocantes, como que muchas de las aventuras inverosímiles sean verdaderas, en tanto que las verosímiles puedan ser falsas. Ellos son los que nos han descrito los últimos años de Casanova en aquel castillazo bohemio, en el confín del mundo, befado por sirvientes que le despreciaban y atormentaban, convertido en una figura grotesca que vestía, se maquillaba y actuaba como un primoroso galán de los que se pavoneaban por París sesenta años antes, sin dientes, medio chiflado.[6]

Pues, a pesar de todo (¡oh asombro, oh admiración!), todavía era capaz de seducir epistolarmente a dos o tres buenas mujeres (jóvenes) que le enviaban sopas, dulces, mensajes, regalitos, compañía escrita y, sobre todo, afecto. Fue allí, jugando al escondite con la locura, cuando, para distraer el insoportable dolor de una vejez miserable, comenzó la redacción de este libro pluscuamperfecto, el más completo homenaje que se ha escrito jamás a la energía de la juventud, al gozo supremo de lo inmediato, el placer de respirar, de tener músculos elásticos, nervios templados y el deseo tenso como un felino que olisquea gacelas.

Seguramente comenzó a redactar estas memorias hacia 1789 (¡año memorable!), durante los interminables inviernos bohemios, pero las fue puliendo y reescribiendo en sucesivas ocasiones hasta que el texto que ahora conocemos estuviera listo, posiblemente hacia 1797-1798. La Revolución y las guerras napoleónicas, que no termi-

---

6. Una ingente cantidad de documentación apareció en el propio castillo de Duchov: más de diez mil documentos que hoy se encuentran en los archivos de Praga, porque Casanova fue tomando notas a todo lo largo de su vida y guardándolas celosamente en un baúl que llevaba consigo a todas partes o lo confiaba en manos amigas hasta recuperarlo, lo que explica una capacidad de rememoración que de otro modo no sería razonable.

narían hasta 1814, hicieron del manuscrito una pieza secreta y preciosa, conocida por muy pocos y difundida sólo entre los amigos del príncipe de Ligne, gran guerrero y amigo de Waldstein, el cual había tomado una particular afición por el anciano Casanova, y a quien éste copió parte del texto para uso personal del magnate, lo que originaría un lío mayúsculo en la posterior recepción del manuscrito definitivo.

Conocemos también el detalle más triste de este final despiadado. Aún retocaba su obra en 1798 cuando, tras innumerables cartas pidiendo clemencia, le llegó un segundo perdón del dogo veneciano. Compadecida, la máxima autoridad de la Serenísima otorgaba su favor para que el anciano de Duchov regresara a morir en su ciudad natal, como había rogado por mensajería a lo largo de innumerables y fríos inviernos bohemios. No pudo ser. El bibliotecario de Duchov, personaje estrafalario por el que nadie estaba ya interesado y que todos tenían por un incomprensible capricho del conde (hacía ya muchos años que Waldstein no ponía los pies en su castillo, afanado de batalla en batalla en las campañas napoleónicas), se apagó con la carta del dogo en la mano. Sería enterrado de mala manera en aquel lugar oscuro sin que nadie pudiera sospechar el monumento a la felicidad que había escrito el extravagante bibliotecario de un conde quizás inexistente. Nunca se han recuperado sus huesos.

Cuenta uno de sus biógrafos, Guy Endore (aunque lo tengo por invención, ya que ningún otro lo señala), que sobre su tumba clavaron los lugareños una cruz tan pobre y malparida, que cayó al suelo con la primera tormenta. Desde entonces, algunas mozas que acudían al camposanto de noche para encontrarse con sus amigos salían despavoridas cuando la falda se enganchaba en los restos de la cruz derribada. ¡Qué éxtasis no habría supuesto para la mano de hueso del veneciano haber tan sólo rozado como una brisa aquella piel de veinte años, la dorada piel del mundo viviente!

Choderlos de Laclos y Sade. Éste es un asunto para señores

Tanto la figura del libertino como la institución misma del libertinaje parecen un invento tan francés como el bidet, y sin embargo lo más probable es que la noción apareciera antes en Gran Bretaña. Ya en el Seiscientos hay indicios, en las Islas, de ese personaje que hace exhibición de sus vicios, busca camorra y acaba de mala manera, arruinado, expulsado de la (buena) sociedad y no infrecuentemente suicidado. Ese desplante con el que el libertino alardea de su inmoralidad, como si ésta fuera una virtud, es un modo muy británico de comenzar a socavar la autoridad de la aristocracia. El último de su estirpe fue, seguramente, Oscar Wilde.

La tradición francesa, en cambio, es ya desde el comienzo más literaria e intelectual que pragmática, exactamente como el cine francés comparado con el británico: hay muchos más diálogos y varios personajes miran fijamente por una ventana durante un cuarto de hora. Y lo que es peor, en Francia se mezclan indecorosamente la literatura y la filosofía en un híbrido que acabará desembocando en el impresentable marqués de Sade.

En sus comienzos, la literatura libertina francesa no deja de ser una de las mejores del continente. La primera de las grandes novelas sobre la degradación de un libertino bien puede ser *Manon Lescaut* (1731), o mejor dicho, la desdichada historia del caballero Des Grieux (libertino a su pesar), con la inolvidable escena del aristócrata siguiendo desesperado el carromato de las prostitutas que van a ser embarcadas con destino a los colonos franceses de la Luisiana. Esta primera muestra de descarrío sexual es, de todos modos, un cuento para monjas comparada con el grueso de la literatura libertina del XVIII francés, que cuenta con soberbios escritores como Crébillon *fils*, cuyo *Le Sopha* (1742) ha resistido perfectamente el paso del tiempo, o tipos extravagantes como Restif de la Bretonne, informador de la policía y reportero insustituible. En sus *Nuits révolutionnaires* (1794) coloca al tresbolillo reportajes sobre la Revolución e historias salaces que rozan la pornografía. Así que leemos escenas tan interesantes como la decapitación de Luis XVI en vivo y en directo, pero luego pasamos a una historia de incesto, sodomía y asesinato. Como en la prensa actual.

La más perfecta de todas las novelas libertinas es, sin la menor duda, *Les liaisons dangereuses* (1782), del oficial de artillería y experto en fortalezas defensivas Choderlos de Laclos. El relato es de una inteligencia muy poco común en este tipo de literatura, aunque, desdichadamente, ha sido destrozada por sucesivas versiones cinematográficas, a cual más ingenua, que intentan dar consecución visual a lo que es un puro intercambio epistolar. Como era de suponer, los directores se muestran fascinados por las escenas de seducción a jovencitas semidesnudas que ronronean en gigantescos lechos desordenados. Creen que ésos son los momentos realmente *perversos.* Olvidan que el asunto principal es una apuesta entre el protagonista y su amante sobre cuál de los dos se siente menos atado por su pasión hacia el otro. Una seducción mucho más perversa, naturalmente.

Es éste un asunto peliagudo para la filosofía moral y Laclos lo resuelve con una sagacidad rara, gracias a sus conocimientos sobre la defensa en el arte de la guerra. Todavía hoy sigue siendo un argumento típico de las películas y novelas para jovencitos, cuando él o ella deciden seducir al mejor amigo o amiga de su pareja, sólo por demostrar su independencia y su fortaleza. Siendo así que quien plantea el desafío acostumbra a ser el más frágil, estas jactancias suelen acabar fatal.

A pesar de la potencia artística de Laclos, el que ha quedado como santo patrón del libertinaje, sobre todo entre los viejos sesentayochistas, es el tedioso marqués de Sade. El éxito de este escritor mecánico, torpe y sin imaginación, vino propiciado por algunos de los más notorios intelectuales del siglo xx tipo André Breton, Michel Foucault o Georges Bataille, de quienes sólo mucho más tarde supimos que eran aficionados a vestir cueros y recibir latigazos, por lo que lógicamente arrimaban el ascua a su sardina.

Las repetidas escenas sádicas en las que los aristócratas encierran a diez o doce muchachas en un castillo y se dedican luego a buscar la combinatoria entre un número discreto de agujeros y otro más discreto aún de protuberancias han despertado la admiración de muchísimos filósofos. Lo cierto es que las novelas de Sade son tan obviamente maniqueas que parecen una película española sobre la guerra civil.

No obstante, el sadismo ha quedado como una de las cimas de la humanidad en lo que concierne al libertinaje. Debo insistir, como ya he dicho, en que el marqués tenía poca imaginación, así que he aquí unos pocos ejemplos contemporáneos de seguidores del marqués que han mostrado mayor ingenio, aunque sólo sea para pasar inadvertidos y prolongar el placer de la violación a lo largo de años.

Jaycee Lee Dugard fue secuestrada en 1991, cuando tenía once años. Durante el encierro tuvo dos hijos de su verdugo.

Natascha Kampusch, raptada a los diez años, en 1998, estuvo encerrada más de ocho años.

Elizabeth Smart, secuestrada a los catorce años en 2002, pudo escapar a los nueve meses.

Shawn Hornbeck, raptado en 2002 cuando contaba once años, estuvo encerrado cuatro años.

Amanda Berry, Gina DeJesus, Michelle Knight han estado secuestradas durante diez años.

Todos estos discípulos de Sade, cuyos nombres no imprimo para no ofender al papel, han actuado según los protocolos que se describen en las novelas del así llamado *divino* marqués: ataduras, violaciones frontales, anales, laterales, orales y supongo que olfativas, azotes, prendimiento al techo por manos, pies, pechos, cabeza, tronco y extremidades, encadenamientos, estrangulaciones, etcétera. Es injusto que ninguno de ellos sea calificado de «divino», pero ya sabemos cómo es la prensa con los marqueses y cuán distinto se comporta con los trabajadores.

Chateaubriand.
A izquierda y derecha, o el año nuevo

Los personajes históricos que actúan como bisagra entre dos épocas suelen parecer excéntricos, cuando no disparatados. Por su ojo izquierdo aún atisban los últimos vestigios de un tiempo sentido como mejor, en tanto que por el derecho se les agolpan figuras teratológicas de un cadáver que adquiere día a día rasgos infantiles. Han amortizado las torturadas horas de la adolescencia y de ellas sólo les queda la memoria de un mundo más simple, porque simple es la mirada juvenil, y abstracta. En superlativo contraste, comprueban los retorcimientos de la hora presente, no por el mundo mismo, sino por la mirada retorcida que sobre el mundo proyecta el ciudadano declinante.

Nada hay en el mundo, todo está en nuestra experiencia, y ésta puede ser cándida o cínica independientemente de la edad. Vemos lo cándido y lo cínico del mundo, alternativamente, según miremos con el ojo derecho o el izquierdo, pero es cierto que los jóvenes viven en un mundo sólo habitado por jóvenes y por tanto más simple, monocular y ciclópeo, en tanto que los adultos conviven con todo el espectro de la especie y a veces necesitan un sombrajo donde guarecerse de la ruidosa e incoherente presencia de tantos egotismos en conflicto.

Tal fue el caso de François-René de Chateaubriand, gentilhombre atrapado por dos edades opuestas del mundo y que vio con ojos juveniles cómo moría el decrépito *Ancien Régime,* pero con ojos ancianos cómo crecía la sociedad republicana y burguesa. Tuvo la mala fortuna de nacer demasiado inteligente para una época que precisaba con urgencia enormes masas de idiotas. Y para no morir de asco tras haberse librado de la guillotina, se unió a las fuerzas oscuras del Vaticano y la corona, momias fétidas pero con su capacidad de aniquilación aún intacta. Gracias a ello sobrevivió. Todos cuantos eligieron la Revolución, el Terror y el Imperio no duraron.

El nacimiento de una sociedad es un fenómeno tan violento como la emergencia de un volcán oceánico. El recién nacido llega hambriento y comparece en el mundo con la dentadura enteramente crecida. Da espanto ver cómo esa criatura revolucionaria devora crudos a los ginecólogos, a los puericultores, a las parteras y comadronas que la han ayudado a nacer. Verdadero Saturno invertido, el hijo devora al padre, a la madre, a los hermanos, y se limpia las babas con el cordón umbilical.

Nuestro vizconde tenía diez años cuando murió Voltaire y sufrió las comezones de la pubertad en la sociedad astuta, voluptuosa y corrupta de Luis XVI. Sin embargo, cuando murió, ya Marx había concebido una nueva Gran Causa para justificar las siguientes carnicerías santificadas por el progreso. El vizconde vio con lucidez el cambio de escala de la nueva sociedad:

> Cuando acaban las grandes épocas, se alzan voces que lamentan la pérdida del pasado y suenan como un toque de queda. Así gemían quienes vieron el fin de Carlomagno, de San Luis, de Francisco I, Enrique IV y Luis XIV. ¿Qué no podría yo lamentar, que soy testigo de dos o tres mundos desaparecidos? Cuando, como es el caso, uno ha conocido a Washington y Bonaparte, ¿qué puede divisar más allá de la carreta del Cincinato americano y la tumba de Santa Elena?

Cuando nació Chateaubriand, hombres y mujeres aún se movían con la misma prisa con que se habían movido Jesucristo por Galilea o Nefertiti en sus paseos por el Nilo, es decir, a pie, a caballo o en una embarcación a vela. Cuando Chateaubriand muere, la tierra está surcada por una telaraña de línea férrea, el mar lo cruzan miles de buques a vapor, hay ya carreteras asfaltadas por McAdam, telégrafos que facilitan el dominio militar del Indostán desde Londres o Estocolmo, y todo anuncia la próxima llegada de la bestia más destructiva que ha conocido la humanidad, el automóvil particular.

Quienes lean la autobiografía de Chateaubriand, por fin traducida íntegramente al español por José Ramón Monreal (Barcelona, Acantilado, 2004), encontrarán muchas páginas de inmediata aplicación a nuestra experiencia. También nosotros hemos sido atrapados por una convulsión revolucionaria que nació en 1950 y de la que aún apenas sabemos nada, aunque sin duda se trata de una mutación democrática espectacular. Somos prehistóricos de nuestra era, y, como tales, más bárbaros, salvajes y destructivos que nuestros antepasados. Los actuales sermones benevolentes, solidarios y dialogantes ocultan la más descarnada indiferencia y el apetito desalmado de unos burócratas atrincherados en la fortaleza de la gerencia total. Nazis y estalinistas asesinaron a muchos millones de europeos, pero nosotros hemos condenado a morir en Auschwitz a las tres cuartas partes de la población mundial. Y lo peor es que semejante locura no es sino la demostración objetiva de la superioridad de Occidente.

Que hemos caído en una bisagra quiere decir que en medio siglo la hipertecnificación ha transformado el mundo de tal manera que no lo reconoce ni su madre, la Ciencia. Hemos pasado de parir con dolor a clonar humanos para vender sus órganos. Los lamentos sobre el estado de la educación en las naciones supuestamente educadas son un plañido estéril. Nadie hará nada para remediar el regreso al analfabetismo masivo porque nadie sabe cómo evitarlo, ni (lo que es más interesante) para qué evitarlo. No creo demostrable que el mundo de pasado mañana exija más universidades. Sí, en cambio, más academias de artes marciales.

Es cierto, sin embargo, que en esta abominable emergencia de mitos, fetiches, canibalismo, religiones y tribus, sigue siendo posible usar el ojo derecho, el juvenil, y tratar de atisbar las luces de una sociedad auroral, aunque no sea fácil. Nuestro ojo derecho tiene grandes dificultades para no ver la cordillera de cadáveres que tenemos a la espalda y que proyecta una sombra infame sobre cualquier aurora. Parece como si todo sueño de futuro tuviera implícita una nauseabunda sentimentalidad de sacristía que hace de los sueños agobiantes pesadillas. Por lo menos, así son los sueños que agotan el seso del sindicato de políticos profesionales. Esa gente sólo sueña en regresar al pasado, eso sí, con el sueldo del presente. Paradójicamente, lo venden como si fuera el futuro.

Quizás por eso permanecemos quietos, simulando un movimiento que es el puro resbalar de las ruedas sobre un charco de aceite, mientras recibimos salvíficos riegos de sangre llegada de África, Asia y América. Es posible que cuando la transfusión se haya completado (y ésta es la visión del ojo derecho) el zombi regrese a la vida, sus mejillas se coloreen, entre aire oxigenado en sus pulmones, sus músculos se tensen, vuelva a tener corazón y comience a orientarse hacia —entonces sí— un futuro que por ahora sólo es una trágica mamarrachada.

Victor Hugo.
Origen de nuestros ojos

Vivir sin admiración, sin que algún objeto nos inspire un culto de dulía, es como vivir en blanco y negro. Los que admiran son retribuidos por su admiración y suele ser gente de corazón ligero. Hacía treinta años que no volvía sobre Victor Hugo, uno de los más olvidados novelistas del siglo XIX. Me empujó al regreso el admirable ensayo de Mario Vargas Llosa sobre *Los Miserables* recientemente traducido al inglés.[1] No obstante, quise regresar por el principio y abrí con frío escepticismo la novela «mala» de Hugo, *Notre-Dame de Paris.* ¡Cielo santo, qué vuelo estratosférico! En el teatro del romanticismo, Dickens y Balzac ocupan el palco real. Esquinado en el gallinero proletario, a Victor Hugo se le pide silencio y que no moleste. Sin embargo, es demasiado grande: como un gigante torpe, en cuanto se mueve descalabra tres estatuas de

1. Mario Vargas Llosa, *La tentación de lo imposible,* Madrid, Alfaguara, 2004.

escayola narrativa y hace añicos dos arañas de cristal de poesía lírica. *Hugo, hélas!*[2]

El argumento de la novela es un disparate que se reparten un monstruo jorobado, un cura alquimista, una gitana casi impúber y un caballero más puro que Parsifal. Una majadería, pero ¿a quién le importa? Con esos mimbres ridículos, Hugo construye un edificio literario cuya ambición no es otra que la de competir nada menos que con el célebre templo del que toma su nombre. En un capítulo de delirante especulación, expone una teoría que sin él saberlo estaba trabajando por aquellas fechas el iluminado Friedrich Hegel. En ese fragmento sobrenatural el novelista pone ante los ojos del lector la totalidad del saber humano esculpido en piedra, desde los menhires hasta las catedrales góticas, y muestra cómo a partir del siglo XV esa catástrofe llamada «la imprenta» iba a destruir la arquitectura. Los conocimientos humanos ya no se atesorarían en la piedra, sino en los libros, que son más duraderos y baratos.

Lo de menos en ese capítulo es la exactitud histórica. Lo grandioso es la visión, el ímpetu poético, la descomunal ambición de competir con los constructores de Notre-Dame. Con una fuerza hercúlea que hoy no podemos ni soñar, Hugo se enfrenta a lo más grandioso que conoce para ofrecer su alternativa sobre papel. Comenzó a escribir la novela en julio de 1830, pero hubo de interrumpirla por un par de sucesos molestos. Prime-

2. Referencia a la frase de André Gide cuando le preguntaron quién era el mejor poeta francés, a lo que contestó, «Hugo, hélas» («Hugo, qué le vamos a hacer»). Victor Hugo era un versificador impecable.

ro la Revolución, luego el nacimiento de su hija Adèle. Hugo se metió de cabeza en el caos revolucionario, anduvo arriba y abajo por un París cubierto de cadáveres y colaboró con los rebeldes mientras ayudaba a su mujer en el posparto y también al mefítico amante de su mujer, Sainte-Beuve, muy afectado. Aún le quedaba tiempo para navegar por los remolinos del estreno, unos meses atrás, de *Hernani* y el escándalo universal que había montado. De paso, aprovechó para cambiar de domicilio porque con la nueva hija ya no cabían en casa. Bueno, pues para enero había terminado la novela. ¡Ochocientas páginas! En la actualidad, sólo el cambio de domicilio ya habría paralizado al más dotado de nuestros escritores.

Cuando abres tu corazón y admiras, te invade cordialmente el objeto admirado. Entonces ya no es el entero cuerpo lo que te deslumbra, sino cada detalle. Así por ejemplo, ese capítulo III que luce título, en español macarrónico, «Besos para golpes», y que presenta a la gitana Esmeralda. Estamos en invierno, es de noche, arden las hogueras en la Place de Grève donde se han reunido los más feroces malhechores parisinos. Se les ve desde arriba, formando un círculo de hogueras en cuyo centro baila la gitanilla de pies diminutos, «totalmente andaluces» según afirma Hugo con aplomo. La vemos bailar, por así decirlo, desde la grúa, pero la cámara desciende cuando en uno de sus pases se le suelta el prendedor y la cabellera se expande con vuelo de mantón. La cámara entonces recorre los rostros boquiabiertos de los patibularios, pero se detiene en un personaje atravesado al que se acerca en un *close up*. Rostro inquietante cuya ambigua sonrisa hiela la sangre y nos augura que ese personaje va a jugar un papel decisivo en el destino de la niña. Volvemos al plano general para ver a Esmeralda exhibiendo las dotes circenses de su cabra adivina, pero de nuevo nos arrastra una panorámica circular del público, como las de *M, el vampiro de Düsseldorf*, de Fritz Lang, seguida por un primer plano del siniestro individuo que ahora grita: «¡Sacrilegio! ¡Profanación!». La cámara regresa a una Esmeralda paralizada de terror, con los ojos desorbitados y una mano alzada como para protegerse de un golpe, puro Lillian Gish. Parece calcado de Eisenstein o de Griffith, pero faltaban cien años para que se inventaran ambos modelos de montaje.

Es en verdad misterioso que el romanticismo avanzara por escrito la esencia de la técnica visual cinematográfica. En otro capítulo deslumbrante de la tercera parte, «París a vuelo de pájaro», Hugo nos ofrece una panorámica aérea de París, como si nos hubiéramos subido al globo en el que Daumier dibujó a Nadar. Con una diferencia notable: las primeras fotos aéreas de París no se verían hasta treinta años más tarde. La ciudad, que sólo había interesado a Balzac (un poco más tarde a Dickens) en su horizontalidad, tomaba de pronto una tercera dimensión que no se realizaría plenamente hasta la invención de la fotografía y los primeros bombardeos aéreos.

Estas intuiciones imaginativas son puro *Zeitgeist* y surgen en los talentos más despiertos de cada tiempo. Por aquellas mismas fechas, en 1833, vivía exiliado en París el duque de Rivas y entretenía su forzado ocio redactando un enorme poema, *El moro expósito,* tanto más bello cuanto más desatendido por los actuales lectores. Si alguien se detiene en esas páginas soberbias encontrará también allí secuencias a la Eisenstein. Véase esta estampa del malvado Rui-Velázquez, germen de Iván el Terrible con música de Prokofiev:

> Éste, delgado y alto [...]
> enjuto y macilento, demostraba
> temores, dudas e inquietudes grandes;
> y cruzados los brazos sobre el pecho,
> y embozado en su manto, a desiguales
> pasos la sala toda recorría
> formando en suelo y muro una gigante
> sombra que era mayor o más pequeña
> al venir a la luz o al retirarse.

Esa sombra animada, esa sombra que crece y mengua, como el baile de Esmeralda, es ya puro cine.

Sería agradecido averiguar lo que podríamos llamar el componente atómico de la imagen popular, el alfabeto del arte de masas que se encuentra ínsito en las novelas y los poemas del romanticismo, pero también en las óperas de Wagner y Puccini, en las sinfonías de Mahler y de Strauss, en la pintura de Goya y Delacroix. Un repertorio que se diría inventado por los fotógrafos y cineastas de principios del siglo xx cuando en realidad pertenece a un fondo mucho más ignoto del que todavía siguen brotando por mil fuentes imágenes lingüísticas, musicales y visuales que encantan la imaginación popular. Una enigmática sima de figuras radicalmente distintas del depósito clásico, anterior al barroco, cuando el soporte del saber era la piedra y los humanos grabábamos nuestros conocimientos en monumentos más frágiles que el papel.

Henry James.
El cuarto oscuro

Por lo menos a mí suele darme un sobresalto cada vez que recuerdo el año de nacimiento de Henry James, 1843. Exactamente el mismo que Benito Pérez Galdós. Procuro que ese detalle no afecte a mi aprecio por ambos. Hace ya muchos años que ha caído en barrena el viejo principio de la modernidad según el cual unos escritores imaginan el futuro y otros sólo tienen imaginación para el pasado. Lo que de un modo metafísico dividía a los literatos entre escritores de verdad y falsos escritores. La esencia de la literatura y del arte en general era progresar en el tiempo, casi siempre en términos formales. Aquellos que no progresaban eran reaccionarios y por lo tanto (la consecuencia caía como una pedrada) no pertenecían al arte. Sin embargo, lo cierto es que James y Galdós pertenecen a dos mundos incomunicados, la civilización anglosajona, entonces el mayor poder técnico y moral del mundo entero, y una pequeña nación náufraga del feudalismo, con un porcentaje africano de vida rural y una moral dominada por las frustraciones del clero católico. No podían compartir apenas nada.

Con un olfato artístico notable, James se trasladó desde su nativo Nueva York a Londres en 1869, aunque su instalación definitiva no llegaría hasta 1883. Podía haber elegido París, que también conocía perfectamente y donde tenía ya muchos amigos. En esos años París era todavía el centro intelectual de la literatura, sobre todo por la influencia que iban adquiriendo Flaubert y Mallarmé, este último también coetáneo de Galdós. Fue uno de los últimos momentos de la historia cultural europea en el que mandarines de gran autoridad pública osaban definir «qué» era la literatura. Nada de eso podía interesar a James, sobre todo porque tenía muy claras las ideas sobre «qué» podía ser la literatura, como puede leerse en el espectacular volumen *La locura del arte* (Barcelona, Lumen, 2014), donde Andreu Jaume ha editado los mejores ensayos de James sobre la cuestión.

Lo que James buscaba no era una aproximación racional al arte, especialidad francesa, sino una aproximación emocional. No es tan difícil inventar una forma literaria nueva, pero es absolutamente difícil inventar una emoción literaria nueva. La sociedad francesa no le atraía. Había en ella demasiada religión revolucionaria, demasiada sumisión a la aristocracia del dinero, una elegancia social de teatro de bulevar, demasiado labriego enriquecido, vientres voluminosos y cortesanas gordas. A James le atraía la oscuridad de la sociedad británica, su perversidad subterránea, su maldad, todo encubierto, todo susurrado. El juego siniestro de una lengua, el inglés, que podía servir para humillar, aplastar, separar, ajusticiar, para casi todo menos para entenderse.

Ese Londres de James ya nada tenía que ver con el de Shakespeare, cuyo nacimiento incógnito podía dar a sospechar que fuera italiano: un poeta del desorden pasional extremo, dirigido por los arcanos de la astrología. El Londres de James es un territorio de pasiones reprimidas, deseos ocultos, estrategias de disimulo, venganzas sordomudas, tiranías brutales cubiertas con estolas de armiño y, de vez en cuando, un fantasma. Es la misma atracción que sentirá otro americano, T. S. Eliot. Como James, fundador de la cultura inglesa contemporánea en mucha mayor medida que los propios ingleses, Eliot sabía cómo debía ser el mundo anglosajón, sabía «qué» era la cultura inglesa frente a la plebeya cultura francesa estúpidamente obsesionada con *le peuple*.

Así que la escritura de James está dominada desde el comienzo de su madurez por una atmósfera que desde luego es formal y puede analizarse formalmente, en cuyo caso sería uno de los primeros modernistas europeos, pero creo preferible verlo como un formalista derivado o de consecuencia, porque el mundo o la atmósfera que se impone en sus novelas y cuentos es más moral que formal. Entiendo aquí por «moral» la disección de la maldad desde el interior del sujeto y la forma específica en que se expresa a sí misma esa maldad, siempre esquiva, siempre esquinada. Las novelas de James son oscuras porque sus personajes tienen el alma de las rapaces nocturnas, y si alguno se salva de la maldad no es por su bondad, sino por su inocencia.

La inocencia siempre ha sido el refugio de quienes no pueden creer en la bondad, ya que la bondad exige inteligencia y en cambio la inocencia se lleva mal con ella.

James estaba seducido hasta el tuétano por la perversidad inglesa y si no se le conoce una mala acción, como a Eliot, es porque mantuvieron con gran inteligencia su falsa inocencia de americanos trasplantados. De ahí que toda la crítica inglesa haya estado escarbando con ahínco en la vida sexual de Eliot y de James. Para los críticos ingleses, personalidades artísticas como las de los dos grandes creadores de la cultura inglesa moderna sólo se pueden soportar si hay alguna perversión oculta en sus vidas. Y, claro, siempre la hay.

La obra de James tiene fama de oscura, difícil, tenebrosa. Lo es. No hay que engañarse. Carece de la luz simpática y pueblerina de Galdós, carece de la racionalidad neoclásica de Flaubert, no le interesa la solvencia social de los escritores ingleses, de Austen, de Dickens, de Thackeray, ni los monárquicos burgueses como Balzac. Lo que busca es realmente oscuro y debe expresarse con oscuridad. El mundo anímico que se presenta en sus novelas es tan enmarañado como un nido de arañas y no es fácil llegar hasta la araña del significado. Requiere esfuerzo y ésa es, creo yo, su principal virtud: no nos toma por tontos. Llega el invierno, cierre todas las ventanas, sobre todo las del alma, póngase a leer a James, aprenda a conocer la maldad. Verá que le va la vida en ello.

Proust

PARA EMPEZAR POR EL FINAL

No hay camino sin punto de llegada. No lo hay sin meta o destino. Todo camino lo es porque lleva a algún lugar. Los que no llevan a ningún sitio no son caminos, son cintas continuas como las de los gimnasios. El de Santiago es paradigmático, pero también lo es el infinito conjunto de caminos que llevan a Roma o el de Orfeo, cuya meta es Eurídice. Por eso, a pesar de mi devoción por Antonio Machado, yo no creo que «se haga camino al andar». El camino está siempre ya hecho, el camino es condición del caminante, no al revés.

Yo diría que el modelo de todos nuestros caminos es el de Odiseo en busca de su hogar, cristianizado luego como Vía Crucis, en cuyo final está también el origen. Un dios se encamina a la muerte, pero en la meta le espera la resurrección. El epitafio del poeta Heinrich von Kleist, suicidado en el Wannsee, lo imita: «Aquí yace Heinrich von Kleist. Vino a buscar la muerte, pero encontró la inmortalidad». La meta siempre nos sorprende.

Incluso uno de los más extraños caminos, el de los leñadores, es también camino con meta, sólo que su meta es la perdición. Figura como título de uno de los más notorios ensayos de Heidegger, *Holzwege,* que aunque es término intraducible, el gran Arturo Leyte lo convirtió en *Caminos de bosque.*[1] En realidad son caminos *de salida* de bosque, ya que han sido formados por el arrastre de los troncos talados, así que si alguien entra en el bosque siguiendo inocentemente uno de ellos, llega al centro mismo del bosque y se pierde. Por mucho que ande, no hará camino.

Nosotros vamos hoy a recorrer uno de los más famosos caminos de la literatura europea, aquel que forma el andamiaje literario de la magna novela de Marcel Proust, À la recherche du temps perdu, la cual se sustenta sobre un camino que es, a su vez, doble y contradictorio, con una meta sorprendente. Al igual que todos los grandes caminos, también éste es una metáfora de nuestra existencia, pero de una admirable complejidad.

Como no todo el mundo estará familiarizado con esta novela, debo comenzar por una breve descripción de la misma y sobre todo de su *circularidad,* porque el final del larguísimo recorrido (estamos hablando de una novela de tres mil páginas en siete volúmenes) no es sino su princi-

1. Martin Heidegger, *Caminos de bosque,* Madrid, Alianza, 1998, traducción de Arturo Leyte y Helena Cortés.

pio. «Su fin engendra su comienzo», sentenció un notable crítico francés.[2]

Según dice su título, este tan dilatado decurso narrativo no es sino un intento por *recobrar* el tiempo perdido, pero observen que Proust emplea un verbo muy interesante: una *recherche* es, en el bien pautado lenguaje de Francia, una *investigación.* El organismo estatal de investigación científica, por ejemplo, es el Ministère de la Recherche. De manera que Proust quiere recuperar el tiempo perdido, pero también averiguar cuál es su naturaleza, en qué consiste el Tiempo.

Un primo de Proust, el filósofo Henri Bergson, había tenido la misma preocupación y en su obra separa y contrasta el tiempo del reloj, pautado y mecánico, y el tiempo de nuestra existencia, la *duración,* que es elástica e imposible de trocear ordenadamente. Aunque diez años más joven, Proust participó de este desconcierto: sabía que no son lo mismo el tiempo mercantil, el de los horarios de trenes o el de la hora-trabajo, y el tiempo *vivido.* Y sabía, además, que son *enemigos,* pero a diferencia de Bergson, no creía en una continuidad del tiempo individual, sino todo lo contrario, el tiempo le parecía pura discontinuidad: nuestra identidad se desmigajaba y descomponía en la duración.

Para descubrir ese misterio del tiempo humano, Proust no tiene más remedio que escribir las tres mil páginas de la *Recherche,* las cuales no serán sino la historia de la investigación y el hallazgo del tiempo pasado, escrita por su protagonista, Marcel, sin apellido. Y para contarnos este

---

2. J. Rousset, *Forme et signification,* París, José Corti, 1962, p. 144.

proceso, esta *invención,* el narrador comienza por la escena primordial, una minuciosa descripción de cómo Marcel, cuando era niño, esperaba ansiosamente que su madre le diera las buenas noches.

La primera frase del libro es famosísima y ha sido muy estudiada: «Longtemps, je me suis couché de bonne heure» («Durante mucho tiempo me he acostado temprano»). No vamos a entrar a fondo en el refinamiento que supone el uso del pretérito perfecto *(passé composé)* en lugar del imperfecto: «Longtemps, je me couchai de bonne heure» («Durante mucho tiempo me acosté temprano»), que sería el tiempo habitual de una novela clásica.[3] Digamos, sin embargo, que esta peculiaridad nos introduce de lleno en la investigación: el narrador está hablando del pasado, pero lo hace *en* el presente. No habla de un tiempo remoto y perdido, sino de un tiempo que ha comenzado a recuperar ahora mismo, en el instante de comenzar la narración. Y es que, en realidad, ese comienzo es un final y el final de la novela es su comienzo. Trataré de simplificar algo en verdad muy habilidoso.

El relato se inicia, como digo, en la infancia del protagonista y sigue una línea recta cronológica (con un *flashback* en medio, la aventura amorosa de Swann) hasta llegar al último volumen, *Le temps retrouvé,* que es cuando Marcel, de modo casi inadvertido, se encuentra al cabo de muchísimos años en una fiesta de la princesa de Guermantes y allí coincide con sus viejos amigos y las admiradas personalidades de su juventud, convertidos ahora

3. R. Shattuck, *Proust's Way,* Nueva York, W. W. Norton & Company, 2000, p. 266.

en fantasmas cadavéricos o máscaras grotescas. En ese momento comprende la esencia negativa del Tiempo, se convence de la inutilidad de la vida mundana y decide recluirse para escribir un libro, ya que sólo el arte puede recobrar lo que hay de valioso en el tiempo perdido. El libro que Marcel va a comenzar a escribir esa misma noche no es otro que À la recherche du temps perdu. Por eso Georges Poulet puede decir que ésta es «la novela de una existencia en busca de su esencia».

Así pues, es el horror de ver cómo el Tiempo ha gastado y arrasado a todos sus conocidos, a las personas que más amó y admiró (y a él mismo), lo que le hace concebir el fluido temporal como una pura ruina, una destrucción continua e inapelable. El tiempo de la vida es como un ácido que nos corroe y tanto los momentos grandiosos como los ínfimos se pierden en el sumidero de la nada. Sólo eso que llamamos Arte, cree Marcel, puede rescatar y mantener con vida «los ríos que van a dar a la mar que es el morir». De modo que sale escapado y se encierra a escribir.

Creo que entienden ustedes el refinamiento del ciclo: cuando acaban de leer los siete volúmenes, en realidad deberían volver a empezar porque lo que el protagonista está escribiendo *en ese preciso momento final* es el primer capítulo de la novela. Como dijo el propio Proust en una carta: «El último capítulo del último volumen fue escrito inmediatamente después del primer capítulo del primer volumen. Lo que media ha sido escrito después» (carta a Souday, 18 de diciembre de 1919). Y en otra carta aún aclara: «La última página del *Tiempo recobrado* (escrita antes que el resto del libro) se cerrará exactamente en la primera de *Swann*».[4] Una vez más Rousset lo resume con toda exactitud: «El final del libro hace posible y comprensible la existencia del libro».[5]

En cuanto Marcel abandona la *matinée* de la princesa de Guermantes y se encierra en su casa a trabajar en la *Recherche,* la puerta del Tiempo se cierra. El narrador ya no saldrá nunca más. En ese cierre, en ese círculo, Marcel cree poder recobrar lo Perdido y encapsularlo para siempre. De hecho, eso es lo que hizo el propio Proust, cuya persona no debe ser confundida con el narrador de la novela o con Marcel (hay, en verdad, cuatro voces narrativas que parecen la misma), porque es cierto que, en su existencia real, no bien Proust se persuadió de que la vida común y corriente era irremediablemente «tiempo perdido», se encerró en su casa a escribir la *Recherche* y ya no salió nunca más, ya que sólo el Arte podía recuperar el tiempo, darle forma y convertirlo en algo imperecedero. Y lo que es aún más asombroso, comenzó a redactar su libro simultáneamente por el principio y por el final. La redacción de la escena infantil y la de la danza macabra fue sucesiva. La idea de la circularidad, la de que el principio es el final, estuvo presente desde la concepción misma de la obra.

Insistamos sobre la peculiaridad de los círculos que ha concebido Proust: en las primeras páginas de la novela, Marcel, recién huido de la *matinée* cadavérica, se entrega ya a la tarea de recuperación del Tiempo y ésta comienza por su infancia en Combray. Sin embargo, en la escritura

4. Las dos cartas están citadas en Rousset, *op. cit.,* p. 138.
5. Rousset, *op. cit.,* p. 144.

real, a la infancia no le sigue la adolescencia, etcétera, sino que le sigue el capítulo donde expone la razón por la que ha escrito los recuerdos infantiles de Combray, la danza macabra. En nuestra lectura, durante dos mil setecientas páginas Marcel va en busca del tiempo pasado, pero sólo en las últimas trescientas aparece un presente tan insoportable que decide enterrarse en vida tratando de recobrar el tiempo perdido. En la redacción, ambas secciones son sucesivas.

Adviértase que el tiempo recuperado por Proust es el tiempo de *todos* los humanos. De no ser así, este monstruo de tres mil páginas no lo habría leído nadie. Si Proust es uno de los tres más grandes novelistas, junto con Cervantes y Dostoievski, por ejemplo, es porque en el tiempo de Marcel se encuentran simbolizados todos y cada uno de los tiempos de nuestra propia experiencia. Y así llegamos a los caminos, ya que este sólido circular que es À la recherche du temps perdu, en el que se puede comenzar por el principio o por el final, hay un recorrido interior verdaderamente notable y reflejo de esa circularidad.

Así como las pirámides egipcias parecen tetraedros cerrados y ciegos, pero sabemos que tienen un recorrido interior que lleva hasta la cámara del faraón embalsamado, así también en este tremendo objeto que es la novela de Proust hay un recorrido interno que nos conduce hasta la *matinée* de la princesa de Guermantes, otra cámara fúnebre. No obstante, este camino, como el de la pirámide, es engañoso y sólo los buenos exploradores pueden caminarlo sin perderse. Para empezar, es un camino que se presenta como si fueran dos. Y no sólo dos en uno, sino dos enfrentados, opuestos, contrarios y hostiles.

El punto de partida, allí en donde Marcel espera angustiado a que su madre le dé las buenas noches, es Combray, ciudad ficticia imaginada a partir de la auténtica ciudad de Illiers. En esta pequeña villa provinciana los abuelos de Marcel tenían una gran casa ajardinada y allí se instalaba cada año el narrador junto con sus padres, para pasar el largo periodo estival de la burguesía parisina. En este punto central de Combray se encuentra el origen de los dos modos de entender la existencia que van a dominar su destino y el de todos nosotros.

Los caminos se titulan, respectivamente, *Du côté de chez Swann* (llamado también *de Méséglise*) y *Du côté de Guermantes.* El primero aparece en cuanto abrimos el libro y el segundo casi de inmediato, porque Marcel los ve como dos direcciones opuestas e irreductibles, dos modos de analizar el mundo y dos modos de entenderlo desde el origen. Sólo mil quinientas páginas más tarde, en el tercer volumen, el lector y el narrador descubrirán que en realidad ambos caminos eran un solo y mismo camino.

Desde la casa de los abuelos, en determinadas ocasiones la familia salía a pasear en dirección a la mansión de Swann («Por el camino de Swann»). Era éste uno de los personajes más brillantes, elegantes y ricos de París, pero a quien los padres de Marcel, que no eran mundanos ni conocían la alta sociedad parisina, tenían por un pobre infeliz que había malcasado con una antigua cortesana, Odette. Por este camino le irán apareciendo a Marcel los símbolos de su futura vida sentimental, el desorden erótico, las catástrofes y victorias amorosas, las buenas y malas amistades, en fin, la vida amorosa y social. A lo largo de la novela, todo lo relacionado con el camino de Swann pertenecerá al aprendizaje sexual (Odette), a las ridículas pretensiones burguesas (el círculo de Madame Verdurin), a los desesperantes amores que tanto tiempo consumen (Gilberte), en resumidas cuentas, a la experiencia privada, frívola y emocional.

Muy al contrario, el camino de los Guermantes, que también sus padres suelen tomar, pero para largos recorridos que ocupan todo un día, es el de la nobleza, la vieja aristocracia que sobrevivió a la Revolución, la vida histórica y nacional, los monumentos y la objetividad. En relación con este camino figuran los espléndidos duques de Guermantes, el excéntrico barón de Charlus (uno de los más antiguos títulos franceses), el apuesto y valeroso Saint-Loup, así como muchos otros personajes que simbolizan la historia de Francia.

La oposición de los caminos queda grabada a fuego en el niño Marcel porque su propia familia se lo ha impuesto inocentemente. Así lo describe en el primer volumen:

> nuestra costumbre de no ir nunca hacia aquellas dos partes en un mismo día, en un solo paseo, sino una vez por la parte de Méséglise y otra por la de Guermantes, las encerraba, por decirlo así, lejos una de otra, incognoscibles una para la otra, en los compartimentos estancos de tardes diferentes.[6]

Para Marcel, el camino de la vida privada y sentimental (también podríamos decir el de la vida «natural» o «animal») y el camino de la vida histórica y monumental (lo

---

6. Marcel Proust, *Por la parte de Swann*, Barcelona, Lumen, 1999, p. 148.

cultural e institucional) son los dos únicos modos de acceder al conocimiento y la práctica del mundo. Uno puede decidir llevar una vida burguesa, de feliz domesticidad, decentemente integrado y dedicado al placer, la comodidad y las rentas. O bien puede lanzarse a una vida heroica, a la lucha por el bien nacional, la vida pública, la encarnación histórica, política o militar, en fin, puede elegir la entereza moral y el sacrificio. Si en el camino de Swann encontramos rifirrafes amorosos y tertulias pedantes, el segundo «camino» se verá sacudido por el *affaire* Dreyfus y el antisemitismo que dividió a Francia en dos mitades y casi provocó una guerra civil, así como por el cataclismo de la Primera Guerra Mundial.

Son, por lo tanto, dos caminos enteramente opuestos que ya Hegel había definido en un célebre capítulo de su *Fenomenología del espíritu* titulado «Señor y siervo» (en la traducción de Roces).[7] Aquel que renuncia a la vida privada y pone en juego su vida, es el Señor; aquel otro que prefiere evitar el peligro de muerte y elige una vida sumisa y apacible, es el Siervo.

Sin embargo, Proust no es un hegeliano, ni acepta esa dialéctica que acaba alcanzando una síntesis que supera la oposición y la sobrepasa. Proust no cree que a partir de esta oposición se pueda producir un salto que deje atrás la vieja lucha por el reconocimiento, lo que para Hegel sucedería con el advenimiento de la sociedad civil, materializada en la vida urbana renacentista, herramienta objetiva que termina con la lucha entre feudales y siervos.

---

7. G. W. F. Hegel, *Fenomenología del espíritu,* Fondo de Cultura Económica, México, 1966, traducción de Wenceslao Roces.

Para Proust ambos caminos conducen al mismo desastre, a esa *matinée* final en casa de la princesa de Guermantes en donde salta a la vista (y la golpea) que sea cual sea el camino elegido, todo acaba en la desdicha y el ridículo de la vejez, la decadencia y la muerte.

Si ambos caminos conducen al mismo lugar que es la aniquilación absoluta, entonces el esfuerzo ético, la audacia guerrera, la entrega al bien público, parecen tan inútiles como el amor, el placer o la amistad del mundo privado. En la novela es precisamente Gilberte (la cual, como Swann, hace de puente entre un mundo y el otro) la que le abre los ojos a Marcel un día en que, antes de salir a pasear con ella, titubea y no sabe si elegir un camino o el contrario. Entonces Gilberte, ante la duda de Marcel, exclama perpleja: «¿Y qué, si lo mismo da? ¡Si son el mismo camino!». En efecto, sólo entonces Marcel (y el lector con él) se percata de que ambos caminos, a pesar de sus diferencias aparentes, acaban fundiéndose el uno en el otro, de manera que se puede regresar al inicio se parta de donde se parta. La circularidad de la novela es el jeroglífico de la circularidad de los caminos.

Esta mutua implicación de los caminos, continuidad que a Marcel le había pasado inadvertida, no es otra, en la simbología de Proust, que la del Tiempo que todo lo unifica e iguala. Elijas el camino que elijas, llegarás siempre a lo mismo, a la desintegración, la dispersión, la ruina del Tiempo, la aniquilación. A la manera de los «triunfos de la muerte» que desde el medievo hasta Brueghel exponen la inutilidad de los esfuerzos humanos en un revoltijo de papas, reyes, generales, campesinos y nobles que caen por la sima del Tiempo, la *Recherche* habría sido un relato desesperanzado y descorazonador, de no ser por la *redención* artística.

Debe remarcarse (aunque no hay lugar aquí para ello) que la igualación del Tiempo no sólo convierte a todos los personajes, bellos, feos, altos, bajos, mujeres y hombres, en muñecos grotescos, sino que los transforma de modo *esencial.* La princesa de Guermantes del comienzo, bella y elegantísima dama, es al final y por el azar de las viudedades y los sucesivos matrimonios Madame Verdurin, la pretenciosa burguesa del principio, personaje ridículo. El barón de Charlus, el más noble de Francia al comienzo, acaba persiguiendo a un mediocre violinista que se burla de él y lo convierte en un personaje patético. La fascinante Gilberte, primer amor de Marcel e hija de un judío despreciado por los Guermantes, acaba convertida en duquesa de Guermantes. El aguerrido y nobilísimo Saint-Loup aparece en el último capítulo como un maníaco que acude a lupanares masculinos buscando castigo sadomasoquista. Y así sucesivamente todo aparece invertido en el espejo del *temps retrouvé.* Hay, no obstante, una excepción: los artistas son los únicos que no cambian de principio a fin, como en seguida veremos.

El triunfo de la muerte, por lo tanto, no tiene lugar *sólo* al final del trayecto con la aniquilación, sino a todo lo largo del mismo. Cada vez que cambiamos, crecemos o nos transformamos, morimos. Entre el niño que fui, el joven que vino luego y el actual adulto o anciano, hay una cadena de muertes sucesivas puesto que no podemos recordar qué pensaba, qué sentía el niño o el joven. Vamos muriendo para poder crecer y evolucionar, pero en cada nueva encarnación olvidamos por completo lo que hemos sido, nos perdemos a nosotros mismos.

La convicción proustiana de que el Arte es la única actividad capaz de construir el Tiempo y dar sentido a la vida, no parte de ningún esteticismo sino de una reflexión severa sobre el trabajo de la memoria. Proust ha comprobado que ciertos mecanismos mnemónicos pueden *devolvernos* escenas, situaciones, emociones, experiencias pasadas e incluso remotas. Son fundamentalmente tres: el recuerdo vulgar, la duermevela del insomne y la reminiscencia o memoria inconsciente. El recuerdo es un uso habitual de la imaginación, como cuando uno recuerda que ha quedado con alguien en algún lugar. La segunda, mucho más compleja, irrumpe ya en el primer capítulo del libro como si fuera el anuncio de todo lo que ha de venir. Entre el sueño y la vigilia el narrador revive estancias, veranos, espacios y compañías perdidos que le regresan en oleadas incontrolables. Sus «yoes» sucesivos vuelven en sí y se oye de nuevo a sí mismo hablando con su abuela muerta, en compañía de amigos a quienes no ha visto desde hace décadas, o bien recién acostado en las alcobas de su niñez.

Mucho más famosa es la tercera, la célebre reminiscencia o memoria involuntaria que emerge imprevisiblemente de un aroma, un sabor, un sonido, un gesto, y de forma milagrosa nos devuelve a un momento y un lugar concreto de nuestro pasado. La más popular es la escena de la magdalena, pero son muy numerosas. Los expertos han identificado y analizado once de ellas, cada una de las cuales ilumina un momento esencial para la recuperación de esa *unidad del Yo* que Marcel ha ido perdiendo por los caminos de Swann y de Guermantes.[8] Porque así como el Tiempo nos disuelve, nos hace discontinuos, nos engaña con espejismos de identidad, la reminiscencia, como el Arte, reconstruyen el *Yo verdadero,* lo ordenan y producen la unidad que Proust llama «lo intemporal», término, por cierto, que explorará ampliamente Malraux en sus espléndidos estudios sobre Arte.

Como en el *je* cartesiano, el *ego* del *cogito,* la reminiscencia es la prueba o la razón suficiente para deducir que, a pesar de no ser yo sino un alud de partículas sin sentido y escenas sin recuerdo, hay en mí una identidad profunda en la que *se produce* la memoria y donde reside el fundamento de mi *Yo* porque esos recuerdos *sólo pueden ser míos,* sea «Yo» lo que sea. Más exactamente: en realidad llamamos «Yo» a ese fundamento de nuestra memoria y de sus imágenes, las cuales son perfectamente intransferibles, pero comunicables. Por ejemplo mediante las obras de arte. El niño que me resulta un perfecto desconocido en la fotografía vuelve a ser «yo» si puedo escribir un capítulo como el de Combray en el que un niño regresa a la existencia para residir intemporalmente. La recuperación, que en la memoria involuntaria es espontánea y efímera, puede ser voluntaria y permanente en la obra de arte.

La fe de Proust en la capacidad del Arte para recuperar el Tiempo, es decir, para mantener viva la parte que no *debería* desaparecer de nuestra memoria, se muestra en la historia de Marcel, pero también en el decurso mismo de la novela mediante tres personajes que encarnan la mú-

---

8. Véase R. Shattuck, *op. cit.*, p. 259.

sica, la pintura y la literatura: el pintor Elstir, el músico Vinteuil y el escritor Bergotte. Cada uno de ellos tiene un número casi exacto de apariciones (sobre las trescientas, según Fraisse), lo que indica la casi increíble planificación de Proust, y son los únicos que, en un relato donde figuran hasta quinientos personajes, siempre aparecen bajo una luz positiva.[9] Lo más importante es que al final no se transforman en su caricatura, en su máscara grotesca, en su cadáver o en algo incongruente, como sucede con todos los demás. Mantienen su dignidad hasta el final o incluso van creciendo en estatura, como es el caso de Vinteuil.

Sus obras, además, recorren la novela uniendo lo disperso y atravesando de un lado a otro los dos «caminos», el de Swann y los Verdurin, el de los Guermantes y los Saint-Loup, porque el Arte ordena y unifica los espacios y los tiempos y llamamos «Arte» a esa capacidad para dar sentido a la vida en la tierra. Así, por ejemplo, la pieza musical de Vinteuil comienza siendo un apunte para piano en el círculo de los Verdurin, luego una sonata para violín y piano, más tarde un cuarteto y acaba su apoteosis en forma de sexteto (o quizás de septeto) en las escenas finales del lado de Guermantes.[10]

Como contrafiguras, naturalmente, están aquellos que no supieron renunciar al mundo y por lo tanto no han podido llevar a cabo su obra. El barón de Charlus nunca escribirá un tratado sobre el Renacimiento que él cree la

---

9. Véase L. Fraisse, *Les principes de composition de* «*La Recherche du temps perdu*», *Thélème,* n.º 22, 2007, p. 302.
10. Véase M. Butor, *Sobre literatura II,* Seix Barral, 1967, p. 365.

obsesión de su vida (en realidad su obsesión es un violinista sin talento), Swann abandona su estudio sobre Vermeer en el que tanto empeño puso (porque su brillante vida social es lo que en verdad le importa), y el propio Marcel a punto está de elegir el amor de Albertine en lugar de encerrarse para escribir la *Recherche.* Éstos son los que mueren cada vez y nunca se recuperan de las muertes sucesivas, de modo que nunca llegan a ser y se disuelven en la danza macabra.

También la arquitectura aparece mediante múltiples referencias a las catedrales góticas, sobre las que tanto aprendió Proust leyendo a Ruskin. Él mismo acaba por identificar su gran libro inacabado, su *Recherche* imposible de completar, con una catedral, obra de arte que, por definición, nunca se termina. En una carta de 1919 escribía Proust a un lector: «Cuando usted menciona la catedral [como modelo de la *Recherche*], no puedo sino emocionarme por una intuición que le ha permitido adivinar algo que no le he dicho a nadie [...] y es que quise dar a cada parte del libro títulos como Porche, Vidrieras, Ábside, etc.».[11] Proust veía su obra como una catedral minuciosamente construida y articulada, pero imposible de concluir. Así fue, en efecto, pues los últimos volúmenes se publicaron póstumamente.

El Arte *redime* la destrucción del Tiempo. Es una promesa de inmortalidad de la misma potencia que las otras dos herramientas que usamos con el mismo propósito: la religión y la filosofía. La certeza de que todo se pierde irremisiblemente nos invita a imaginar paraísos, vidas

---

11. Citado por Rousset, *op. cit.*, p. 137.

futuras, eternidades, inmortalidades y dioses. También a usar nuestra razón por ver si de algún modo podemos sortear tan ingrato destino. Desde Platón hasta Hegel, los grandes sistemas filosóficos no persiguen sino demostrar que nuestra vida no se reduce a un montón de polvo tras la trituración del Tiempo, sino que tiene una Razón-de-Ser. Sólo a partir del siglo XIX ha ido imponiéndose un pensamiento crecientemente negativo que desde Nietzsche hasta Heidegger acepta que nada somos y que debemos vivir sabiéndolo y soportándolo.

No obstante, Proust no acepta la negación absoluta y se mantiene en una esperanza que no está muy alejada de Nietzsche, para quien sólo eso que llamamos Arte (y que desde luego *no sabemos* lo que es) puede decir *la verdad* sobre la dignidad de la vida humana. O incluso mucho más, porque, según Nietzsche, el Arte puede llegar a ser el elemento activo del vigor y la alegría de vivir, la única negación *efectiva* de la aniquilación. Paradójicamente, Proust exige del artista una total anulación vital para poner todas sus fuerzas al servicio de la creación y en ese punto se aleja de Nietzsche, para quien la obra de arte no puede justificar un sacrificio de esta naturaleza. Sin embargo hay una jovialidad del dolor, una alegría sacrificial, en la actividad artística, tanto en Nietzsche como en Proust. Es la célebre danza de homenaje a la vida que el Arte nos invita a bailar sobre nuestras propias tumbas.

Concluyamos ya. Dos caminos parecen conducir, uno al mundo privado y otro al mundo público, uno es sentimental y el otro heroico, pero es un engaño porque el final de uno conduce hasta el principio del otro. Este círculo puede figurar el vacío de nuestra existencia ensimismada, pero también puede convertirse en una obra de arte que afirme el valor de la vida humana y nos permita aceptar con dignidad el misterio de haber sido algo bajo la luz del sol, y luego eternamente nada.

Como en el camino de Santiago, también en el de Proust hay un final que, si el peregrino hace por merecerlo, puede convertirse en un origen.

JUVENTUD DE UN CENTENARIO

Sobre Proust se ha escrito ya casi todo, pero sobre la *Recherche* no, porque es un clásico y lo propio de los clásicos es su misteriosa capacidad para cargarse de nuevos contenidos en cada sucesiva generación. Lo que hoy significa esa obra no es lo que significó en 1913. Ahora hace cien años aparecía la primera parte, *Por el camino de Swann,* traducido a veces, con mayor exactitud, como *Por donde vive Swann.*[12]

El inmenso retablo se presentó al juicio de los lectores anteriores a la primera guerra con un fragmento que hacía imposible adivinar el conjunto. Su escala iba a ser desmesurada, más de tres mil páginas, y habría sido quimérico predecir que aquellas inaugurales teselas se insertarían años más tarde en un mosaico gigantesco donde jugarían un papel esencial, pero impredecible. Es lo único

12. *Por el camino de Swann,* el primero de los siete volúmenes que conforman *En busca del tiempo perdido,* se publicó el 14 de noviembre de 1913.

que justifica el error inmenso de Gide al rechazarlo para la editorial Gallimard.

Y tras aquella primera aparición estalló uno de los más sangrientos conflictos que ha conocido la muy sanguinaria sociedad europea. La guerra del 14-18, como la llaman los franceses, influyó decisivamente en el proyecto de Proust y no hay nada tan estremecedor como *El tiempo recobrado*, la última parte de la *Recherche*, en forma de baile de máscaras o de danza de cadáveres que reúne a los personajes tras la contienda y cierra una vida que había comenzado con la luminosidad gótica de la duquesa de Guermantes. Tras la guerra no hay héroes, los bellos militares, las hermosas damas, los sutiles aristócratas, las seductoras adolescentes de *la fureur de vivre* son ahora macabros restos de una sociedad difunta. El ciclo de la vida y la muerte se había completado con aquella última y lúgubre escena.

La obra estaba acabada y si bien Proust no alcanzó a corregirla hasta el final, el lector puede hoy leerla sorteando los bloques de mármol aún no esculpidos o inacabados, como *La prisionera* o *La fugitiva*, los más imperfectos. Eso no quiere decir que deba evitarlos, son de lectura obligada, pero admiten un seguimiento menos atento que el resto del material.

Esta perpetua actualidad de la *Recherche* se debe, entre otras causas, a que no es exactamente una novela, aunque es una de las más grandes que se hayan escrito, pero es también mucho más. Sus cientos de personajes tienen la realidad verosímil del mejor retrato realista y sin embargo encarnan iconos anímicos de la misma intensidad que Odiseo o don Quijote, es decir, mitos que reúnen en sí un resumen exacto, estremecedor, de los modos de ser del humano contemporáneo y sus distintos destinos. Leer la *Recherche* no es sólo introducirse en un universo de ficción extremadamente inteligente, es también aprender a reflexionar sobre nuestros vicios y virtudes, modos de amar, creencias falsas, esclavitudes, holgazanerías, o verdades hipócritas. Es una auténtica enciclopedia de la humanidad moderna, de su gloria y de su estupidez.

Víctor Gómez Pin, quien ha dedicado a Proust dos libros en verdad filosóficos, afirma que el único personaje de la *Recherche* es el lenguaje mismo y que por esta razón va mucho más allá de las peripecias y avatares de la alta burguesía parisina del Ochocientos.[13] El lenguaje tal y como lo poseemos nosotros, es decir, nuestra esencia, lo que nos hace humanos, está derivando de un modo universal e inexorable a puro instrumento, a utensilio práctico. A medida que el lenguaje se hace instrumento nosotros nos convertimos en meras herramientas. No obstante, el lenguaje de la *Recherche* es perfectamente ajeno a toda instrumentalización, incluso aquella que obliga al novelista a respetar la acción o el suspense, de ahí la longitud pertinaz de las frases y esa dificultad que pone nerviosos a los lectores apresurados. Podríamos decir (pero ése sería otro artículo) que el lenguaje de Proust es estrictamente *poético* en su sentido más riguroso y por eso exige nuestra esforzada colaboración.

Cuando uno busca, como Proust, el lenguaje en su labor poética, entonces el habla, el lenguaje de la gente en

---

13. Víctor Gómez Pin, *Proust, el ocio y el mal,* Barcelona, Montesinos, 1985, y *La mirada de Proust,* Madrid, Triacastela, 2012.

su vida corriente, se transforma en un encantamiento que permite llegar a lo más recóndito del hablante. El *modo de hablar* es una representación fiel del alma de cada individuo y la *Recherche* es, por encima de todo, un repertorio de *modos de hablar*. Cada modo de hablar es una posibilidad de vivir.

En una útil antología de pensamientos de Proust, recogida por Jaime Fernández en *El almuerzo en la hierba*, figura esta frase: «Las palabras no me informaban sino a condición de interpretarlas como se interpreta una afluencia de sangre al rostro de una persona que se azara, o también un silencio repentino».[14]

Para Proust las palabras del habla cotidiana, en ocasiones significativas, toman una función mágica capaz de provocar reacciones involuntarias del cuerpo. Esta capacidad enigmática del lenguaje es lo que hace de la *Recherche* una obra que transforma al que la lee, no sólo anímicamente, sino con frecuencia también físicamente. Si se hace con seriedad, la lectura de la *Recherche* no es una lectura, sino una *transfusión de lenguaje*, análoga a las transfusiones de sangre que hacen revivir a un moribundo. Es posible que ésa sea, hoy en día, la mejor forma de preparar nuestro cuerpo para la mortalidad.

---

14. Marcel Proust, *El almuerzo en la hierba*, Madrid, Hermida, 2013.

Thomas Mann.
Doktor Faustus

No conozco ninguna otra novela dedicada íntegramente al Mal con mayúscula, es decir, a la labor del demonio en la tierra. Tendemos a creer que el demonio o Satán son supersticiones del pasado y que en la actualidad la explicación del mal sólo puede darla un antropólogo o un psicoanalista. Sin embargo, Mann emprende su novela justamente para convencer al lector de que el mal, y su servidor, Satán, siguen entregados a la misma labor de siempre. Para nosotros ya sólo es una figura teatral, pero los efectos de su trabajo continúan destruyendo la vida de los humanos. De ahí que toda la historia de Leverkühn, el compositor que vende su alma, vaya en paralelo con la historia de la Alemania hitleriana, ejemplo supremo e inexplicable de maldad satánica.

En la novela de Mann convergen varios ríos. El más caudaloso es, por supuesto, la deriva de Alemania hacia el mal absoluto. Junto a éste se encuentra un análisis riguroso de la función del arte en la era del mal absoluto y en particular de la música, pura emoción sin referente, como medio ideal para Satán. Junto a estos dos ríos principales corre una singular vena subterránea, la enfermedad del cuerpo como síntoma de la malignidad y simultáneamente como fuente de la genialidad creativa. A lo largo de la redacción del libro, la lista de enfermedades que sufre el autor es impresionante: constipado, bronquitis, afección sinusal, una gripe que le afectó estómago e intestinos, faringitis, dolores faciales provocados por el nervio trigémino, graves quemaduras de la mucosa bucal, catarro traqueobronquial, tos, tensión baja, jaquecas, toses nocturnas, neurastenia, hasta que por fin logró enfermar de verdad. La enfermedad es el sustento de la creación.

Mann comenzó *Doktor Faustus* en mayo de 1943, cuando el poderío militar de los nazis comenzaba a sufrir serios deterioros.[1] Había abandonado Alemania en 1938 incapaz de soportar la atmósfera venenosa del nacionalismo alemán. Desde el comienzo mismo comprende Mann que va a escribir sobre un pacto con Satán, el que ha firmado con sangre su país y el que firmará Leverkühn para poder componer una última gran obra. Así que desde el principio hay una constante casi autobiográfica del autor, convencido de que ésta va a ser su última y quizás más ambiciosa proeza literaria. El contagio biográfico llega hasta el punto de relatar en la novela una relación homosexual entre Leverkühn y un joven llamado Rudolf Schwerdtfeger, posiblemente la primera (aunque muy disimulada) confesión de la homosexualidad del autor.

1. El autor sigue aquí el libro que el propio Thomas Mann escribió sobre la composición de la novela. La edición española es: Thomas Mann, *Los orígenes del «Doktor Faustus»*, Madrid, Dioptrías, 2015.

También él se siente acabado, viejo, enfermo y abandonado por la creatividad. Había ya concebido una novela sobre este asunto cuarenta y dos años atrás, de manera que le parecía haber programado su obra final, paradójicamente, durante la juventud, lo mismo que sucederá con la obra magna de Leverkühn cuyo anuncio se va haciendo cada vez más impetuoso a medida que estrena sucesivas obras. Durante los primeros meses de redacción, Mann visita con frecuencia tanto a Stravinski como a Schoenberg. Está obsesionado con la música contemporánea como música propiamente maligna, satánica, aunque desde luego no se lo dice a ellos. Mann busca en la música dodecafónica una analogía con la composición final de Leverkühn.

El otro personaje omnipresente en las notas de su cuaderno y en el texto que comentamos es Nietzsche. Como el músico maldito, Nietzsche contrae la sífilis en un burdel de Colonia y buena parte de la caracterización del músico la toma Mann de *Ecce homo.* El derrumbe definitivo de Leverkühn sobre el piano con el que describe su cantata a un grupo de fieles está tomado de la célebre escena de Nietzsche abrazado al caballo antes de que le internen en el manicomio.

En julio recibe Mann un libro titulado *Filosofía de la nueva música* (o de la música moderna, en otras traducciones), obsequio de un caballero desconocido, Theodor Wiesengrund Adorno, quien le convence de inmediato sobre «la situación desesperada del arte» y la necesidad de una ruptura completa con la música del pasado. A partir de ese momento, la influencia de Adorno fue total. El filósofo se convertiría en su consejero y llegaría a redactar partes de la novela, así como a corregir aquellas zonas que no le parecían adecuadas a los tiempos modernos. Evidentemente, Mann era un artista sumamente sagaz y se percató al instante de que Adorno no podía jugar en su novela otro papel que el de Satán. Era un regalo del demonio y así lo caracteriza. El Satanás de la novela es una contrafigura del menudo, autoritario y charlatán filósofo, vestido de modo ridículo y con gorra de cuadros escoceses. El maravilloso capítulo XXV, una conversación entre Satanás y Leverkühn sobre las artes y la negación del mundo, es el perfecto resumen de la estética de Adorno.

Evidentemente hay una ironía cruel y lúcida en el planteamiento musical de Mann, el cual usa a Adorno con una malignidad que nos lleva a sospechar que, analizado el texto con detenimiento, en realidad Mann nos está engañando. En su relación con el filósofo, Satán es Mann y Adorno, persuadido de su importancia, la ingenua víctima a la que compra su alma. «En [la] risa está el diablo, sin forma, como protagonista oculto del libro», dice Mann, pero el que se ríe es el escritor y el filósofo se toma demasiado en serio para darse cuenta. Astutamente, Mann atrajo hacia sí a Adorno para exprimir sus teorías y convertirlo en el Satán de la novela. Una brillante maniobra propia de un demonio.

En ningún momento, sin embargo, define Mann esa malignidad que protagoniza su libro. Sólo en un momento de su diario escribe: «Rechazo la leyenda de una Alemania "buena" y otra "mala" [...] lo malo es la misma cosa que lo bueno, es lo bueno que va por el camino equivocado y en decadencia». Creo yo que Mann tenía una visión nietzscheana de la moral, de tal modo que «más allá del bien y del mal», sólo podemos caracterizar la maldad como el fruto siniestro de la decadencia personal o social. Los usos y costumbres que en algún momento fueron los buenos, como el amor a la patria (Mann fue un furibundo patriota en la guerra de 1914), se convierten en la pura maldad cuando llega la enfermedad. Era Alemania como totalidad la que había emprendido el camino de la decadencia guiada por unos demonios grotescos, «el inframundo bárbaro en el seno de la civilización de la Alemania moderna, [es] su complemento necesario». Ese inframundo había emergido de las profundidades para adueñarse del país, pero formaba parte esencial del mismo.

Fue a partir de 1946, mientras redactaba el último tercio de su novela, cuando Mann se apoderó del alma de Adorno. En sus asiduas visitas cuenta que éste le convenció para que la primera idea (seguir el Apocalipsis según los grabados de Durero) fuera sustituida por la historia de «toda la cultura apocalíptica». Es muy probable que Mann recibiera con entusiasmo la filosofía negativa de Adorno, ya que era la perfecta encarnación de la maldad metafísica que trataba de representar musicalmente.

Aunque no es el momento para alargarse sobre este punto, la estética de Adorno sólo admite la producción de obras que nieguen por completo cualquier modo de consolación, afirmación, admiración o acuerdo. Es el significado de su muy citada frase «no puede haber poesía después de Auschwitz», en referencia, por supuesto, a cualquier poesía u obra de arte positiva, afirmativa o armoniosa. Sólo era admisible su contrario, como la de Celan. En eso se basa también su feroz crítica de Stravinski y la alabanza de Schoenberg, en quien veía el arte negativo por excelencia. Aunque tengo la certeza de que ésos no eran los gustos de Mann, el pensamiento de Adorno le vino como anillo al dedo para su Leverkühn.

Por fin, en febrero de 1946, el conjunto abrumador de enfermedades minúsculas lograron formar una entera y sólida enfermedad verdadera. Fue operado de cáncer de pulmón en la primavera de 1946, una operación de la que no menciona el diagnóstico en su libro y que tampoco aparece en las biografías al uso. Sólo la he visto citada en la de Hermann Kurzke y de modo sucinto. Es una intervención quirúrgica misteriosa, similar a la que asalta al músico cuando pacta con Satán. No tuvo recaídas y Mann murió de una enfermedad rara (trombosis venosa profunda) casi diez años más tarde. Es como si hubiera sido necesario un ensayo de muerte para enriquecer su imaginación con todos los elementos de la obra final de Leverkühn. Se diría que le faltaba esa experiencia y forzó su llegada.

Para los capítulos finales, Mann no sólo confió por completo en Adorno, también visitó a Schoenberg y éste le dijo (lo que le produjo una inmensa alegría) que en su trío —pieza sobre la que Mann buscaba información— había representado una grave enfermedad sufrida tiempo atrás y el tratamiento médico que había recibido «incluido el enfermero».[2] Finalmente sometió a juicio de Adorno la cantata conclusiva, la *Lamentatio Dr Fausti,* la gran obra diabólica de Leverkühn, casi incomprensible (pero con rasgos de la Octava de Mahler), inmensa y estruen-

2. Se refiere al *Trío para cuerdas, opus 45* de Arnold Schoenberg.

dosa, y éste le hizo cortar los últimos cuarenta párrafos porque le parecieron «demasiado optimistas, demasiado benévolos y directos, había demasiada luz, había dado demasiado espacio al consuelo». Hubo pues que oscurecer, desesperar, amargar, abatir y dar maldad al texto. A principios de 1947 la cantata estaba suficientemente ennegrecida, era ya lo bastante agobiante como para complacer a Adorno. El 29 de enero de ese año, después de tres años y ocho meses de enfermedad, música malévola y artes demoníacas, puso punto final al libro.

Sabido es que, cuando la novela fue publicada, Schoenberg montó en cólera y exigió una explicación pública a Mann por no haberle citado en un solo momento como el maestro de Leverkühn e inventor de la música diabólica. Las respuestas del escritor, siempre educadísimas y humildes, son de una maldad admirable. No llegó a decir que el culpable de todo era Adorno, quien se había apropiado del dodecafonismo de Schoenberg para usarlo en beneficio propio, y no lo llegó a decir porque habría debido añadir: «Además, amigo Schoenberg, es mejor no decir nada. Usted y yo sabemos que Adorno es Satanás. Mejor será no irritarle».

Hemingway.
De visita en la vieja casa

Quizás hacía treinta años; sí, seguramente. Conviene no dejar pasar tanto tiempo, no porque nosotros, los de entonces, ya no seamos los mismos, sino porque tampoco ellos, los de antes, son lo que fueron. Una de las sorpresas que trae consigo el privilegio de la edad es comprobar que con el paso de los años lo que cambia más profundamente no es el presente ni el futuro, sino el pasado. El presente se mantiene tercamente impasible tal y como dice la célebre canción: «Siempre es la misma historia, la lucha por el amor y la gloria». En cuanto al futuro, es perseguir viento, una quimera de la que viven las iglesias, la banca y los políticos. Lo único que cambia es el pasado. Si se olvida uno exageradamente de volver a un lugar antiguo, puede encontrarse con una devastación.

No es ésta, sin embargo, la experiencia de la que quiero hablar. No voy a mencionar un pasado irreconocible, erosionado de tal manera que ya ni siquiera pueda uno decir cómo era y deba exprimirse el seso recomponiendo rasgos arruinados o caracteres ilegibles, forzarse a recordar algo ya totalmente muerto. No. En este caso lo recuerdo perfectamente, pero... ¡cómo ha cambiado, Dios mío!

En su tiempo (¿el mío?) fue una figura que nadaba entre dos aguas. Por una parte era un modelo para muchos. Le respetaba Faulkner y también le respetaba Cela, que son los dos polos del arco literario. Pero, por otra parte, era demasiado mundano para que lo tomaran en serio los artistas severos. Aparecía en las revistas, se codeaba con personajes como Picasso y Dominguín, casó varias veces con mujeres que o bien eran ricas o bien eran hermosas, aunque nunca ambas cosas a la vez. Y ya se sabe que los artistas deben obedecer un mandato imperioso que impuso el romanticismo: han de ser infelices, desdichados, miserables. Un artista capaz de gozar de la vida, no puede ser, eso lo saben todos los resentidos. Y mucho menos si el artista es mundano. En las hemerotecas hay demasiadas fotografías suyas —con un león muerto a sus pies, como pareja de la joven Ava Gardner, en una corrida junto al gran Ordóñez, fumando un puro con Fidel Castro cuando aún no era un imbécil, exhibiendo un pez espada descomunal— como para que pudiera ser un auténtico artista. Sin embargo, aquella mundanidad respondía a un verdadero favor popular, a un amor público. Era una figura moral. Su suicidio trajo mucho llanto.

Lo he revisitado con prudencia, aprovechando que hace un par de años se reeditó su integral de *short stories*, formato en el que dio lo mejor de sí mismo. La sorpresa ha sido mayúscula.[1] ¡Cómo ha cambiado! Para empezar,

---

1. Hay una edición en castellano: Ernest Hemingway, *Cuentos*, Barcelona, Lumen, 2007.

ni uno solo de sus cuentos pasaría hoy la censura. Su temario es totalmente incorrecto. Corridas de toros, cazas de animales, pesca de altura, la guerra, el boxeo, la bebida... todo aquello que en la actualidad y según nuestros moralistas, solidarios y patrióticos, sólo practican los narcotraficantes. Aquel modelo moral de hombre libre es hoy un monstruo.

Curiosamente, no hay apenas violencia en estas historias breves. Sin duda, el toro atraviesa las entrañas del torero, el cazador destroza la cabeza del león, el soldado hunde su bayoneta en el cuerpo enemigo. Sin embargo, la violencia ha sido transformada en un icono, una imagen estática cargada de sentido y expuesta como algo inherente a la libertad de los humanos, animales poco fiables, según creía Sófocles. Como en una pintura antigua en la que se representa la matanza de los inocentes, hay sangre en estas historias, pero apenas hay violencia porque se expone desde la racionalidad de un oficio exacto y perfecto, la escritura, cuyo fin es dar sentido al mundo mediante palabras. Evidentemente, éste es un fin por completo opuesto a la violencia siniestra, pérfida, perversa, patológica de aquellos que disimulan la violencia, la disfrazan, la usan con fines decorativos, la esconden debajo de la alfombra o tratan de reducirla a un problema burocrático, a un «conflicto» del que puedan sacar beneficios y plazas de funcionario.

Tampoco son recomendables estos cuentos para las escuelas, siendo así que reflejan un mundo exclusivamente masculino y en el que las mujeres aparecen con la dignidad e incluso con la grandeza de las incógnitas absolutas. Es decir, con los mismos problemas y soluciones que los hombres, como si no hubiera diferencia entre los sexos. ¿Quiso o no quiso matar a su marido la esposa del joven Francis Macomber? Ella disparaba contra el búfalo furioso que iba a embestir a Francis. Desgraciadamente, erró el disparo. Nunca sabremos si la magnanimidad de aquella mujer (que uno imagina inevitablemente como Grace Kelly) consistió en rematar a su débil, humillado e ineficaz marido, o tratar de salvarle la vida por compasión. ¿Importa algo? Quizás a los herederos de Macomber, que era rico, pueda interesarles apelar a la justicia. Para nosotros, el destino de Francis Macomber es justo, inevitable, funesto, y se llamaba Margot. No necesitamos saber nada más para comprenderle a él, a Margot y al búfalo.

Uno no podría recomendar a los estudiantes la lectura de unas historias en las que por encima de todo se defiende la individualidad, esa tendencia de algunos humanos que les hace ir por libre aunque pertenezcan a naciones, a clubes de fútbol, a religiones, a minorías sexuales o a géneros oprimidos. Hasta los soldados de Hemingway que luchan contra los alemanes son, ante todo, individuos. No son partícipes de una idea, de un principio político compartido, de una comunidad nacional, religiosa, lingüística, sino que son únicamente individuos, y sus características sociales (lengua, nacionalidad, religión, ideas políticas) son del todo irrelevantes. Si estos personajes dirigieran su comportamiento, repentinamente, por convicciones políticas, religiosas, nacionales o ideológicas, se convertirían en los malos del relato. En alemanes.

Por no ser, ni siquiera son solidarios. Quizás por eso pueden ayudar a algunas personas concretas. Siendo así que no están ocupados en salvar a las minorías oprimidas, a los animales en extinción, a las lenguas minoritarias o a los niños hambrientos, pueden dedicar buena parte de su vida a ayudar a alguien que a su vez puede ayudarles a ellos. Al decir «alguien» estoy repitiendo otro de esos rasgos que hacen de Hemingway un escritor tan poco recomendable como hace unos años el marqués de Sade (el cual ahora, fíjate tú, se lee en el bachillerato), ya que sus personajes actúan impulsados por la sensatez del deseo, es decir, por una pulsión individual y siempre respecto de otro individuo (e individua, si es vasco) también imposible de identificar con una causa nacional, lingüística o solidaria. Dicho con mayor claridad, sus personajes tienen la desvergüenza de actuar como si sólo fueran responsables de sus actos ante la inminencia de la muerte, en lugar de responder ante la comunidad, la grey, el partido, la prensa o el pueblo.

Alguien que sólo puede relacionarse con individuos y desde su individualidad es alguien por completo rechazable en el actual marco de moralidad gregaria. Un escritor que ve en la violencia un motivo para poner de manifiesto el oscuro y doloroso misterio que arrastramos todos y cada uno de nosotros, nuestra irremediable soledad, y que ningún partido, patria, sacerdote o causa jamás podrá resolver, es un escritor negativo, deprimente, pesimista, machista, falocentrista, insolidario y facha. Aunque cursi, no. Eso no.

Visitarlo me ha producido la inquietante impresión que causaban a los viajeros del Ochocientos las colosales estatuas asirias y egipcias medio enterradas en la arena del desierto. Gigantes que recordaban un mundo bárbaro, afortunadamente superado por las democracias occidentales.

Los viajeros se retrataban junto a un dedo índice de piedra diez veces más alto que ellos, con el salacot en la mano y sonriendo beatíficamente. Para su felicidad, los exploradores sabían que aquellos monstruos arcaicos habían sido vencidos. Y que ahora todos medimos lo mismo.

Evgenia Ginzburg. Mazmorras del tiempo y del espacio

Tiempo atrás, Fernando Savater comentaba sagazmente su novela del verano. Como reflejo del inmisericorde estío había elegido un grueso volumen, *La montaña mágica,* soberbio relato que tiene lugar en la clausura de un sanatorio para tuberculosos. Allí sitúa Thomas Mann el jeroglífico de nuestro paso por la prisión del tiempo, en cuyos límites debemos negociar con la muerte. Fraternalmente, mi libro de agosto, otro monstruo de ochocientas sesenta páginas, trataba también de una reclusión, pero en un claustro espacial, un desolado campo de trabajos forzados.

Con el título de *El vértigo,* Evgenia Ginzburg relató su agonía de casi veinte años en el gulag de Kolyma, frente al golfo de Shelijov, en el extremo septentrional de la URSS asiática.[1] Triturada por la máquina del terror estalinista desde las primeras purgas de 1937 y confinada hasta su re-

1. Evgenia Ginzburg, *El vértigo*, Barcelona, Galaxia Gutenberg, 2005.

habilitación en 1957, es milagroso que una tan excepcional narradora haya sobrevivido entre millones de cadáveres para poder contar la espantosa historia de su reclusión.

Si el claustro temporal de Mann nos permitía conocer cómo se negocia con la muerte, el encierro espacial de Ginzburg nos ilustra sobre el negocio de la vida. El reflexivo y ocioso Hans Castorp está permanentemente ocupado por el sentido o más bien sinsentido de la muerte, rodeado de moribundos reflexivos y ociosos. Para los esclavos del gulag, en cambio, la muerte no es el problema, muy al contrario: allí en donde amanecer a la próxima aurora depende de unos gramos de pan, de la resaca del carcelero o de conservar un diente capaz de roer raíces, la muerte no es el problema sino más bien la solución del verdadero problema, que es cómo seguir con vida las próximas horas.

Conocemos mucho mejor el aparato destructivo del nazismo que el del estalinismo. En principal lugar porque los alemanes perdieron la guerra, pero también gracias a las imágenes que han quedado de la barbarie nazi. En cambio, apenas hay imágenes de la barbarie soviética. Los testimonios escritos de Solyenitzin y Ginzburg tienen, por lo tanto, la misma relevancia que las memorias de Primo Levi, pero con el valor añadido de su rareza. Tras la apertura de los archivos rusos en tiempos de Yeltsin, la investigación histórica ha permitido evaluar el horror estalinista, en muchos aspectos superior al de los nazis. No obstante, la barbarie nazi ha sido infinitamente más asimilada e interiorizada que la bolchevique. De ahí la conveniencia de seguir leyendo testimonios como el de Ginzburg. En ellos se aprende a vivir.

Lo más chocante de los asesinatos y deportaciones estalinistas no es su arbitrariedad, su condición caótica, chapucera, delirante, sino su eficacia. Muchas veces olvidamos que los regímenes totalitarios son monstruosamente eficaces gracias a su ineficacia y que el Reich alemán logró asesinar a millones de judíos mientras perdía una guerra. Para Hitler y para Stalin lo en verdad importante era la destrucción de sus súbditos. Todo lo demás era secundario. La eficacia de la destrucción interna es la única eficacia demostrada por los regímenes totalitarios. Y para conseguirla necesita colaboradores.

En las memorias de Ginzburg aparecen con consoladora frecuencia gestos de coraje casi suicida por parte de algunas gentes que tratan de defender a los inocentes. Estas conmovedoras escenas nos reconcilian con la especie, pero no es menos cierto que casi todas las muestras de valentía y honradez las protagonizan otros reclusos, deportados, presos, o habitantes de los campos de trabajo, desprovistos de ciudadanía. Aquella parte de la población que se había librado momentáneamente de la destrucción, no sólo evitaba cualquier contacto con los condenados sino que ayudaba servilmente a la policía, aun cuando le constara la inocencia del acusado. O precisamente porque le constaba la inocencia del acusado.

En esto consiste la fatídica eficacia del totalitarismo. Cuando Ginzburg asiste atónita a sus primeros juicios por «terrorismo trotskista» todavía cree ser objeto de un craso error administrativo que se remediará de inmediato. Ella es una comunista fanática, pertenece al partido, ocupa un cargo de responsabilidad, forma parte de la aristocracia del sistema. No es de extrañar que se sorprenda una y otra vez cuando comprueba que los testigos de cargo, los que van a enviarla a la muerte, son sus amigos y colaboradores más próximos, los cuales conocen con absoluta certeza la falsedad de las acusaciones. Así funciona un mecanismo cuya perversión no cabe en la cabeza de personas honestas y moralmente sanas como Ginzburg, es decir, que un proyecto político consista en condenar inocentes. Y que si alguien testifica en contra de lo exigido por el partido, de inmediato la policía descubra con enorme éxito a otro peligroso terrorista.

Los más avispados lo entendieron desde el primer momento. Se percataron al instante de que la eficacia del terror se basa en la arbitrariedad, de manera que cuando vieron caer en las fauces bolcheviques a un pariente, un amigo, un camarada obviamente inocente, se apresuraron a confirmar las acusaciones para ponerse a salvo, no fuera a ser que la proximidad los condenara a ellos por ósmosis. Lo más abyecto del terror totalitario es que su aparato confía en la inevitable colaboración de los más cercanos a las víctimas. Esa traición genera una culpa imborrable en los colaboradores, y permite a las dictaduras imponerse tanto tiempo cuanto dure la culpa compartida por una generación.

El terror es tanto más eficaz cuanto más incomprensible e insensato. Una administración tan rudimentaria como la soviética, incapaz de llevar a cabo un plan agrícola, pudo, sin embargo, cosechar millones de vidas y horas de trabajo en los campos de concentración con una eficacia admirable. Cuando los consejeros americanos planificaron la represión chilena tras el golpe de Pinochet, insistieron en que se asesinara a gente inocente.

Sólo de ese modo las buenas personas, el común de la sociedad, colaboraría amablemente con la policía. Y así fue. El momento de mayor terror en las provincias vascongadas no tuvo lugar mientras ETA asesinaba guardias civiles (una sociedad atemorizada sabe justificar el sacrificio de los subordinados), sino cuando comenzó a matar ingenieros y peluqueros. De inmediato se produjo una colaboración popular espontánea que antes no existía. Primero, entre la gente más vulnerable, en las aldeas y caseríos. Luego, en el aparato político del PNV. La denuncia, el chivatazo, las dianas trazadas con tinta negra, las exclusiones, los insultos, los anónimos, las expulsiones, la barbarie, han culpabilizado a la sociedad vasca para varias generaciones.

En el encierro espacial, en el *lager,* en el gulag, en aquellas sociedades que construyen muros a su alrededor, es imprescindible la invención de un enemigo interno que debe ser destruido. Al comienzo, las razones son caprichosas y estéticas: la raza, la sangre, la tradición, la religión, la revolución, la identidad, la lengua, pero por lo menos hay un intento de racionalizar la discriminación. Muy pronto, en cuanto caen los primeros inocentes, los verdugos asumen la vileza y se convierten en víctimas. Los oficiales de la policía soviética que torturaban a Ginzburg se mostraban indignados por el peligro que corrían viviendo en contacto diario con gente tan peligrosa como ella y sus compañeros de esclavitud. Aquel semicadáver cubierto de harapos era juzgado como un temible enemigo por los abrigados, bien nutridos, robustos verdugos. Así es la ley del terror: son las víctimas quienes amenazan nuestra vida, nuestra libertad y nuestra identidad... dicen los verdugos mientras despojan de identidad, libertad y vida a sus víctimas.

Para salvar el pellejo y a imitación de los verdugos, la sociedad atemorizada reacciona contra los inocentes. Pero para colaborar con entusiasmo en la represión no es preciso tener pendiente la vida. Años más tarde, cuando ya sólo estaba en juego el disfrute de los privilegios, la amistad de los poderosos, o la opinión del partido según sus comisarios, la buena gente seguía alimentando la calumnia contra los inocentes. Hasta el último momento, hasta que Kruschev puso en marcha el deshielo con el fin de librarse del aparato estalinista para imponer el suyo, hasta que se hizo oficial que Stalin había sido un genocida, la buena gente seguía diciendo que los esclavos de Kolyma eran unos peligrosos criminales y que el Gran Padrecito había mostrado una singular inteligencia al descubrirlos y machacarlos veinte años atrás.

El terror totalitario puede llegar a ser tan colosal como el de la Alemania nazi o la Rusia de Stalin, pero hay también un totalitarismo de baja intensidad. Los Estados Unidos del macarthismo, la Argentina peronista, la Sudáfrica del *apartheid*, la Sicilia de la Mafia, la Serbia de Karadzic. Son prisiones totalitarias todos aquellos lugares que se cierran en sí mismos como un claustro y en los que un grupo toma en propiedad la totalidad del espacio público. Como por partenogénesis, en los territorios cerrados la población se escinde en víctimas y verdugos. No hay adversarios con los que negociar, sólo enemigos a destruir. Los inocentes, por su parte, deben negociar la vida minuto a minuto. Son excluidos, son calumniados, más tarde o más temprano serán condenados. ¿Su culpa?

Ser víctimas, y en consecuencia provocar la inconfesable vergüenza de los verdugos. El verdugo no soporta a los testigos de su vergüenza, así que no tiene otro remedio que destruir a las víctimas. Y entonces, cuando dispara el tiro en la nuca, pronuncia la frase inmortal: «¿Ves lo que me obligas a hacer, hijo de puta?».

García Márquez. Largo viaje hacia la transparencia

Nunca llegué a leerlo, aunque era el libro que más me atraía en la biblioteca de mis padres. Seguramente me cautivaba el título, tan seductor como repelente. Se llamaba *Primavera mortal* y lo había escrito un húngaro entonces extensamente leído, pero hoy desaparecido, Lajos Zilahy. Creo que en posteriores ediciones se le cambió el título por otro más comercial, *Primavera mortífera.* Se me asociaba con un verso famoso: «Abril es el más cruel de los meses».[1] Un verso a veces profético.

La última primavera está siendo especialmente mortífera con mis amigos, Ana María Moix, Leopoldo Panero, José María Castellet... Ojalá que García Márquez sea tan sólo su invitado final.[2] Ahora le veo, en algún momento del siglo pasado, abriendo la puerta de su modesto apartamento en la calle de la República Argentina de Barcelona, donde tenía que entregarle unas galeradas de parte

1. Es el primer verso de *La tierra baldía* (1922), de T. S. Eliot.
2. Gabriel García Márquez murió el 17 de abril de 2014.

de Carlos Barral. Vestía un chándal azul prusia, muy notable en una época en la que aún no se había aprobado el chándal ni siquiera como prenda casera. Sonaba una música y con el desparpajo de la juventud le dije que era una de mis piezas favoritas. Le llamó la atención y me hizo pasar para terminar de oírla. «Es usted la primera persona que conozco que la conoce», dijo con aquella facilidad para el juego de palabras tan típico de su generación. A partir de entonces siempre que nos veíamos me hablaba de aquel cuarteto de Bartók y yo le comentaba que era el único escritor que conocía que lo conocía.

Menos la última vez, hará cosa de cinco años. Fue en casa de Carmen y con los encantadores Feduchis. En algún momento de la comida salió a relucir el bello soneto anónimo que comienza con el verso, «No me mueve mi Dios para quererte». Comenzó a recitarlo Luis Feduchi, pero se le añadió García Márquez y lo dijeron *a cappella.* Siguió luego una conversación sobre asuntos generales hasta que la interrumpió la voz de Gabo, que comenzó de nuevo con «No me mueve mi Dios para quererte». Luis se unió también en esta ocasión al recitado. La escena se repitió diez o doce veces. Luis le siguió en todos los recitados. Gabo decía los versos lentamente, como si los paladeara, y a veces con los ojos cerrados.

Podría haber sido una broma muy de los años setenta. Recuerdo escenas similares con amigos recitando una y otra vez un verso, un poema, un fragmento de novela. En mi grupo de colegas, casi todos escritores, podíamos repetir docenas de veces: «Es cierto, el viajero que saliendo de Región pretende llegar a su sierra siguiendo el antiguo camino real...». Cualquier ocasión era buena para ello, nadie podía pronunciar la frase «es cierto...» sin que se le echara encima la jauría presente para continuar la cita a coro y luego repetirla a lo largo de la noche tantas veces como aguantáramos hasta aburrirnos.[3]

Pero esta vez no era ninguna broma. Aunque yo diría (no lo sé, por supuesto) que García Márquez no tenía creencias religiosas, aquel soneto, como cualquier obra maestra del lenguaje, le permitía participar de toda la esperanza, de todo el consuelo que suele aportar una religión. La perfección de la palabra escrita con arte, el resplandor de la verdad que lleva consigo, bastan para entender que el sentido de nuestras vidas es exactamente aquel que nosotros le damos, el que alcanzamos a cristalizar en algunos momentos excepcionales. Así podríamos nosotros ahora, si esto fuera una comida de amigos y lectores, comenzar a repetir una y otra vez: «Muchos años después, frente al pelotón de fusilamiento, el coronel Aureliano Buendía había de recordar aquella tarde remota en que su padre lo llevó a conocer el hielo». Porque quizás en esta frase se encuentre el sentido mismo de la vida de García Márquez, así como la de Región resume de modo extraordinario la vida de Benet, aquel viajero que para llegar a donde quería, «siguiendo el antiguo camino real», no podía dejar de «atravesar un pequeño y elevado desierto que parece interminable». Comienzos de obras inmortales que son también reflejos de vidas completas.

El segundo verso del soneto anónimo añade una causa determinante al primer verso: «No me mueve mi Dios

3. Se trata de la primera frase de la novela *Volverás a Región* (1967), de Juan Benet.

para quererte/ el cielo que me tienes prometido». Para amar algo, sea un dios, una compañía, un soneto, un paraje o la literatura misma, no es necesario que veamos en ello una garantía de felicidad, como pretendía Keats, para quien la belleza encerraba siempre una promesa de gozo perpetuo ya que nunca se marchitaba: «Lo hermoso es alegría para siempre/ su encanto se acrecienta y nunca vuelve a la nada», dice el poeta en la traducción de Irene.[4]

El verso es muy bonito, «A thing of beauty is a joy for ever», pero es falso. El gozo de la belleza es pasajero y siempre vuelve a la nada. Ése es precisamente su encanto, que es efímero y debe ser tomado al vuelo, dura un instante y desaparece. Es la pequeña estrella shakespeariana que uno desearía ver danzar en la palma de la mano y observar su centelleo durante años y años placenteros, pero el lugar de la estrella es el firmamento en donde parpadea durante unas horas y ni siquiera podemos saber si su luz viene de un astro vivo o de una estrella muerta.

Por esta razón, cuando queremos a alguien o algo no suelen movernos sus promesas de felicidad sino más bien su naturaleza transitoria, fugaz, la belleza de su paso ígneo antes de fundirse en la helada luna de la noche sin fin. Participar de esa fugacidad es la auténtica alegría, acabe como acabe. Así lo decía Ismael, tras la catástrofe del capitán Ahab y su velero, el *Pequod:* él estaba allí y por eso pudo contarlo, porque todo lo vio y participó del instante en que el gigantesco Leviatán engulle en las simas del océano al infame, al obsesivo, al destructivo perseguidor de Moby Dick. También en las destrucciones

4. Del poema *Endimión,* de John Keats.

hay una chispa de belleza cuando la destrucción arrastra al maligno.

Y allí, frente al pelotón de fusilamiento, está también el testigo de una destrucción, esta vez definitiva, con su último recuerdo. En el chispazo que va a llevarle a las simas de la nada, el coronel vislumbra la posible razón de toda su existencia, «aquella tarde remota en que su padre lo llevó a conocer el hielo». Suelen decir algunos escritores que en el momento preciso de la muerte, un instante antes de que se abra la puerta del sueño eterno, toda nuestra vida circula velozmente por una memoria que se despide de sí misma. Prefiero pensar que más bien la memoria elige un instante privilegiado, un momento en el que se concentra todo el sentido posible de nuestra existencia, y con él nos ensimisma. El caso más exacto y precioso que conozco es el que relata Ambrose Bierce en *El puente sobre el río del búho.*

Como el hombre del cuento de Bierce, que va a morir de un momento a otro sobre el funesto río de Alabama, no sin que antes la memoria le arranque del presente con una prodigiosa mano mágica, así también el coronel, erguido ante la muerte, recibe la visita de un recuerdo específico e imborrable, aquel día en que su padre lo llevó a conocer el hielo. Y no es que su padre «le enseñara» o «le mostrara» el hielo, es que lo llevó a «conocerlo». Tantos niños han esperado impacientemente a conocer el mar, a conocer la caza del oso, a conocer el amor, a conocer el mundo, a conocer la victoria, que el conocimiento del hielo es una hipérbole magnífica de todas las desesperadas ilusiones de la infancia.

El cielo que nos tiene prometido, la inmarchitable belleza eterna, el siempre te amaré, la estrella cautiva, la perduración de lo maravilloso, se truecan, en el instante supremo, en un radiante pedazo de hielo, en el remolino espumoso de la ballena blanca hundiéndose para siempre, en la estrella que se posa en tu mano durante unos segundos. A cada cual, según sus merecimientos.

Gabriel García Márquez sabe ahora cómo es el alma invisible del hielo. Fortuna será, para cada uno de nosotros, alcanzar a ver con luminosa claridad, en el relámpago previo a la oscuridad eterna, cuál ha sido nuestro ya ineludible cielo prometido.

McEwan.
Los estragos de la edad

Eran otros tiempos, o sea, los mismos de ahora. Ante la creciente obsesión de André Gide por ser celebrado entre los jóvenes, dijo André Malraux que había que ser un insensato para buscar la aprobación de los menores. El encanallado escritor tenía como orgullo ser elogiado sólo por gente adulta en cuestiones como la literatura o la política, las cuales exigen juicios certeros.

Desde entonces la angustia por la aprobación de los jóvenes ha crecido exponencialmente. Casi la totalidad de la publicidad y de la política busca cómplices en ese estrato social, por otra parte menguante. Bien es cierto que cuando Malraux manifestaba su displicencia hacia los inmaduros, el borde de la edad de la razón estaba en los veinte años. Hoy roza ya los cuarenta. Nuestros jóvenes han envejecido mucho.

La progresiva importancia del adjetivo «joven» en la vida diaria es seguramente una hipocresía; lo cierto es que son la zona peor tratada, e incluso peor que en tiempos de Malraux. Encerrados en un campo de concentración electrónico, sólo pueden ejercer como compradores compulsivos de aparatos, mientras se les mantiene en una semiesclavitud laboral. Ninguna subvención o beneficencia administrativa podrá resolver el problema mayor: la prohibición de acceder a la responsabilidad. En el trabajo, en la vida social, en la formación educativa, en las formas mayores de la libertad, los jóvenes son subalternos. Basta repasar los suplementos «juveniles» de los grandes periódicos nacionales para constatar que se les condena a la estupidez, aunque, eso sí, a cambio de una excelente oferta sexual.

El proceso de este trueque («tú te quedas con el monopolio del sexo y a cambio vives como un esclavo») es relativamente reciente, debe de tener unos cuarenta años. Antes de la célebre mutación llamada abusivamente «Mayo del 68», el estrato juvenil accedía muy pronto a trabajos de cierta responsabilidad, a parcelas propias de emancipación y a la famosa respetabilidad que era la garantía de unos ingresos estables. A cambio, el sexo casi siempre estaba condicionado a la integración social por medio del matrimonio. Éste es el asunto que trata Ian McEwan, uno de los mejores narradores vivos, en su última novela, *On Chesil Beach,* que supongo traducirá muy pronto su siempre atento editor español, Jorge Herralde.[1]

La novela desconcertará a la gente que no tiene la menor idea de cómo era la vida de los jóvenes hace medio siglo. E inevitablemente producirá una avalancha de exhibicionismo del tipo: «Pues a mí nunca me pasó nada semejante». Porque el asunto del relato es el fracaso se-

---

1. *Chesil Beach,* Barcelona, Anagrama, 2008.

xual de una pareja de jóvenes ingleses en el primer día de su matrimonio. Ambos pertenecen a la clase media, alta la muchacha, baja el chico, y no han tenido acceso a la más mínima información seria sobre las relaciones sexuales. Él sólo conoce bromas chocarreras de vestuario de gimnasio y algo de pornografía. Ella ni siquiera esa primitiva iniciación.

El encuentro entre dos personas que se aman y se necesitan, pero son incapaces de ordenar los pasos ineludibles para un apareamiento sin dolor o humillación, está tratado con sencillez, mucha ternura y sobre todo mediante una exacta medición de los tiempos, los espacios dedicados a la colisión y los antecedentes, el cuidadoso rechazo de toda morbosidad. Es un relato tan pudoroso que podrían leerlo los niños de secundaria y les aprovecharía mucho más que esos cursillos en los que la exactitud anatómica sustituye a la comprensión profunda de la sexualidad.

El novelista inglés expone con sutileza que el motivo principal del fracaso no es la inexperiencia o el encontronazo entre una mujer asustada y un hombre inexperto, ni siquiera el posible conflicto físico entre un eyaculador precoz y una chica de sensualidad nula, sino la imposibilidad de explicarse entre sí, la ausencia de un espacio lingüístico en el que puedan darse a conocer el uno al otro, porque ni siquiera ellos mismos saben lo que les está sucediendo o cómo compartirlo con el otro para que le excuse y acoja. Ese terrible principio según el cual uno es siempre culpable (terrible porque es verdadero) cae sobre ellos como un hachazo.

Cuando no se puede compartir un fiasco, suele convertirse en objeto arrojadizo, como hemos comprobado a lo largo de esta tediosa legislatura.[2] También los jóvenes, como nuestros políticos, impotentes ante su afasia, no tienen otro escape que acusarse mutuamente de una incompetencia sexual que en realidad es trivial. La novela concluye con una coda desesperada. Ambas vidas quedarán para siempre marcadas por esa primera y decisiva decepción.

El caso que expone McEwan debe de ser ya relativamente infrecuente. Quiero creer que los jóvenes actuales llegan con cierta información básica a su primera cópula y están habituados a hablar de estos asuntos sin darles demasiada importancia. Es una formidable descarga de agobio para esa iniciación siempre agónica, aunque ya tenga carácter público y se muestre tenazmente en las docenas de pantallas que constituyen la actual escuela juvenil. Dudo, sin embargo, de que haya mejorado la capacidad de hablar con la pareja cuando estalla el fracaso. Me temo que las acusaciones mutuas y la culpabilización siguen siendo la única salida. Porque la culpa es eterna, aunque no haya.

---

2. Se refiere a la legislatura 2004-2008, en la que gobernó por primera vez José Luis Rodríguez Zapatero.

Tóibín

UNA CHICA DEL MONTÓN

No sabría decir de qué trata esta novela que tanto me ha seducido. ¿Emigración, fragilidad erótica de las muchachas, anemia de la memoria, chantaje familiar, inocencia de una mentirosa o acaso de una tímida astuta...? No lo sé, pero creo que es una de las mejores novelas de los últimos veinte años. Y debo añadir que lo más seductor es la magistral orquestación y la función solista de los pupitres. Quiero decir, el conjunto de los personajes secundarios que, como en aquellas películas del cine en blanco y negro, son lo más atractivo de la novela. ¡Esas matronas irlandesas cuyo amor destila veneno! ¡Esos jefes de planta de grandes almacenes que han estudiado a Eichmann!

Sí, perdón, me refiero a *Brooklyn,* la novela de Colm Tóibín que hace unos meses tradujo Lumen.[1] Como siempre, debo advertir que en este relato de nuestro nove-

1. Colm Tóibín, *Brooklyn,* Barcelona, Lumen, 2010.

lista más admirado, los personajes se definen por el modo de hablar, por su expresión, por la delicada elección de un léxico privado para cada caso, de manera que la madre habla a la manera de la Irlanda profunda, pero los hermanos tienen ramalazos proletarios y el fabuloso joven italiano (cuyo papel no revelaré) habla como un nativo de Brooklyn y se nota. Espero que la versión española sea cuidadosa con estos matices, aunque en Lumen siempre están muy atentos a la traducción.

¿Pero de qué trata la novela? Sin duda de una irlandesa, joven y pueblerina, que se ve obligada a emigrar a los Estados Unidos y de su ajuste en un medio para ella pasmoso. También de la melancolía como poderosa arma de conservación, es decir, capaz de destruir las mejores virtudes individuales (¡no digamos las colectivas!) y reducirnos a la vulgaridad de lo común. Está muy presente, desde luego, la afectividad flotante de una adolescente que apenas ha conocido más hombres que las agobiantes figuras autoritarias o los grotescos borrachos de pub. Lo cual no está reñido con que deba cotizar, ineludiblemente, en ese mercado. ¿Pero qué le sucede a esta irlandesa cuando se ve lanzada a un mercado amoroso por completo distinto, en el que judíos, negros e italianos son odiados por los irlandeses?

La admirable pericia de Tóibín para presentar a los chicos y chicas que rodean a la recién arrojada en Brooklyn es uno de los rasgos más sobresalientes de esta narración tan respetuosa como tierna. Destaca la figura refrescante, magnífica, del cura católico que ayuda a los inmigrantes irlandeses a no desesperar en el pozo neoyorquino de los años cincuenta, tan elegantemente descrito en la excursión a Coney Island. El padre Flood (en la traducción se perderá la ironía) es un párroco verosímil, entregado, inteligente, generoso, trabajador, honrado, discreto, no es un fariseo, no es un inquisidor. En fin, un cura que hacía tiempo que no veíamos ni en la literatura ni en el cine y que incluso los más anticlericales recibimos con gozo.

Y lo cimero, lo sublime de esta novela es la llegada de la muerte a la experiencia de la muchacha. De qué particular manera esa temible advertencia hace flaquear su mejor parte, la ambición de un futuro arrancado del provincianismo irlandés, represor y mediocre. Pero también la tentación de descansar, junto a su familia, en un entorno conocido y agradable, con sus triunfos pueblerinos y sus victorias minúsculas, como si tratara de acomodarse ya a la tumba. Tóibín describe maravillosamente las tentaciones de la pequeñez, de la identidad compartida con unos cuantos férreamente situados en el mapa de las jerarquías, esa existencia sin sobresaltos de quienes se rinden a la sumisión y son inmediatamente recompensados.

Si ya Tóibín había demostrado ser uno de los mejores escritores del siglo XXI en la imprescindible biografía ficticia de Henry James, ahora se confirma en la atmósfera inversa.[2] Si *The Master* nos instruía acerca de la debilidad de los grandes, *Brooklyn* nos deslumbra por su perspicacia al describir la grandeza de los débiles.

Y no sigo porque no quiero destrozar la novela a sus posibles lectores.

---

2. Colm Tóibín, *The Master. Retrato del novelista adulto,* Barcelona, Edhasa, 2006.

Si bien todos coincidimos en que Colm Tóibín es uno de los mejores escritores vivos, sólo quienes lean su último libro se percatarán de que, además, es un soberbio poeta. O dramaturgo, porque este reciente monólogo de María, la madre de Jesús de Nazaret, está pensado para ser representado en un teatro. Me refiero, claro está, a *The Testament of Mary,* recién aparecido en inglés y posiblemente ya en trance de traducción al español.[3] No sé si los traductores optarán por traducir *Testament* por Testamento a la manera bíblica (como en «Antiguo Testamento»), o por Evangelio, que es el sentido más cabal: el Evangelio de María o según María.

El monólogo de la madre del sacrificado es muy sorprendente. Como es lógico, María no podía ser cristiana, pero su rechazo de las instituciones judías, del poder rabínico, pero también de los seguidores de su hijo, la empujan hasta «el otro Templo» de modo que, con el escaso dinero que le queda, compra una estatuilla de Artemis que le sostiene el ánimo. Una María pagana es algo digno de consideración, aunque es cierto que estaba viviendo sus últimos años en Éfeso, enclaustrada, vigilada y mantenida por unos pocos discípulos de su hijo, cuyo fanatismo la exaspera. Ella sabe que alguno de los discípulos está escribiendo mentiras sobre lo que sucedió en Jerusalén y que la odian porque ella sabe la verdad, razón por la cual procede a contarnos lo que realmente sucedió.

3. Colm Tóibín, *El testamento de María,* Barcelona, Lumen, 2013.

Lo más conmovedor es que María vive atormentada por la última escena que vivió con su hijo y que nadie excepto ella va a contar. Aun cuando los signos del amor entre ambos son indudables, María expone su desconcierto ante el cambio repentino del hijo, cuando se convierte en predicador público, factor de milagros o hechicero que resucita a Lázaro (una de las figuras más escalofriantes del relato), sin que ella entienda absolutamente nada de lo que está proponiendo. Esta incomprensión llega hasta su raíz cuando, en la última disputa con sus protectores (o secuestradores), María pregunta por la razón de tan espantoso sacrificio. «Ha sido para salvar al mundo y para darnos la vida eterna», responden los discípulos. «¿A todo el mundo?», pregunta la anciana. «Sí, a todo el mundo», responden. «No merecía la pena», concluye María.

Esta incomprensión radical está ligada al espanto con el que hubo de asistir a la crucifixión de su hijo, a la atmósfera siniestra y amenazante que soportó en el Gólgota, y al terror que acabó por hacerla huir del escenario. Contra lo que luego contarán los evangelistas, contra la imaginería cristiana posterior, María no recogió en su regazo el cuerpo del hijo muerto. No lavó el cadáver, como repite una y otra vez, obsesionada por su traición, sino que escapó antes de que Jesús entregara su espíritu.

Tóibín muestra una emocionante comprensión de la culpabilidad de María. Entiende que es una pobre mujer, ignorante y dolorida, a la que ha sucedido algo desmesurado, pero la desmesura no consiste en que su hijo resucite muertos o transforme el agua en vino, sino en que muriera sin el auxilio de su madre. Ésta es la tragedia de María: ella se ve a sí misma como una madre que ha abandonado a su hijo cuando más la necesitaba. Por eso en un momento de desesperación grita: «¡Si el agua puede volverse vino y los muertos regresar a la vida, entonces yo quiero que el tiempo retroceda!». No sabemos a quién se lo está pidiendo, ¿a su hijo, a Artemis?, pero exige un milagro que le permita reparar la traición, la cobardía, y acoger en sus brazos al hijo muerto.

Tóibín cree en la posibilidad de que este fabuloso monólogo se ponga en escena a pesar de su duración. ¿Aguantaría un espectador actual las tres o cuatro horas que puede llegar a durar, con un solo personaje en escena? Tengo entendido que su primera opción era Vanessa Redgrave, pero que la actriz hubo de rechazarlo porque se veía incapaz de memorizar un texto tan extenso. Finalmente será Fiona Shaw quien estrenará la pieza en Broadway esta primavera. También sé que hay una opción en castellano.[4] Ojalá podamos asistir a un drama que, entre otras virtudes, sobresale por su audacia, algo realmente infrecuente en lo que llevamos de siglo.

Yo querría ver ese final. Antes de que los focos se apaguen, María nos confía que está dirigiendo sus palabras «a las sombras de los dioses» y que lo hace sonriendo, «smiling as I say them». Ella, que está rogando a los dioses que el mundo retroceda para poder reparar su traición, lo hace sonriendo, como una suplicante de Sófocles. La madre del Salvador transformada en heroína griega. Me parece una de las escenas más difíciles de la historia del teatro. Ojalá podamos aplaudirla.

---

4. En España, la obra se estrenó en Madrid con Blanca Portillo, dirigida por Agustí Villaronga.

Pron

LA NOVELA EUROPEA O UN BAILE DE DISFRACES

Cada país produce su propia atmósfera literaria. Es impensable, aunque las haya, una novela de Italia ahogada por la lluvia y cubierta de espesa tiniebla, sería una grosería. En las novelas italianas ha de sonar un fondo de mandolina, tienen que corretear adolescentes semidesnudos por la playa y el relato ha de culminar con la deshonra de alguna mujer madura que ha cuidado en exceso su virginidad. La Italia gélida, tenebrosa, batida por el maléfico Boreas queda circunscrita a la escuela socialista milanesa y algún desusado triestino.

La agotadora variedad socio-geográfica de Francia, capaz de acoger la penuria bretona, la holgazanería provenzal y la pomposa futilidad parisina, no impone un decorado, pero sí un refinamiento formal inevitable. La novela «a la francesa» ha de tener un componente estilístico de alto copete, ha de mostrar con toda probidad que el autor es muy inteligente o por lo menos ingenioso ya que no hay modo de traducir la palabra *esprit*. Otra condición sin la cual no puede reclamar respeto es que haya leído a Barthes.

Los ingleses, por el contrario, detestan mostrarse en lo que escriben y seguramente por eso las autobiografías inglesas son las más impúdicas. Tantos años ocultándose tras una prosa sobria, elegante, escéptica, distanciada, llega un momento que provoca un desmelene glorioso. Lo que más teme un escritor inglés es que le confundan con un intelectual francés, raza por la que siente mayor aversión, si cabe, que contra los gritones turistas sureños. En una novela «a la inglesa» hemos de ir descubriendo muy poco a poco que el personaje que parecía imbécil es, en realidad, el único inteligente, aunque el final del relato nos devolverá a nuestra primitiva consideración.

Hay sin duda una novela rusa con personajes que lloran desolados mientras sus madres tratan de cubrirlos con un mísero gabán de la Segunda Guerra Mundial para que no mueran congelados en medio de la nieve rodeados de botellas de vodka vacías, pero es un género en desuso que va siendo sustituido por la novela de agentes secretos al servicio de cinco países (Estados Unidos, China, Italia, Rusia y Panamá), la de mafiosos georgianos que son, en realidad, los dueños de San Pedro del Vaticano, o de humoristas aldeanos a quienes Dios se les aparece bajo el aspecto de un reno con chistera. Esto ha hecho casi indistinguibles la novela rusa y la norteamericana, por lo que los dejamos de lado.

La más entera, sin embargo, la más sólida, como no podía ser menos dada su escasa aportación al género, es la novela alemana. En ella hace un frío que congela las arterias y la bruma impide ver más allá de dos metros, pero no hay que decirlo. El protagonista vive rodeado de vecinos que parecen gente amable y aburrida, pero a lo largo del relato iremos constatando que uno está reconstruyendo la Baader-Meinhof, otro llevó el negocio de jabones de Auschwitz y una tercera ha escrito una tesis doctoral sobre los fundamentos matemáticos de la tarta Sacher.

Los modelos europeos se han ido mineralizando en los dos últimos siglos con la humildad del carbono y en estos momentos no hay un solo inglés que escriba novelas inglesas (escribe novelas italianas, como las de Martin Amis), ningún ruso que no esté escribiendo novelas inglesas, los suecos escriben como suizos, etcétera. Todos menos los franceses, los cuales siguen escribiendo novelas francesas.

¿Y los españoles?, se habrá preguntado más de uno. En la novela española mineralizada ha de aparecer un comisario que entra en su hogar gritando: «¡Soy un cerdo franquista y ahora mismo voy a someter a mi mujer a violencia de género!». O bien un maestro de pueblo que habla con un niñito adorable y le dice: «Como soy un maestro republicano voy a mostrarte las virtudes de la democracia y el humanismo mediante el bello ejemplo de las mariposas». Este modelo tiene variantes, el comisario puede ser un empresario neocón del PP que por las noches se disfraza de obispo afro, o bien el maestro es un transexual gaditano que salva a un niñito adorable de la lujuria del párroco. El modelo, es bien sabido, se encuentra en estado catatónico.

Debe remarcarse, sin embargo, que justamente por tener una historia de la novela tan machacona, los escritores españoles se han ido especializando en novela extranjera y en la actualidad producen cada vez mejores ejemplos de literatura foránea, hasta el punto de que se da el efecto contrario y ahora son los escritores ingleses quienes imitan perfectas novelas inglesas escritas por españoles.

Como sólo voy a mencionar amigos íntimos me permito poner algunos ejemplos con la certeza de que no van a apreciar el menor asomo de ironía en mis palabras, sino tan sólo reconocimiento y afecto. Así, por comenzar con la novela francesa, ¿acaso algún francés puede mejorar las de Vila-Matas o las de Molina Foix? Lo mismo debo decir de Javier Marías y Eduardo Mendoza, cuyas novelas vienen siendo copiadas por los ingleses para desesperación de Paco Umbral, que lo ve todo desde el cielo e intercambia pareceres con Pérez Galdós. «¡Cómo nos luce el pelo, don Francisco! ¡Aquella prosa suya tan rica en matices y en timbres sonóricos!», dice Galdós. «¡Pues ya lo ve, don Benito, de esto no sale una Fortunata, ni por decir una Jacinta!», responde Umbral deslizando el pulgar por sobre el grueso volumen de *Tu rostro mañana.*[1]

La novela italiana debemos reconocer que es ahora un producto que se trabaja exclusivamente en las islas Baleares, con la excepción de la novela triestina tan bien defendida por José Ángel González Sainz, el cual no en vano se ha ido a vivir a aquel apartado puerto del Adriático a jugar a las tabas en un polvoriento café con Claudio Magris, quien no sólo le plagia sino que le hace pagar las consumiciones.

---

1. Se refiere a la novela de Javier Marías, *Tu rostro mañana,* Madrid, Alfaguara, 2002.

Bien, podría seguir, pero todo lo anterior es un engaño. Un MacGuffin. Una distracción artera destinada a retener la atención del lector con trucos baratos, para llegar a la parte seria del artículo que es un peán del que para mí es ahora el más destacado de los novelistas jóvenes, pero yo me acabo de enterar. Hablo de Patricio Pron, cuyo *El comienzo de la primavera* es una obra maestra.[2] He utilizado un torpe artificio para ensalzar esta densa y perfecta novela porque no quería mancillar su lectura y creo que lo más resumido sería decir que se trata de una novela alemana en su sentido más noble. Lo cual, en la tradición española, es un *hápax*.

Si ahora añado que Pron está a la altura del mejor Sebald, del primer Handke, que se tutea con Bernhard o que ha superado a la Jelinek, no me van a creer, de ahí el tono bufo del artículo, mera cobardía. Y sin embargo, es cierto. Tan cierto que me ha parecido de justicia afirmarlo en público a la manera del sacamuelas que junta a la clientela para vender jarabe. Un excelente jarabe porque la historia que cuenta Pron es sobrecogedora y forma un tejido muy bien trabado en el que un indagador persigue por media Alemania la huidiza figura de un filósofo discípulo de Heidegger, hasta que la persecución del hombre se convierte en una persecución del concepto y nos deslizamos de la emoción a la reflexión sobre esa frágil sustancia que nos permite creer que somos algo y que los demás pueden llegar a conocerlo. Al final, sin embargo,

2. Patricio Pron, *El comienzo de la primavera*, Barcelona, Literatura Mondadori, 2008.

sólo somos una vieja fotografía de la que nadie guarda memoria.

No hay mayor placer que saludar a un joven maestro y decirle «¡Salve! Ahora nos toca aprender de ti». El segundo mayor placer es aprender de los jóvenes.

BUSCANDO UNA DIRECCIÓN BAJO LA LLUVIA

En algún lugar de la Argentina provincial que yo no alcanzo a imaginar porque sólo veo casas de dos pisos en calles sin asfaltar, como en esas películas en las que salen muchos perros, un periodista trata de averiguar cómo se ha producido una desaparición. Cierto ciudadano, afectado por un retraso mental («idiota faulkneriano», lo llama el escritor), se ha esfumado y la búsqueda está languideciendo porque a nadie le importa mucho el pobre hombre. Sólo el periodista insiste y presiona sobre la policía de modo indirecto para que no abandone la búsqueda. Finalmente el cadáver aparece en el fondo de un pozo y sabemos que fue asesinado con extrema crueldad por motivos de una mezquindad insoportable. Aunque este desaparecido es nuestro coetáneo, late a su espalda la ingente cantidad de desaparecidos argentinos cuyos cadáveres han ido apareciendo gracias a la tenacidad de algunas personas dignas.

No hay que engañarse, sin embargo, éste *no* es el argumento de la última novela de Patricio Pron, sino sólo uno de sus laberínticos recodos. La anterior novela, la imprescindible *El comienzo de la primavera,* era también un laberinto de búsquedas y persecuciones, personajes de dudosa existencia comparecían sorpresivamente ante el lector entre las brumas de alguna aldea alemana y eran luego engullidos por la duda. Y así también en esta última novela, *El espíritu de mis padres sigue subiendo en la lluvia*, avanzamos sin dirección por otro laberinto amenazador.[3] Porque el periodista que trata de mantener viva la pesquisa sobre la desaparición del idiota faulkneriano lo hace movido por el recuerdo de la hermana del idiota, con la cual compartió grupo político durante la guerra sucia del peronismo marxista-leninista contra el peronismo fascista, o quizás del ejército contra ambos peronismos, o lo contrario, es decir, de ambos peronismos junto al ejército contra otros marxistas-leninistas, los Montoneros, que en realidad eran peronistas o quizás fascistas. La política argentina pertenece al ámbito de la mitología hindú y hay que saber sánscrito para entender algo. La hermana del idiota, en todo caso, es una desaparecida política cuyo asesinato nunca se resolvió. La búsqueda del desaparecido actual es una rememoración de los desaparecidos antiguos.

De acuerdo, pero tampoco el periodista o la muchacha desaparecida son el objeto *real* de esta remarcable novela, sino el hijo del periodista, el cual, tras pasar ocho años de estudios en Alemania, regresa a la Argentina para despedirse de su padre, agonizante en un hospital de provincias. Este hijo es, como quizás se ha colegido por el título de la novela, el escritor Patricio Pron cuya novela no es una novela sino un homenaje a sus padres y a los miles de

---

3. Patricio Pron, *El espíritu de mis padres sigue subiendo en la lluvia*, Barcelona, Literatura Mondadori, 2011.

argentinos asesinados defendiendo o atacando (o ambas cosas a la vez) la causa de la mitología hindú.

Hay que tener presente que cuando he mencionado la palabra «homenaje» no me refería a una apología o canto de laudes, sino al necesario respeto por la memoria en un ámbito, el argentino, donde es preciso ser Funes el Memorioso para poder recordar quién asesinó a quién en lugar de casarse con él o robarle sus hijos, y por qué o por qué no lo hizo. Se trata de construir un modesto monumento a una memoria particular a la que Pron ha podido acceder con garantías ya que seguramente en aquel caos sólo lo propiamente personal tiene alguna firmeza. El valor de esos recuerdos, por minúsculos que sean en el océano de sangre argentino, está admirablemente resumido en una de las páginas finales:

> Mientras pensaba todo esto de pie junto a la mesa del teléfono vi que había comenzado a llover nuevamente y me dije que iba a escribir esa historia porque lo que mis padres y sus compañeros habían hecho no merecía ser olvidado y porque yo era el producto de lo que ellos habían hecho, y porque lo que habían hecho era digno de ser contado porque su espíritu, no las decisiones acertadas y equivocadas que mis padres y sus compañeros habían tomado, sino su espíritu mismo, iba a seguir subiendo en la lluvia hasta tomar el cielo por asalto.

La larga cita era necesaria por varios motivos. Uno de ellos es que, como puede deducirse, a Pron no le incumbe el aspecto moral de si los guerrilleros tomaron una buena o mala decisión; lo que le importa es el espíritu, es decir, el músculo épico que movió el brazo. El segundo motivo es que él se añade a ese músculo épico según el cual las personas honradas deben ser recordadas en tinta indeleble si pertenecen al grupo de los derrotados, independientemente de que compartamos o no sus delirios políticos. Éste es el sentido lírico del largo título, castigo de libreros y anzuelo de poetas.

Pero hay un último motivo. Se observa en este párrafo la herencia del mejor *grand style* de la literatura española, el que viene de Proust y Faulkner, pero que aquí cultivaron los reyes de la hipotaxis Benet y Ferlosio. El largo párrafo de profunda respiración à la Celibidache es infrecuente en el libro; Pron utiliza este registro con mesura y elegancia para pasar del tono menor al mayor sólo cuando la emoción debe vestir su uniforme de gala. Basta con este detalle de alta ebanistería para percatarse de que nuestro artista, con tan sólo treinta y cinco años, es uno de los mejores escritores actuales y que hay que leer con sumo cuidado todos y cada uno de sus libros.

Dos novelas propias.
Hablemos de literatura un poco

Es cierto que ahora pasan los días y los meses sin que apenas nos den la oportunidad de observarlos y tomarles el pulso, pero es porque van cayendo como escombros líquidos en un sumidero opaco. Vemos asomar el año por el horizonte y en menos de un guiño ya ha desaparecido con un gorgoteo siniestro. Para cuando serenamos el aturdimiento hemos llegado al siglo XXI y consumido su primera década. Por el contrario, en aquellos años del siglo XX, durante la década de los ochenta, no es que el tiempo fuera más lento o más rápido o la vida más sencilla y otros tópicos, sino que a diferencia del tiempo actual entonces pasaban cosas y los sucesos son los que marcan el ritmo. No es lo mismo tener dieciocho años el 14 de abril de 1789 que el mismo día en 1814. Para el primero la existencia tendrá un ritmo lento y majestuoso como el redoble que adorna el ascenso a la guillotina, para el segundo el tedio de la Restauración hará que las horas se escurran como arena entre los dedos, es el tiempo del *spleen*.

Aletargados por cuarenta años de estupidez política moría Franco en 1975 y con redoble de tambores (sin guillotina) se hundía el régimen, surgía de la nada la democracia, se producía un golpe de Estado tabernario y para acabarlo de arreglar los socialistas se hacían con el poder. Todo con la cadencia pausada del *allegretto* de la Séptima. Ritmo cruzado de marcha fúnebre y ataque de caballería.

En mi caso el régimen no acabó hasta 1982, el día en que Felipe González ganó las elecciones. Lo anterior no contaba. Ninguno de mis amigos o conocidos de entonces consideraba que Suárez o Calvo Sotelo significaran un verdadero cambio de régimen. «Los mismos perros con distintos collares» era la frase repetida hasta la náusea por toda la inteligencia del país, siempre tan inteligente. No era cierto que en España se hubiera establecido una democracia y nuestras risas sarcásticas si alguien alababa los gobiernos de UCD estaban cargadas con el alcohol de la superioridad moral. ¿Qué sabrían aquellos derechistas, integrados, corruptos, trepadores, fachas que defendían la transición? Naturalmente nos equivocábamos de un modo grotesco, pero es que al fin y al cabo éramos un producto de la educación franquista y lo veíamos todo según un prisma visceral, sectario y cainita. No han cambiado mucho las cosas entre la gente que aún sigue creyéndose el epicentro de la moralidad. La diferencia es que ahora cobran nómina por creerlo.

El cambio de régimen nos transformó. De golpe se acababan las excusas y nos quedábamos a solas con nuestros argumentos. Ya no podíamos justificar las mentiras, molicies, ineficacias, infantilismos e irresponsabilidades con el auxilio de la lucha antifranquista, la represión del *establishment* (una palabra muerta) o el próximo derrumbe del capitalismo. Ante nuestras viejas banderas manchadas de vino ya nadie inclinaba la cerviz, así que había que espabilar. Quien no fuera capaz de inventar su propia vida ya no podría seguir presentándose como el héroe de algún colectivo grandilocuente, Bandera Roja, el Partido del Trabajo, el PSUC, gracias al cual una Teresa bobalicona aún pudiera interesarse por un avispado Pijoaparte. La comedia había terminado y los movimientos colectivos serían, a partir de aquel momento, o bien negocios mafiosos o bien refugios eclesiásticos. La democracia estaba asentada y partidos y sindicatos podían dedicarse a saquear al Estado.

En la literatura iba a suceder algo similar. Durante la Guerra Fría fue un principio indudable que debíamos negar a la burguesía todo acceso al placer, principio rigurosamente desarrollado por Theodor W. Adorno en su estética negativa y repetido mecánicamente por todos aquellos que no lo habían leído. Al mismo tiempo era menester liberar al proletariado de su enajenación. El resultado fue la así llamada «literatura experimental» que dejaba perfectamente indiferente a la burguesía, la cual prefería leer a Le Carré, y al proletariado que bastante tenía con la prensa deportiva. Yo había cometido mucha literatura experimental, pero el advenimiento del socialismo me persuadió de que había que echar el telón. La Guerra Fría, aun cuando buena parte de la izquierda española aún lo ignora, había terminado. Poco después

Felipe nos metió en la OTAN por si cabía alguna duda. Así se forjó el estilo de la primera novela aquí recogida.[1]

Curarse de la literatura experimental no fue asunto cómodo. Comencé con una novelita histórica, *Mansura,* por la que sigo teniendo cariño. Se editó en 1984 y fue mi primer intento figurativo.[2] Me propuse después una glosa de lo que había sido el tránsito de un español de mi edad hacia la decepción, ese proceso que nos había conducido de la dictadura franquista al socialismo democrático, a pesar de habernos pasado décadas y más décadas exigiendo una dictadura estalinista. O maoísta, aunque esto creo que sólo fructificó en Cataluña y algún pueblecito de la provincia de Granada, lugares donde se producen los fenómenos políticos más pintorescos.

La historia de aquel idiota que había creído en todas las mentiras ideológicas con el único fin de no tener que comprometerse con su propia vida y empuñar su responsabilidad, apareció en 1986. Que era un resultado del fin de la Guerra Fría me lo demostró el hecho de que también alcanzara cierta notoriedad fuera de España, en lugares tan alejados de nuestra experiencia política y vital como Holanda o Noruega. Algo compartíamos ya muchos europeos en aquellos años, fuéramos de donde fuéramos. Creo que a mediados de los ochenta apuntaba ya el anuncio de ese final cuya fiesta se celebraría un poco más tarde, cuando en 1989 cayó el Muro de Berlín. Y desde luego «cayó», nadie lo derribó, así como Franco «se murió» y no hubo quien lo matara

1. Véase al final de este volumen la procedencia de los textos.

2. Félix de Azúa, *Mansura,* Barcelona, Anagrama, 1984.

a pesar de la cantidad de antifranquistas que siguen hoy chuleando por los servicios prestados.

El final del lenguaje político beocio, de las marionetas ideológicas, de los *apparatchiks*, de la indefinida pero no por ello menos estulta hostilidad contra «la burguesía», suponía un desafío para la Europa que se había acomodado a los dos poderes planetarios y a la inoperancia disfrazada de humanismo. Me pareció, por tanto, un buen momento para dibujar aquel personaje (¡tan europeo!) que había admirado a los locos, los criminales, los marginales, los asociales, los maníacos, los terroristas, gracias a un resto de cristianismo putrefacto salteado con ajo en la sartén de Nietzsche o (lo más común) de Foucault. Un modelo que los italianos habían llevado a sublime diseño en los llamados «años de plomo». De ahí surge el estilo de la segunda novela aquí reunida.

Ése fue el diario de un hombre realmente humillado por los demás y por sí mismo. Un pobre tipo que continuaba creyendo, a la manera de las vanguardias románticas, que sólo «desde el exterior» de la sociedad y en guerra contra ella se puede llevar una vida digna. Excusa banal que se venía abajo cada vez que al tremendo rebelde le ofrecían una beca. Y sin embargo, excusa que sigue siendo la más frecuente en todos los currículos que se envían al ministerio o a la consejería de cultura cada vez que se solicita una subvención: «Soy un luchador inconformista, solidario y sostenible, etcétera». El marginal, el criminal, el asocial, el enemigo feroz de todo lo burgués, vive, en la actualidad, de nuestros impuestos. Ha resultado el producto intelectual más barato y más fácil de integrar de cuantos compra el Estado. Era lo que yo deseaba contar en aquel *Diario* y podría volverse a contar hoy mismo.

Con estas dos novelas pasé la frontera de la mayoría de edad, la cual no me llegó hasta haber cumplido los treinta. Bien es verdad que nuestros mejores representantes, los Rolling Stones, nos habían aconsejado «no fiarnos de alguien que ya ha cumplido los treinta años». Tenían toda la razón y en estas dos novelas trataba yo de explicarlo.

Hoy, leídas a considerable distancia, me parece que siguen retratando adecuadamente a una generación que no cargó con culpa ninguna a pesar de su inepcia y que todavía controla registros poderosos de aquello que más odiaba: el *establishment,* esa palabra muerta. Una generación de señoritos, hubieran nacido en cunas o bajo los puentes, que se creyó llamada a dirigir la revolución y acabó dirigiendo un departamento municipal.

Novela y ciudad

NÁPOLES Y BARCELONA

La relación formativa entre las ciudades y el género narrativo hegemónico, la novela, ha comenzado a establecerse con cierta seriedad desde hace pocos años. Por lo general suele estudiarse como un añadido a los estudios literarios (es el caso, por ejemplo, de trabajos como el de Richard Lehan, *The City in Literature,* que debiera más bien llamarse «la literatura en la ciudad»), un caso más de análisis dedicado al *sujet.*[1]

Pero algunos estudios, todavía parciales y modestos, utilizan herramientas más contundentes. El último que conozco es el *Atlante del romanzo europeo 1800-1900,* de Franco Moretti.[2] En este caso sí cabe hablar de una primera tentativa por relacionar la novela con el espacio

1. Richard Lehan, *The City in Literature,* Berkeley, University of California Press, 1998.
2. Franco Moretti, *Atlante del romanzo europeo 1800-1900,* Turín, Einaudi, 1997.

urbano, no como *sujet* sino como *substancia.* No es un análisis literario sino geográfico de la novela, y si un mapa es «una conexión visualizada», como dice Moretti, la novela (que es a su vez una conexión verbalizada) bien puede ser objeto de visualización espacial con el fin de averiguar si las transformaciones geográficas repercuten *en la forma misma* de la novela y no sólo en sus contenidos. Poner a la novela en el banco de pruebas del mapa es el principio metódico del que ha partido Moretti. Sus resultados me parecen convincentes.

Los arquitectos y los urbanistas (los verdaderos, evidentemente) han de hacer uso de una narrativa proyectual para poder llevar a cabo su trabajo. Aunque partan de datos objetivos como la densidad demográfica de la zona, la capacidad de oferta en materiales constructivos, o la legislación del suelo, una vez acumulados los datos del programa deben *imaginar una vida posible* en ese espacio inflexible. Los datos empíricos son la base sobre la que han de imaginar una narrativa del lugar, y la construcción del mismo (sea un edificio de viviendas, un museo, una ciudad satélite o un hospital) parte necesariamente de una ficción narrativa.

Imagino al arquitecto o al urbanista, en su trabajo, proyectando vidas concretas y ficticias. «El inquilino sale de casa utilizando el ascensor hasta el sótano para tomar el coche, porque no hay ni metro ni autobús en la zona. Aunque es un barrio pobre y muy poblado, no tiene más remedio que depender de su vehículo. Además, no hay plazas de parking públicas. Saldrá a la calle, por lo tanto, desde el sótano. Algo habrá que hacer para que no comience el día de mal humor», etcétera.

Los novelistas trabajan a la inversa. También parten de una información objetiva, los datos de un espacio que debe incluir a los personajes, pero ese espacio está ya realizado y no se puede modificar sin pérdida de la verosimilitud. Si el arquitecto parte de imaginar una vida verosímil para llegar a la construcción de un lugar habitable, el narrador parte de un lugar habitable (o habitado) para imaginar una vida verosímil.

De ahí que los novelistas construyan mapas internos a la narración que en parte se corresponden con la cartografía científica y en parte la transforman. Pero en ambos casos, los narradores están determinados por la labor previa de los arquitectos y urbanistas sobre esa geografía.

Moretti afirma que «la geografía *da forma* a la estructura narrativa europea» y quiere demostrar que el desarrollo formal de la novela moderna se corresponde con el desarrollo geográfico de la Europa industrial. No es el momento para debatirlo, aunque es evidente que Moretti selecciona un conjunto de novelas muy homogéneas (la novela realista del Ochocientos) que le facilita la labor. Pero hay también una geografía imaginaria, como la que tuvo que construir Benet para ganar una guerra civil que había perdido y cuyo mapa se encuentra en la última edición de *Herrumbrosas lanzas,* que no entra en el estudio de Moretti. Lo mismo habría que decir del Macondo de García Márquez, hijo, como el anterior, de la Yoknapatawpha de Faulkner.

Pero incluso en los casos de geografía ficticia, la verosimilitud de la narración depende de la verosimilitud geográfica, de manera que aunque inexistente, esa geografía imaginaria se corresponde muy exactamente a la narrada por la cartografía científica cuyo lenguaje se respeta hasta límites inauditos. Es éste un campo de exploración sumamente interesante y poco transitado.

Donde, sin duda, la investigación de Moretti tiene plena vigencia es en el desarrollo de la novela urbana. Resumo muy rápidamente la tesis de Moretti. La narrativa renacentista y barroca se mantiene en un modelo binario tradicional, con dos fuerzas enfrentadas alegóricamente como polos dinámicos del transcurso narrativo. Ese modelo binario continúa vivo en los inicios de la transformación urbana moderna. Así, por ejemplo, en Jane Austen la propiedad rural de la vieja aristocracia y la nueva burguesía financiera de Londres se enfrentan sin mediaciones. Es el mismo enfrentamiento campo-ciudad de *Ana Karenina,* en un medio social enteramente distinto. Regent Street marca, en el primer Dickens, la frontera entre dos mundos, uno luminoso y otro tenebroso, polos alegóricos de las fuerzas del bien y del mal. En Balzac son la Rive Gauche y la Rive Droite los dos puertos de la singladura. Y si pensamos en España, todavía Valle-Inclán construye con gran pericia su *Corte de los milagros* sobre los recorridos en tren que unen Madrid y las provincias del sur. El modelo binario es transparente en los inicios de la novela urbana. Pero el acelerado desarrollo de la ciudad industrial (la metrópolis de Benjamin) introduce un tercer elemento que complica el modelo. En realidad Balzac lo utiliza en la más completa y satisfactoria de sus novelas, *Illusions perdues,* y también el último Dickens. En el modelo ternario ya no hay dos mundos, sino (por lo menos) tres, debido a la aparición de unos «agentes de intercambio», situados en las fronteras ficticias de la geografía real y narrativa, que ejercen de transmisores entre los dos mundos clásicos. Dickens sitúa a ese tercer agente en el centro mismo de Londres (en la frontera de Regent Street con los barrios tenebrosos), en tanto que Balzac lo dispersa por toda la ciudad de París sin asignarle un lugar específico. Este tercer elemento obliga al novelista a cambiar la forma misma del relato y a complicar los recursos lingüísticos y morfológicos.

Es evidente que el modelo ternario se irá enriqueciendo a medida que la ciudad moderna se desarrolle hasta llegar a modelos de muy difícil cartografía a finales de nuestro siglo, sobre todo en novelistas americanos como Thomas Pynchon. Por cierto, y entre paréntesis, la debilidad radical de un novelista neorrealista como Tom Wolfe es el regreso a un modelo binario y tradicional que ya no es competente para reproducir verosímilmente una ciudad como Nueva York. La complicación inherente a la novela sobre la «urbe» moderna obedece al enorme número de ciudades que acumulan las actuales megalópolis, las cuales requieren una pluralidad de caracteres y situaciones perfectamente nuevos que sólo pueden construirse *desde dentro* del orden narrativo, mediante una multiplicación de los planos formales. Algunos de los experimentos de Perec responden a esa necesidad interna de la narrativa.

Conozco bastante bien el recorrido de la novela moderna en Barcelona y coincide exactamente con el mapa descrito por Moretti. De un modelo binario homogéneo en el primer tercio del siglo (de Puig i Ferreter a Sagarra) se pasa a uno ternario (Carmen Laforet es un buen ejemplo de la aparición de «agentes de intercambio» en los años cuarenta) y formas más complejas a partir de los años sesenta, década en la que Barcelona sufre su más espectacular transformación. Me parece muy agudo y humorístico que el «agente de intercambio» utilizado por Juan Marsé en Últimas tardes con Teresa sea nada menos que el Partido Comunista. Es un «agente de intercambio» verdaderamente complejo.

Desconozco si se ha producido un proceso similar en la novela napolitana y si también en ella puede estudiarse este «mapa narrativo» progresivamente laberíntico. Quizás dentro de unos años, cuando en los departamentos universitarios se hayan llevado a cabo trabajos más particularizados que el de Moretti, cuyo campo de trabajo es excesivamente amplio, nada menos que toda Europa durante un siglo, podamos volver a reunirnos para comparar los resultados. La «urbanística» puede ser una excelente materia para crear nuevos y mejor dotados departamentos de literatura.

¿EN QUÉ NOVELA VIVES?

Toda ciudad es una novela (lo contrario no es cierto) siempre que el novelista tenga talento espacial y sepa distribuir cada volumen edificado y sus habitantes particulares como un bloque verosímil. Luego están las *Ciudades invisibles,* título de un famoso libro de Italo Calvino en el que aparecen posibles ciudades según la catalogación que Borges atribuyó a un entomólogo chino: insectos que molestan al emperador, insectos que suenan como el cristal, etcétera. De la misma manera: ciudades que destruyen la memoria del viajero, ciudades que por la noche se pueblan con difuntos antiguos, etcétera. Pero si olvidamos las ciudades invisibles y en cambio nos interesamos por las ciudades imaginadas, no cabe duda de que el gran inventor de las mismas fue Charles Dickens.

Cuando imaginamos Londres, incluso si hemos vivido allí o somos turistas habituados a sus calles y monumentos, lo hacemos con los materiales de Dickens aunque no lo hayamos leído, porque la pintura, la fotografía y el cine han copiado minuciosamente la técnica narrativa de Dickens para distribuir espacios urbanos y distinguir a sus distintos ciudadanos. Dicho de un modo algo violento: Londres será eternamente victoriano mientras no aparezca otro escritor capaz de construir una nueva imagen.

Por supuesto, todo lector de Dickens sabe que en el joven escritor sólo había dos Londres, el bueno y el malo, el de los ricos y el de los pobres, el de los barrios aristocráticos y el de los barrios proletarios. Los protagonistas solían sufrir un avatar prodigioso que los llevaba de un Londres al otro, sea para caer en la abyección de los mugrientos laberintos próximos al Támesis, sea para salvarse en una reluciente mansión próxima a Regent's Park. Si usted es un lector de Dickens un poco más experimentado o pasional, sabe también que en el último Dickens, en cambio, hay tres Londres diferenciados porque aparece un tercer espacio entre la ciudad del bien y la ciudad del mal. Ese tercer espacio es el de la clase media que va a tomar posesión de los barrios funcionariales y de negocios a lo largo de la vida de Dickens.

La tercera fuerza evitará el maniqueísmo de la etapa juvenil, dará mayor riqueza a la aventura narrativa y permitirá a Dickens alguna de las más portentosas descripciones del hogar burgués, tan distinto del palacio y de la miserable vivienda de los *Jerry Buildings.* De hecho, la tercera zona urbana será el refugio privilegiado de quienes ya comienzan a mirar con sospecha a la aristocracia y no dejan de tener un principio de conmiseración por los miserables, sentimiento entonces poco frecuente. El tercer espacio es el de la conciencia y el de la inteligencia.

Si comparamos concienzudamente la construcción literaria del Londres victoriano de Dickens, en su perfección artística, con el París de Proust, la sorpresa es considerable. Ambos escritores se llevan unos sesenta años, de manera que Proust puede muy bien ser el nieto de Dickens. Sin embargo, el proceso es prácticamente el mismo. También en Proust hay dos ciudades al principio que finalmente serán tres, aunque las tres estén en el mismo libro. Recordará el lector que en las tres mil páginas de la *Recherche* se analiza minuciosamente la vida parisina a lo largo de cuarenta años con frecuentes saltos a la etapa anterior, la de la guerra franco-prusiana.

En la extensísima narración de la vida de Marcel y de sus padres, Proust anota con sagacidad que su primera vivienda, en el centro noble de la ciudad, está sin embargo habitada por numerosos proletarios y artesanos. Las clases sociales ocupaban los mismos edificios en jerarquía vertical. En el principal, los más ricos, en las últimas alturas (las *chambres de bonne*) los más pobres, en la entrada talleres artesanos. Pero cuando llegamos al final de la novela las clases se han separado y los proletarios han sido expulsados a los bulevares exteriores.

En realidad esta separación se produjo con la reforma del barón Haussmann que comenzó con Napoleón III, pero se prolongó hasta la terminación del bulevar Raspail ya en pleno *Art Nouveau.* Haussmann abrió en canal la ciudad, reventó el suelo, derribó miles de casas, abrió enormes avenidas, todo con el fin de levantar la ciudad más moderna de Europa y (de paso) arrasar los núcleos obreros que habían resultado peligrosísimos en las dos revoluciones comuneras. De un París interclasista se pasó a dos ciudades separadas, como el primer Londres de Dickens.

Curiosamente el tercer espacio «ciudadano» de Proust no está en la ciudad sino en el campo colindante con la gran capital, en los pueblecitos de veraneo de la burguesía, los cuales constituían una prolongación natural de la vida social capitalina, algo que en Inglaterra no sucedió jamás. Y también será en los pueblecitos de los alrededores de París en donde el protagonista, Marcel, descubrirá todo lo que determina su vida artística y sentimental, como la princesa de Guermantes, el gran Swann o la ambigua Gilberte. El tercer espacio era, de nuevo, el lugar del espíritu.

Ciudad dickensiana para la eternidad es el Londres victoriano. Ciudad proustiana para la eternidad es el París de la gran burguesía. Sin embargo, seguramente la mayoría de nosotros vivimos en la ciudad kafkiana, el laberinto.

III. La era de la teoría: ensayos

Montaigne.
El refugio de la montaña

Gracias a uno de esos caprichos que llevaron a los ingleses a conducir por la izquierda, los franceses llaman «clásico» a lo que todos los demás llamamos «barroco». La confusión suele ser considerable. Barroca es para nosotros la poesía o la música del siglo XVII que para ellos es *classique.* No merece la pena ahondar. El caso es que Montaigne se cuenta entre los clásicos o barrocos franceses que estudia Fumaroli en su extenso trabajo *La diplomacia del ingenio.*[1] Es menester un editor que, sin perder la cabeza, no se deje llevar por criterios exclusivamente usurarios para que un soberbio tratado sobre la retórica en los comienzos de la Francia borbónica pueda editarse en España. Algún día alguien reconocerá a Jaime Vallcorba como uno de los más sobresalientes editores europeos.

Él mismo publicó los *Ensayos* de Montaigne en una versión admirable de Bayod Brau, según la de Marie de

---

1. Marc Fumaroli, *La diplomacia del ingenio,* Barcelona, Acantilado, 2011.

Gournay de 1595 que hoy se reconoce como la más segura.[2] Muchos pensamos entonces que semejante empresa sólo podía financiarla un organismo o fundación públicos, ya que las pérdidas podían ser cuantiosas. No fue así. No sólo no hubo pérdidas sino que desde entonces se ha visto obligado a reimprimirlo. Conclusión: había algunos miles de españoles esperando ese particular libro. Vallcorba se asemeja a Montaigne en un aislamiento sin altivez y a Fumaroli en el respeto por la retórica clásica (y barroca). Seguramente por eso no teme editarlos: sabe que no está solo.

Pero es verdad que en los últimos tiempos hay un interés renovado por Montaigne entre los lectores rigurosos, algo que puede parecer sorprendente. Jorge Edwards le ha dedicado una entera novela que es al tiempo un ensayo sobre los ensayos.[3] El escritor Jaime Rosal ha confeccionado una selección de *Pensamientos* (Comanegra) tomados de los *Ensayos* y de las sentencias que decoraban la biblioteca del clásico (o barroco), un librito de consulta moral para llevar en el bolsillo en lugar del libro rojo del camarada Mao.[4] Y Mark Lilla, crítico que no se caracteriza por su panfilia, ha presentado como la mejor biografía del mercado la que Sarah Bakewell ha escrito sobre Montaigne con el título *How to Live*.[5] Porque, en efecto, de eso se trata: ¿cómo hay que vivir en la actualidad? No siendo peores nuestros tiempos que los que él conoció, Montaigne nos sugiere cuál es nuestra actualidad.

---

2. Michel de Montaigne, *Los ensayos,* Barcelona, Acantilado, 2007.
3. Jorge Edwards, *La muerte de Montaigne,* Barcelona, Tusquets, 2011.
4. Michel de Montaigne, *Pensamientos,* Barcelona, Comanegra, 2011.
5. Sarah Bakewell, *How to Live,* Londres, Chatto & Windus, 2010.

¿Qué actualidad es ésta? Yo diría que es la actualidad *posterior* a un empacho teórico. El marxismo, el estructuralismo, la deconstrucción, las corrientes postmodernas y toda la retórica hiperteórica de los últimos años del siglo xx habían creado un gigantesco atasco digestivo en el estómago intelectual de europeos y americanos. Ahora, tras el vómito que sigue llamándose «crisis», podemos quizás volver a alimentarnos, pero con cordura: aún estamos débiles. El buen juicio, la sensatez filosófica de Montaigne es una actualidad. De todos modos, hay *otra* actualidad.

Explica Fumaroli en la parte de su tratado que le dedica de qué manera agobiante se vio Montaigne sometido a una sociedad agotada por la guerra civil, poblada por resignados súbditos apáticos y por las alimañas que sobrevivían a las matanzas. Entre ponerse del lado de las bestias feroces que se agrupaban en torno o en contra de la monarquía o del pueblo estupidizado y corrupto, Montaigne no concibió mejor elección que «retirarse a la montaña», es decir, al interior de sí mismo buscando algo de sabiduría. Comenzó su libro el mismo año en que se produjo la espantosa *massacre* de San Bartolomé, quizás horrorizado por la ferocidad de católicos y protestantes. ¿Cómo podía ser que la gente se matara por un quítame allá esos cristos? Tenía que haber algo más profundo para explicar la residencia del mal en nuestros corazones.

Dice Fumaroli que los *Ensayos* fueron escritos «para amansar a las fieras [...], pero son también la primera piedra del edificio literario de la Francia clásica». Lejos de la corte, Montaigne pudo concentrarse en la invención de un nuevo orden retórico que no obedeciera ninguna de las convenciones tradicionales, pero capaz de llegar a un público más vasto que el de los latinistas. Le era indiferente el criterio de los mandarines que hacían de mercenarios para las fieras enriquecidas. Su invento iba dirigido a una minoría sensata que, distribuida por toda Francia y sin poder alguno, esperaba a que algún día acabara el dominio de los canallas. Es el célebre exilio interior que también salvó la vida mental y física de tantos súbditos alemanes.

No en vano Montaigne fue el modelo de Josep Pla, por volver a nuestro tiempo. También él vivió en un país agotado por una atroz guerra civil, rodeado por las fieras que sojuzgaban a un pueblo apático y atontado. Algunos libros de Pla, tan próximos a la engañosa sencillez y a la elegancia sin presunción del francés, siguen ofreciendo la prosa más lúcida de quien se sabe impotente, sometido a esclavitud moral en su propio país, pero invicto. Algo parecido está sucediendo en la actualidad entre nosotros, sin necesidad de haber pasado por otra guerra. La última sigue viva gracias al asombroso talento de nuestra casta política, la cual, horra de cualquier enunciado racional, se dedica a embestir y a escuchar la ovación que le dedica el servicio (mediático).

Para tan fatigosa tarea indudablemente es acertado usar el desplante cainita en cueros vivos. Que al adversario hay que machacarle los hígados porque así lo quiere Dios o el Progreso, es algo que entiende hasta el más lerdo y celebran jubilosos los más viles. Si a eso se añade un uso perfectamente fascista del deporte como escuela del odio, ya tenemos reconstruida la Francia de Montaigne.

De modo que el viejo escritor barroco (o clásico) de nuevo puede servir de modelo para los súbditos sensatos que queden esparcidos por este país de fieras y beocios, a la espera de que algún día se acabe el tiempo de los canallas y podamos convivir como ciudadanos. Lilla recuerda cuáles eran las virtudes fundamentales para Montaigne, todas ellas hijas del conocimiento y aceptación de uno mismo: sinceridad, autenticidad, autonomía, ironía, apertura de espíritu, cosmopolitismo, amistad y tolerancia. ¿No son con toda exactitud las virtudes de las que carece completa y absolutamente nuestra clase dirigente?

Pues ésa es la actualidad de Montaigne.

Lacoue-Labarthe y Nancy. En el origen de la vanguardia

Durante un par de días me dediqué a constatar que en efecto ésta era la primera edición en español de *El absoluto literario,* de Philippe Lacoue-Labarthe y Jean-Luc Nancy, según anuncia el editor.[1] Al parecer han circulado algunas traducciones privadas (de Emilio Bernini, por ejemplo), pero nunca antes se había editado completo este tratado, uno de los más influyentes en la actual filosofía del arte.

El caso es que apareció originalmente en 1978, hace pues treinta y cinco años, pero todavía nadie se había atrevido con él en España. Me parece sorprendente. Lacoue-Labarthe (muerto en 2007) y Nancy pertenecían a una generación que no sólo se había alejado del aún poderoso estructuralismo, sino que desconfiaba de los postestructuralistas, de modo que tomaron un camino propio a la sombra de Heidegger. La producción de ambos filósofos

1. Philippe Lacoue-Labarthe y Jean-Luc Nancy, *El absoluto literario,* Buenos Aires, Eterna Cadencia, 2012.

ha sido abundante y de notable interés. Sin embargo, este trabajo que ahora se edita en español es, a mi modo de ver, su mejor contribución.

En ella se analiza y antologa uno de los momentos más fascinantes de la modernidad. Como ellos mismos dicen, se trata de un episodio efímero (pongamos que de 1798 a 1803), un grupo de gente cambiante (aunque siempre dirigidos por los hermanos Schlegel) y una revista de la que sólo se editaron seis números *(Athenaeum).* He dicho antes que es un momento de la modernidad, aunque en todos los manuales aparece como un momento del romanticismo e incluso del primer romanticismo (el *Frühromantik*). Ciertamente es un prototipo de romanticismo, pero en una acepción de la palabra que, a mi modo de ver, debería incluir un vastísimo proyecto que sólo acaba hacia 1960. Si se acepta esta noción, el grupo aquí estudiado fue de los primeros en poner las bases de la modernidad: «Se trata, de hecho, y no es exagerado decirlo, del primer grupo de "vanguardia" de la historia».

El invento de este grupo, al que podemos llamar «del *Athenaeum*», es nada menos que la literatura en cuanto tal. Hasta ese momento no había tal cosa como una literatura en el sentido de un arte absoluto de la palabra escrita. Había, eso sí, un arte de la poesía, otro del drama, algo (poco) de la novela, y así sucesivamente. El grupo del *Athenaeum* unifica la totalidad del arte de la palabra y propone una primera teoría de la literatura como *absoluto.* Asombrosamente, en esa teoría la prosa toma el lugar de la más alta poesía y la literatura queda fundida en la filosofía en tanto que dos modos (literarios) de expresar el mundo en su verdad más recóndita. Esto es el «absoluto literario».

Así lo expone Friedrich Schlegel en su *Conversación sobre la poesía:* «Todo arte y toda ciencia que actúan mediante la palabra, cuando se ejercen como arte por sí mismas, y cuando alcanzan su cima más alta, aparecen como poesía» (p. 380). No es sólo un ataque contra la secular teoría de los géneros y sus forzosos *paragones,* es también la negación de toda la filología hasta ese momento y la propuesta de una historia de la literatura tan audaz que ni siquiera es posible escribirla en nuestros días.

El grupo estaba compuesto por dos dictadores, los hermanos Schlegel, y un conjunto variable de afiliados (Novalis, Wackenroder, Brentano, Von Arnim) que se reunían, se expulsaban, se excluían o formaban secesiones, como es habitual en cualquier movimiento de vanguardia. En su proximidad giraba una nube de mujeres poco típicas de su época, sexualmente emancipadas, con una notable formación filosófica y aguda percepción artística. Son Sophie Tieck, Bettina von Arnim, Carolina Michaëlis o Dorothea Mendelssohn-Veit. Todas acabaron casadas con alguno de los participantes del grupo.

Había también una relación externa, pero intensa, con personajes de extraordinaria importancia como Hölderlin, Schelling, Hegel, Schleiermacher o Goethe. Este último los detestaba, pero a él se unirían los Schlegel cuando la edad los volviera rapaces y la invasión napoleónica pusiera en marcha el nacionalismo germano.

No sólo inventaron la literatura tal y como la entendemos ahora. También transformaron la recepción de la herencia griega. A veces parece que la palabra «romanticismo» sólo puede usarse para asuntos empalagosos, pero es un enorme error. El romanticismo fue un movimiento revolucionario y salvaje que sacó de la quietud marmórea, del estatismo idealista, a los neoclásicos y a los kantianos. La Grecia que aparece tras la crítica de los románticos del *Athenaeum* ya no tiene nada que ver con «la belleza», la «serenidad» o «la perfección», es la Grecia arcaica, infernal, enigmática, siniestra que años más tarde Nietzsche expondrá magistralmente en su seminal *El nacimiento de la tragedia.*

La traducción es meritoria, aunque con imperfecciones inevitables dada la oscuridad del propio texto (téngase en cuenta que la mitad del libro es una antología de escritos de los Schlegel, Schelling y Novalis), lo que las hace excusables. Sólo he pillado un error grave, pero que puede corregirse con facilidad: la página 22 da como fechas del *Sturm und Drang* 1870-1880. Son, evidentemente, 1770-1780. Contando con estas mínimas mancillas, el libro es imprescindible para cualquier interesado por la teoría del arte y aun por la teoría de la teoría.

Goncourt. Los siameses estáticos

La escena que se me impone cuando pienso en ellos es la de Edmond, una vez huérfano o viudo de Jules (falta una palabra para esa estación del parentesco) y consciente de lo poco que le quedaba de vida, sentado ante la lumbre de su casa, en Auteuil, el blando rostro iluminado por las llamas y el cuerpo fundido en la oscuridad. Sostiene en una mano el haz de cabellos de su madre, en la otra los de su hermana muerta casi niña. Con un gesto seco arroja ambos despojos al fuego «para evitar la profanación que espera a las reliquias íntimas que dejan los solteros».

La anotación figura en el más célebre y menos leído de los diarios íntimos, el que escribieron a partir de 1851 los hermanos Edmond y Jules de Goncourt, primero a dos manos y luego, tras la muerte del más joven, durante veinte años por la sola mano de Edmond. En este monumental documento se pavonea entera la segunda mitad del Ochocientos, cincuenta años que refundaron el mundo hasta hacerlo irreconocible a los supervivientes. Un proceso que no deja de tener sus semejanzas con el que comenzó a finales del siglo XX y que está remodelando a una velocidad vertiginosa nuestro mundo actual.[1]

Los Goncourt son la pareja fraternal más extravagante de la historia de la literatura. Durante su juventud y debido a la diferencia de edad (Edmond había nacido en 1822 y Jules nueve años más tarde) cada uno de ellos acudió a colegios e institutos diversos, pero a partir de la muerte de la madre y en los siguientes veintidós años no se separaron ni un minuto. Miento: dos veces se ausentó Jules, aunque menos de cuarenta y ocho horas. En el diario aparece una anotación sobre tan horrible suceso: «Hoy quizás he comprendido lo que es el amor, si acaso existe. Quítesele el aspecto carnal, el contacto sexual, y eso es lo que hay entre nosotros [...] eso supongo que es el amor: el desballestamiento y la desintegración por la ausencia».

Lo más sorprendente es esa primera persona que escribe el diario. Los expertos atribuyen a Jules la gestión artística del texto y a Edmond la parte documental e histórica. Puede ser, pero debo decir que leído página a página no se advierte la menor diferencia de mano, sobre todo una vez muerto Jules. Esta fusión inconcebible se llevó a cabo, como es lógico, mediante la obsesiva renuncia a toda influencia femenina. Ambos hermanos, asiduos clientes de innumerables burdeles cuyas ofertas reseñan escrupulosamente en el diario, se mantuvieron alejados de cualquier tentación matrimonial y elaboraron uno de los discursos más misóginos que se conocen. En una sociedad donde las hijas de la burguesía no osaban usar su

---

1. Hay una antología española: Edmond de Goncourt y Jules de Goncourt, *Diario íntimo*, Barcelona, Alta Fulla, 1987.

genitalia fuera del matrimonio y con un régimen severo de herencias que arruinaba a los segundones, infinidad de solteros vivieron toda su vida acomodados a la prostitución.

Con esto, sin embargo, no basta para entender tan inquietante relación fraterna. Los Goncourt fueron, además, hijos siameses de una madre, la Literatura, que por aquellos años había usurpado el trono de la divinidad. Sin una fe inconmovible en la gloria literaria, en la eternidad de la obra de arte escrita, en la trascendental tarea del escritor como santo, guerrero y mártir, habría sido imposible soportar lo que hubieron de aguantar. Estaban persuadidos de que escribir era la actividad adecuada para quienes, habiendo perdido la fe en una Providencia que premia y castiga, quisieran sin embargo salvar el alma.

No eran los únicos: eso creían también sus amigos, Flaubert, Gautier, Sainte-Beuve, Zola, Daudet, Turguenev, Maupassant, con quienes se reunían constantemente. Todos ellos se sentían llamados a una tarea sagrada, casi siempre coronada por el martirio. A una de sus más célebres reuniones la bautizaron «la de los autores abucheados» porque todos ellos habían fracasado en el teatro, que era lo que entonces daba fama y dinero, como hoy el cine. Ninguno, excepto Zola, alcanzó la riqueza. Todos acabaron sus días de modo lamentable y en los aledaños de la derelicción.

En la actualidad, esa fe en la obra de arte escrita es algo que no podemos comprender de ningún modo. La fe en la vida eterna o en la gloria mediante el recurso a una religiosidad torcida, se ha trasladado a terrenos tan insensatos como la política o la beneficencia. En aquella segunda mitad del XIX, en cambio, la política era una actividad despreciada por la gente de bien. Los Goncourt vivieron la mutación de un mundo que en el año de su nacimiento, 1822, apenas estaba arrancándose al orden antiguo y a las diferencias naturales (por la sangre en el nacimiento, por las estaciones en el trabajo, por las energías terrestres, por el horario solar, por el transporte animal en la vida corriente) y que en el último año de su vida, 1896, había penetrado de lleno en la modernidad, en la antinaturaleza, la tecnificación, el control administrativo de las masas, los medios de formación de opinión pública, las máquinas, el deporte, el turismo...

Vivir en el centro del *maëlstrom* produce una quietud estática engañosa (la mística del arte por ejemplo, o las ideologías totalitarias que alucinan un mundo virginal), pero ofrece una visión confusa de los acontecimientos, los cuales giran a enorme velocidad alrededor del estático sin llegar a afectarle. Ésa es la impresión que produce el diario de los Goncourt: lo saben todo, lo anotan todo, pero todo lo ven como algo que pasa ante sus ojos a inconcebible velocidad y que está tocado por la muerte dado su distintivo carácter efímero. No es de extrañar, por lo tanto, que expresen todos los lugares comunes del pensamiento estático: el rechazo frontal de la democracia que ven formarse a su alrededor como una nube de langostas cada una de ellas armada con un voto en las mandíbulas, el antisemitismo agresivo, la misoginia histérica, el sarcasmo y el resentimiento ante el éxito de los modernos, sea en la revista musical o en el folletín.

Con suma delectación, Edmond va registrando cada signo de lo que juzga inequívoca decadencia, sin percatarse de que para la mayoría puede ser todo lo contrario. Algunos de sus síntomas son sensacionales. Una vieja regente de prostíbulo le comenta en una noche de tedio que antaño debía vigilar atentamente para que los clientes no repitieran el coito con disimulo y sin salir. En la actualidad, añade desdeñosa, «l'homme ne redouble pas».

Como todos aquellos que se ven atrapados por una transformación mundial armados sólo con vetustas ideas (en nuestros días, las de Mayo del 68), los Goncourt también se refugiaron en un paraíso artificial. No fueron las drogas y el alcohol de Baudelaire (a quien consideraban «une mouche à merde»), ni el terror nihilista, ni el nacionalismo turulato, sino el sueño de un Antiguo Régimen que nunca existió. Cuando estaban totalmente desprestigiadas y muy baratas, Edmond comenzó a comprar piezas artísticas del siglo XVIII, de las que llegó a reunir una notable colección. La primera compra, a los dieciséis años, fue una acuarela de Boucher, lo que da idea de la dignidad del legado. Y eso le salvó la vida: poder refugiarse en un mundo onírico, vagar por aquel museo que dispuso en su casa de Auteuil a la muerte del hermano y en los veinte años posteriores, hacer del pasado su ansiado futuro.

Allí, entre ebanistería de Boulle, dibujos de Watteau, acuarelas de Fragonard, aguadas de Robert o encuadernaciones que habían pertenecido a la Pompadour, encontraba solaz aquel ¿huérfano, viudo de hermano?, a cuyo alrededor estaba reventando el monstruoso y potentísimo volcán de la energía, la técnica y las masas. Por allí paseaba, tomando de vez en cuando en sus manos un grabado de Hokusai o una tabaquera del último Capeto. Y allí, sentado junto al fuego, exhausto, derrotado y ojimuerto, me viene siempre a la memoria con un haz de cabellos blancos en la mano derecha y otro de rubios cabellos en la izquierda, segundos antes de entregar al fuego la única caricia del mundo femenino que había podido aceptar.

Benjamin

LAS CATACUMBAS Y EL FIRMAMENTO

No creo que haya ensayo filosófico más famoso, complejo, influyente y poco leído que la así llamada *Obra de los pasajes* de Walter Benjamin. Su nombre obedece a que ni siquiera puede llamarse «libro»: es un montón de papeles que acabaron guardados en una maleta y en cuyas páginas hay kilómetros de citas (ajenas) y comentarios (de Benjamin). ¿Un conjunto de ruinas? Así lo describe Giorgio Agamben: es la visión de un superviviente cuando pasea la mirada por los cadáveres y ruinas que se extienden a su alrededor tras un bombardeo.

La editorial Abada ha publicado una nueva versión de este clásico dentro de la ambiciosa obra completa del autor, y tiene como garantía la solvencia de su traductor, el poeta Juan Barja.[1]

---

1. Walter Benjamin, *Obra completa V. Obra de los pasajes, Volumen 1*, Madrid, Abada, 2014.

¿Qué andaba buscando Benjamin con tan abrumadora acumulación de documentos fragmentarios? Es casi imposible contestar a esta pregunta. El editor alemán, Rolf Tiedemann, cree que la ambición de Benjamin era escribir una filosofía de la historia que superara la herencia de Hegel y Marx. Otros opinan que es el más sofisticado análisis de los orígenes del capitalismo industrial. También los hay que no la tienen por obra de filosofía sino de literatura, un prodigioso experimento comparable al de Joyce, que usa aquellas técnicas cinematográficas de montaje sobre las que tanto escribió Benjamin. Y no falta quien cree que, por lo menos en su primera parte, es un poema surrealista.

Porque en realidad hay dos partes y mantienen grandes diferencias la una con la otra. Nuestro pensador trabajó en su obra de 1927 a 1940. En la primera etapa, de 1927 a 1929, es indudable que quería reconstruir el auge del capitalismo nacido de la Revolución Francesa, haciendo uso de un método sorprendente: vivificando las ruinas que han quedado de aquel primer momento explosivo. Así, por ejemplo, los Pasajes, los Panoramas, los grandes almacenes de París, pero también la publicidad o la prostitución. Estos restos arqueológicos aparecen ante nuestro entendimiento como cadáveres devueltos a la vida (Benjamin usó la palabra «fantasmagoría» para su proyecto) y con capacidad para «despertarnos» del sueño capitalista.

En esta primera parte, Benjamin explora un mundo compuesto por mitos eternos que se vuelven a activar en cada etapa de la historia y que como tales mitos son invisibles en el presente, pero pueden intuirse en el pasado. El método no es muy distinto al de algunos surrealistas (en este caso Aragon) cuando describen un surtidor de gasolina como si fuera un tótem salvaje de los tiempos modernos. «El capitalismo es un producto natural junto con el cual le sobrevino a Europa un nuevo sueño en cuyo interior las fuerzas míticas se vieron nuevamente reactivadas», escribe. Y éste fue el problema. Su mentor y protector, el filósofo Theodor W. Adorno, marxista ortodoxo y simpatizante del Partido Comunista, no podía admitir que Benjamin pusiera en modo onírico lo que para los creyentes era una superestructura racionalmente deducible de la infraestructura material. Benjamin tenía que cambiar de método si quería mantener la protección de Adorno.

Así que, a partir de 1929, Benjamin interrumpió su obra y se puso a estudiar la de Marx. Tanta humildad no se vería recompensada porque nunca alcanzó a ser un comunista aceptable y aún en la actualidad sólo los muy conservadores lo siguen presentando como filósofo marxista. El caso es que no reemprendió su obra hasta 1934 y ya no la abandonaría hasta 1940, cuando la persecución nazi le obligó a escapar de París. Como es sabido, acabaría suicidándose en Portbou.

En su segunda parte la música tiene otro programa, otra armonía, y aunque continúa siendo palmariamente benjaminiana, sopla en ella un fuerte viento materialista que impone al texto nuevos mitos y fantasmagorías sin por ello disminuir la fuerza analítica. Son ahora los fantasmas de la Comuna, del París de Haussmann, de la Bolsa, de los ferrocarriles, de la gran banca. Y es también el fantasma de Baudelaire, luminoso aparecido lírico, primer poeta de la ciudad industrial que insufla sentido a la acumulación de mercancías, con gran irritación de Adorno.

Baudelaire será una obsesión de Benjamin y logrará arrancar al poeta del Olimpo francés, donde mueren los grandes, para devolverlo a la vida verdadera. He aquí una iluminación perfecta: Benjamin dio vida nueva a una poesía que había sido condenada a gloriosa ruina y languidecía convertida en mármol. Baudelaire se había convertido en un busto sin vida. Él lo devolvió al presente activo. La misma editorial Abada acaba de publicar, dentro de sus obras completas, el conjunto de ensayos que Benjamin dedicó a Baudelaire. Una edición imprescindible.[2]

En su segunda parte, el concepto clave de los *Pasajes* será el fetichismo de la mercancía, noción que tomó de Lukács, no de Marx, y que ha ido adquiriendo fuerza a medida que el capitalismo se ha ido haciendo cada vez más agresivamente fetichista. Las «imágenes del deseo» que se ocultan en las mercancías eran de nuevo, para Benjamin, espectros míticos que se filtraban desde el pasado en la vida del presente para hacernos caer en un sueño. Iluminarlos conducía a nuestro despertar. A nosotros, que no sólo vivimos el fetichismo de las mercancías de un modo absoluto, sino que lo aceptamos como lo propio de «la Naturaleza», es decir, que ya no queremos despertar, esta segunda parte nos puede parecer casi melancólica. Lo que Benjamin intuía en 1935 se ha convertido en un monstruo colosal que cubre con su sueño narcótico el globo entero y contra el que carecemos de herramientas

2. Walter Benjamin, *Baudelaire,* Madrid, Abada, 2014.

críticas decisivas tras el hundimiento de la izquierda en su propio sopor arcaico.

Eso no hace menos interesante la segunda parte, en la que asistimos al ascenso de la mercancía (el fantasma por antonomasia) desde las catacumbas (los pasajes) hasta los palacios (los grandes almacenes) y finalmente a los templos (las exposiciones universales). La mercancía y su deseo fantasmagórico nace enterrada en los subterráneos iluminados por gas del París ochocentista, sube impetuosa a los escaparates lujosos de los grandes bulevares y acaba por asentarse en un pedestal parecido al trono de San Pedro a partir de las exposiciones universales.

La grandeza de esta obra catastrófica permite tantas interpretaciones que los comentaristas siempre nos quedamos cortos, pero no quiero dejar pasar un elemento de cierta importancia para algunos lectores. Indirectamente, en esta obra se encuentra oculta o sumergida una defensa romántica del arte, tan original como oscura. Es evidente que Benjamin luchaba contra la filosofía de la historia «progresista», la de Hegel, la de Marx, pero también la del cristianismo. Él no creía en la continuidad temporal y escatológica que permite deducir leyes y sentido a los acontecimientos, como si el tiempo se dirigiera hacia algún lugar. Aun cuando simuló ser un materialista dialéctico tenía demasiada inteligencia para someterse a un dogma. Veía el curso de la historia como una secuencia siempre interrumpida, un cataclismo enigmático que amontona cadáveres y que a veces se ilumina con el relámpago de un «acontecimiento». Sin embargo, en ese momento de iluminación, lo que aparece a nuestro entendimiento es un mito que regresa en un renacimiento perpetuo. Lo que vemos durante los escasos momentos en que despertamos de nuestra ensoñación son arquetipos originarios que dan brevemente sentido a una existencia banal mediante la unión perfecta de presente y pasado. Esos momentos de iluminación no los producen las guerras, las revoluciones, los inventos o las luchas sociales, los producen las obras de arte.

En nuestro firmamento brillan miríadas de estrellas, pero muchas de ellas sabemos que ya han muerto y hasta nosotros sólo llega su fantasma. Lo mismo sucede con las obras de arte, con la particularidad de que incluso las muertas y fantasmagóricas permiten a los buenos marineros navegar por el mar de la existencia.

REGRESO A LA URBE

Ustedes se preguntarán si es éste el momento idóneo para entrar en una obra semejante, inmensa cantera donde se acumulan los materiales y las herramientas anhelantes del obrero que es cada lector y de quien se espera trabajo, reflexión, imaginación y esfuerzo. Sí, así lo creo. No se me ocurre mejor momento que éste, cuando todo aquello de lo que habla Benjamin está balanceándose en el filo del precipicio.[3]

El primer volumen comenzaba con esa pieza seminal que ha dado lugar a un replanteamiento general del jui-

3. Se refiere al segundo volumen de la obra que se comenta en el artículo anterior: Walter Benjamin, *Obra completa V. Obra de los pasajes, Volumen 2,* Madrid, Abada, 2015.

cio sobre las grandes ciudades industriales, las diversas metrópolis cuyo modelo inicial fue París. En aquel París, capital del siglo XIX, había mayor número de ideas en aluvión y sin apenas desbroce que en toda la obra de los urbanistas hasta ese día. A esas escasas páginas les han nacido las doce tribus del pensamiento sobre la ciudad contemporánea. Lo asombroso es que el breve artículo era sólo el anuncio de un trabajo extenso e intenso sobre los orígenes del capitalismo para el que Benjamin acumuló tal cantidad de materiales que su pura presencia impidió la realización del proyecto. Parece un cuento de misterio: cuando Benjamin ya lo supo todo sobre la fantasmagoría capitalista del XIX, se desentendió del asunto principal.

Como el condenado a muerte de Borges, el cual, tras observar con suma atención la piel del jaguar que va a devorarlo vivo, descubre la escritura secreta del universo, lo que le permite leer el firmamento estrellado y averiguar el plan universal de los dioses de manera que ya la muerte no le importa, así también Benjamin, tras acumular, en lo que llamó *Notas y materiales,* miles de citas, comentarios, fragmentos, ideas y esquemas, dejó de ocuparse en aquel asunto vagamente marxista sobre el capitalismo y pasó a consideraciones de mayor calado sobre la existencia de los humanos y su historia. Los alemanes le facilitaron la salida. Dado que iban a matarle y estaba condenado a muerte, prefirió suicidarse en Portbou.

En el segundo volumen prosigue la edición de las *Notas y materiales.* Son otras ochocientas páginas sobre los asuntos esenciales de su investigación. Hay capítulos sobre el desarrollo técnico, que iba a ser la nueva religión de las metrópolis hasta el día de hoy. Las vías férreas, la litografía, la fotografía o la escuela politécnica emergen como embriones del futuro (y actual) desarrollo del Titán. Fourier, Saint-Simon, Marx son los barbudos abuelos veterotestamentarios. Victor Hugo, Daumier, el *Jugendstil,* los momentos de iluminación del capitalismo de las catacumbas. Y así sucesivamente.

Como en el anterior, ocupa un lugar privilegiado el ocioso paseante que es el nuevo actor de la representación urbana, el *flâneur* que escruta, observa, vigila, advierte las peculiaridades de esa sociedad apiñada en espacios exiguos. Éste es el padre del investigador moderno, sociólogo, etnólogo, antropólogo, novelista, detective privado o asesino en serie, pues todo irá naciendo del primer *flâneur,* desde el criminal que aprovecha el anonimato metropolitano para degollar prostitutas, hasta el poeta que se sumerge en las ondas embriagadoras de la multitud, como escribió Baudelaire.

Justamente, para júbilo de los benjaminianos, merece la pena informar de que se acaba de editar el libro del amigo de Benjamin que inspiró la figura del *flâneur,* Franz Hessel, cuyos *Paseos por Berlín* escritos en 1929 son el modelo de lo que el filósofo explicará largamente en los *Pasajes.*[4] Y también es un maravilloso viaje por la metrópolis de hace casi cien años que nos permite descubrir, no ya los cambios, sino las metamorfosis de la vida berlinesa.

Desde que la obra de Benjamin comenzó a divulgarse con una cierta seriedad, tan tarde como en los años sesenta del siglo pasado, su figura ha ido creciendo hasta hacerse inevitable. En la actualidad estudian a Benjamin en

---

4. Franz Hessel, *Paseos por Berlín,* Madrid, Errata Naturae, 2015.

los centros de negocios, en los departamentos de Arquitectura, de Ingeniería, de Teología, de Sociología, de Economía, de Bellas Artes, en fin, en todos los departamentos menos en los de Filosofía. Exagero, también en los de Filosofía, aunque algo más tarde. El retraso se debió al marxismo de Benjamin, que viene a ser como el cubismo de Morandi, o sea, nulo, lo que irritaba a los profesores progresistas, que son legión. En la actualidad, Benjamin ha permeado ya hasta las redacciones de las revistas de peluquería. Es algo preocupante.

Justamente por su enorme popularidad, apenas hay obra contra Benjamin o crítica con sus posiciones. Sólo de vez en cuando alguien se atreve a poner en duda algunos de sus juicios. En un reciente trabajo de Joan DeJean, por ejemplo, se corrige que el plan de Haussmann para la remodelación de la urbe respondiera a las ideas tan avanzadas y racionales que supone Benjamin.[5] Sorprendentemente para el criterio actual, DeJean afirma que quizás se trataba de completar la reforma de Luis XIV, las grandes avenidas y bulevares construidos bajo su reino en las viejas defensas devenidas, obsoletas por el avance de la artillería. Paradoja: habría sido una continuación tradicionalista del diseño monárquico y no una invención revolucionaria. Una golondrina no hace verano. Estamos aún a la espera de una visión en verdad crítica de esta obra inmensa, caótica, imaginativa, onírica, que tanto se parece a nuestra propia época. Quizás por eso la amamos tanto.

---

5. Joan DeJean, *How Paris Became Paris. The Invention of the Modern City,* Londres, Bloomsbury, 2014.

Barthes. Borrón y cuenta nueva

El azar ha querido que vuelva a leer un librito que hace treinta años dio mucho que hablar y que todavía figura en innumerables bibliografías universitarias. En 1973, cuando escribió *El placer del texto,* Roland Barthes aún no había cumplido sesenta años y le quedaban siete de vida. Estaba en el cenit de su prestigio como pensador. Aunque escaso de páginas, el ensayo causó cierto alboroto porque Barthes abandonaba el lenguaje formal estructuralista y semiótico para adoptar un punto de vista más próximo a Derrida, con el que osaba defender el placer *(plaisir)* y el goce *(jouissance)* del texto. Leído ahora mismo, uno se mesa la barba al constatar las trivialidades que entonces fueron tomadas con total seriedad. El ensayo entero no es sino una analogía alargada hasta la náusea del texto literario como cuerpo físico al que se puede azotar, morder, chupar o mortificar. Yo llegué a cometer un prólogo para una selección de escritos de Barthes en 1974 y ahora no alcanzo a entender el porqué.

No estoy negando el interés, sea de curiosidad o de documentación, que pueda llevar a la lectura de Barthes, ni la desaconsejo, Dios me libre, sólo me asombro de la ligereza, la liviandad de un mundo intelectual, el de la Francia posterior a Mayo del 68, tan evidentemente irresponsable, y me maravilla que Barthes, o Bataille, o Blanchot mantengan su presencia en la universidad. Como lectura privada, casi diría «poética», y aunque el estilo almibarado, refitolero y pedantesco de estos manieristas pueda atacar los nervios, se comprende. Como pensamiento serio, es imposible.

Algunas frases de Barthes pierden todo su sabor cuando se traducen, pero no su vaporoso sinsentido: «Placer edípico (desnudar, saber, conocer el principio y el fin), si es cierto que toda narración (todo desvelamiento de la verdad) es una puesta en escena del Padre...». ¿Toda narración es una puesta en escena del Padre? ¿Un desvelamiento de la verdad? ¿Y en cambio no lo es un informe de la fiscalía, o la Constitución de los Estados Unidos? En fin, no es sólo la banalidad del pensamiento lo que espanta, es también su afectación, su coquetería (herencia del peor Valéry) y ese temor tan característico del mandarín a ser tomado por inelegante, por plebeyo. «Esos pelmazos que decretan la forclusión del texto y de su placer, sea por conformismo cultural, sea por racionalismo intransigente, sea por moralismo político, sea por crítica del significante, sea por pragmatismo imbécil...» Y así sigue hasta quedarse solo, como un Narciso de cartón con su espada de madera, rodeado de cadáveres imaginarios.

En los detalles, en las frases sueltas, muestra ese aplomo de una generación a la que nadie ha criticado en serio, a la que nadie ha plantado cara y que se ha permitido todos los excesos verbales, políticos y morales. Son frases lapidarias, como sentencias en una lengua muerta, y a veces parece un Lucano sin inteligencia: «El escritor es alguien que juega con el cuerpo de su madre». O bien, «Entre adultos, la novedad constituye siempre la condición del gozo». O por ejemplo, «Lo "popular" no conoce el Deseo —sólo los placeres». No hay que exagerar, fue la sociedad francesa entera, o su segmento más culto, quien aceptó estas banalidades como si fueran el fruto de un trabajo real, de una investigación rigurosa, de una tarea severa. En realidad, sólo eran ocurrencias de *flâneur*.

Algunos mecanismos sociales se inventaron para corregir desvíos, chapuzas, errores, estupideces que pueden traer consecuencias muy graves a la población. El más eficaz es la competencia de los mandos y su inmediata sustitución cuando causan un daño. En Gran Bretaña (y sólo en 2004) hemos visto caer un par de poderosos periodistas por errores informativos. En los Estados Unidos nadie admitiría que un técnico del gobierno siguiera en el empleo tras provocar un derrumbe como el de Barcelona. Ni siquiera en Alemania se permitiría la permanencia de un político por cuya irresponsabilidad o inepcia se hubiera producido una severa pérdida de fondos públicos. La historia del AVE sería imposible en un país civilizado.

Cualquiera que tenga el hábito de leer prensa culta anglosajona o alemana sabe a qué durísimo examen se somete cualquier ensayo filosófico, humanístico o científico en aquellos países. De Francia, sin embargo, mi generación aprendió la irresponsabilidad elegante, la inmoralidad *chic*, una premonición de la «vida cultural» como espectáculo de masas. Quizás esa debilidad, en un país como Francia, de soberbia tradición intelectual, viniera causada por la imposibilidad de juzgar públicamente la colaboración de las clases cultas con el invasor alemán. Al desprestigio de los intelectuales durante la ocupación siguió una política de sacralización indiscriminada.

Lo que me importa subrayar es el alcance de esa irresponsabilidad. Barthes, como muchos de sus amigos o discípulos de la época, Althusser, Deleuze, Kristeva, Sollers, Pleynet, Sarduy, ¡tantos otros ya desaparecidos!, influyeron decisivamente sobre mi generación y acentuaron la tendencia a la irresponsabilidad secular en nuestro país. Hoy, desde el poder (y no me refiero a Zapatero y su equipo, como es lógico, pues son más jóvenes y su estupidez es de otro tipo), la vieja generación se encuentra inerme frente a la crítica. No han sido nunca criticados en serio, y si alguien lo intentó, fue lapidado. He aquí su mayor debilidad, justo antes del retiro. Y ésa es también la razón por la que a cualquier reserva o desacuerdo sobre su trabajo responden con esa estupidez en forma de insulto: «¡Facha!». ¿Facha?

En su imprescindible *Koba the Dread,* Martin Amis se pregunta cómo es posible que todavía hoy, con toda la información que obra en nuestro poder, si alguien declara su simpatía por los nazis es razonablemente eliminado de la vida pública, pero si declara su simpatía por los comunistas bolcheviques puede incluso recibir aplausos.[1] En su ensayo, Amis recoge sólo algunas de las más espantosas

1. La novela de Martin Amis se publicó en 2002 y al cabo de dos años en España: *Koba el Temible,* Barcelona, Anagrama, 2004.

carnicerías del comunismo soviético. A ellas habría que añadir las de Mao, Fidel, los Khmers rojos y las apenas conocidas del continente africano. Amis se pregunta por qué llamaban «facha» a su padre tras abandonar el Partido Comunista cuando conoció los asesinatos estalinistas, y quiénes eran, en realidad, los fascistas. Así pues, ¿quién es el fascista?

Hace poco, un colaborador de todas las dictaduras menos una, Santiago Carrillo, se ufanaba de ser el único comunista que no se había equivocado jamás, ante la sonrisa complaciente del entrevistador. Como si fuera una figura del deporte, este hombre ni siquiera se tomaba en serio a los muertos. También puede suceder que no se hubiera enterado de nada, pero eso sería aún peor. ¿Los comunistas españoles estuvieron cuarenta años en manos de un incompetente?

Mientras esta irresponsabilidad, esta moral acomodaticia no se remedie, no habrá una argumentación real contra el terrorismo, el cual recibe en España, por parte de la izquierda, un tratamiento casi delicado. Ni siquiera una ideología infame, como el etnicismo de Ibarretxe y sus colegas sabinianos (ninguno de ellos ha renunciado al racismo de los escritos de Arana *explícitamente*) recibe el tratamiento que se merece, sino una comprensiva palmadita en la espalda cuando no el aplauso de la cámara catalana entera y en pie o el decisivo apoyo de Izquierda Unida.

Puede parecer exagerado pasar de Barthes a Ibarretxe... y lo es, porque Barthes era una excelente persona. Pero tengo para mí que la irresponsabilidad intelectual de los años setenta y la ausencia de una crítica que permitiera hacer balance y pasar página, es decir, determinar el presente mediante una definición recta del pasado franquista, ha conducido a la total irresponsabilidad administrativa y política de nuestra desorientada actualidad.

Jünger. Lecturas para el siglo XXI

Sin duda el tiempo transcurrido desde la Segunda Guerra Mundial se ha ido petrificando con aquella forma que ya le dibujaba Ernst Jünger en 1934, cuando publicó su ensayo sobre el dolor.[1] Sin embargo, todavía produce desasosiego; no hace mucho, el rector de la Universidad Menéndez Pelayo, Ernest Lluch, aún excusaba su ignorancia sobre la obra de Jünger aduciendo que un hombre de izquierdas (seguramente se refería a Ernest Lluch) no podía leer a nazis o simpatizantes de nazis. Es imposible decir cuál de las dos afirmaciones resultaba más inconveniente.

La actualidad, en cualquier caso, sigue confirmando las intuiciones de Jünger sobre los procesos de masificación controlada y crecimiento en el rigor de la vigilancia totalitaria que forman la espina dorsal de nuestras sociedades.

---

1. Hay edición española: Ernst Jünger, *Sobre el dolor; seguido de La movilización total y Fuego y movimiento,* Barcelona, Tusquets, 1995.

Ambos fenómenos se han extendido y perfeccionado espectacularmente desde la derrota de los nazis.

El «dolor» del que aquí se trata es la constatación negativa del cuerpo, así como el goce sería su constatación positiva. Sin embargo, la constancia terrible del cuerpo cuando un dolor nos lo hace presente, ha variado desde la aparición de la modernidad tras las guerras napoleónicas. En la era clásica y en el Antiguo Régimen, el cuerpo se situaba como coraza protectora, como avanzadilla contra el asalto del dolor. Detrás del cuerpo, a distancia, la conciencia vigilaba el comportamiento del escudo físico y se preparaba para un segundo asalto. La impasibilidad estoica ante el dolor, la desdicha o la muerte, era la demostración de que el espíritu, lo propiamente humano, «se hallaba ausente de la carne», vigilando desde la retaguardia. En tales circunstancias, la batalla podía llegar al cuerpo a cuerpo y el dolor no era «lo peor de la muerte».

Pero la modernidad, dice Jünger, ha situado el cuerpo en el centro de su sistema de valoración y control; el cuerpo es la mercancía más abundante y valiosa en el desarrollo del mercado moderno desde que inició el asalto planetario. Un asalto que se ha ido afinando con sucesivas dictaduras tecno-financieras como las de Napoleón III, Hitler, Stalin, o los miles de tiranos «populares» de los últimos cincuenta años. El perfeccionamiento de las sociedades avanzadas siempre ha supuesto una más clara centralidad del cuerpo humano. Por las mismas fechas, los Estados Unidos ponían en marcha un modelo más eficaz de control y vigilancia, capaz de actuar sobre enormes masas sin necesidad de recurrir a simbologías groseras como la del autócrata patriarcal.

La consecuencia, al quedar el cuerpo como único valor de lo «humano», es que el ataque del dolor se produce ahora sin mediaciones y con una capacidad aniquiladora muy superior a la de todas las épocas anteriores. Comienza así la llamativa huida del dolor que es tan propia de la modernidad: ocultación de la muerte en tanatorios y centrales médicas destinadas a la desaparición; obligación legal de poseer un cuerpo sano (también llamado «joven») para las industrias cosméticas, del ocio, del deporte, o de la cirugía; distribución masiva de opiáceos, tranquilizantes, estupefacientes y drogas de confección barata y masiva; congelación de la inteligencia por medio de grandes consorcios de cine-televisión-prensa-publicidad, así como de una educación pública cada vez más parecida a un parque temático; conversión de la gerencia política y la administración de justicia en espectáculo de masas; uso de la beneficencia como publicidad planetaria; etcétera. El conjunto de transformaciones facilitadas por la desaparición del «escudo», por la pérdida de distancia respecto del dolor, es formidable.

Quizás el grupo más asombroso de cambios que Jünger intuye desde su atalaya de 1934 sea la aparición de los gigantescos sistemas de aseguración de masas: jubilaciones, seguridad social, fondos de pensiones (en la actualidad, los mayores entes financieros del mundo), propiedad bancaria sobre el futuro, y en fin todo el entramado dirigido a mantener el sueño de la anulación del dolor. Un sueño de inmortalidad asegurada... pero sueño al cabo, porque nuestra cita con el dolor es inevitable; basta considerar la carnicería que produce el automóvil cada semana (una muerte «políticamente correcta», en los cómputos del Estado) para comprender la idealidad del sistema de aseguramiento y control.

Como es lógico, Jünger concede especial importancia a la transformación de la guerra. Su traductor, Andrés Sánchez Pascual, uno de los hombres que más ha hecho por la difusión de la obra de Jünger en España, ha tenido la excelente idea de incluir dos ensayos coetáneos del principal, *La movilización total* y *Fuego y movimiento*, con los que se precisan las intuiciones de Jünger sobre el modelo de la guerra en la «era del trabajador». Lo más inquietante es, naturalmente, la inexistencia de soldados excepto en el papel de muertos. La guerra del Golfo conmovió a toda la tropa intelectual por su ejemplaridad; pero no menos ejemplar está resultando la guerra de los Balcanes, en la que tampoco hay soldados ni batallas, sólo fosas repletas de cadáveres. La desaparición del soldado clásico convierte a todos los combatientes en terroristas (Jünger aún les llama «partisanos»), transformación imprescindible ya que no hay otro objetivo que la aniquilación total del enemigo. Ahora bien, el enemigo es la entera población; por lo tanto, toda guerra ha de ser necesariamente «sucia».

Por cierto, permítanme decirles que Jünger se moriría de risa si supiera que la derecha de este país trata de acabar con el gobierno socialista acusándole de practicar una «guerra sucia» contra el terrorismo.[2] La desaparición del soldado y la aparición de los «técnicos de seguridad» convierten a todo el aparato de control estatal en un permanente agente

2. Este artículo, uno de los más antiguos de este libro, está escrito en 1995, al final del último gobierno socialista de Felipe González, poco antes de que, en 1996, ganara las elecciones el Partido Popular con José María Aznar a la cabeza. El autor se refiere a la polémica de los GAL —el grupo parapolicial que se enfrentó a ETA— que entonces ocupaba la actualidad política.

de «guerra sucia». Tratar de limpiar el Estado de técnicos de «seguridad» es como intentar convertir al cristianismo a los miembros del aparato burocrático del Vaticano.

Así como Tocqueville fue el profeta del siglo XIX, Ernst Jünger, que ya ha vivido todo el siglo XX, aparece como el profeta del siglo XXI. Es posible que algunos crean que una acusación de «nazismo» (perfectamente falsa, aunque eso sea irrelevante) es motivo suficiente para no leerle, pero entonces ignorarán una de las voces más claras y contundentes, más informativas y ricas de la modernidad.

Judt.
A favor de la memoria histórica

Tener un amigo que, cuando lo necesitas, te presta mil euros para pagar el alquiler es una bendición, pero hay regalos más duraderos que el dinero, aunque no muchos. Uno de ellos es un libro porque sus efectos sobre nuestra vida pueden ser perdurables. Cuando Jorge Vigil me regaló hace una semana el libro de Tony Judt titulado *Sobre el olvidado siglo XX* no me libró de un casero ocasional, sino del deudor más peligroso: el desánimo.[1]

Llevaba yo una temporada abatido al constatar el escaso número de escritores, periodistas, profesores, en fin, gente responsable, que compartía conmigo una visión tan poco optimista de la España actual, de su vanidoso gobierno y de sus caprichosas autonomías, cuando de pronto me vi arropado por un profesional cuya opinión se respeta en el mundo civilizado. Un alivio. Tras leer a Judt me pareció entender que no éramos, mis colegas críticos o yo mismo, un cultivo cizañero al que divierte poner a parir el espectáculo

1. Tony Judt, *Sobre el olvidado siglo XX,* Madrid, Taurus, 2008.

gubernamental, un fruto de secano cubierto de espinas que sigue, como en tiempos de Franco, arrastrando su soledad a la manera de un estandarte. Si un producto de regadío tan bien nutrido como Judt decía exactamente lo mismo, aunque referido a objetos de mayor tamaño, cabía la posibilidad de que no estuviéramos del todo equivocados, los incorrectos de esta provincia.

Aunque sea una colección de artículos, algunos ya con una década sobre el título, la poética del libro de Judt, su claro y distinto pensamiento, puede resumirse sucintamente. El «olvidado siglo XX» (así lo llama) ha sido uno de los más atroces de la historia de la humanidad. Sus matanzas no pueden compararse, ni en cantidad ni en calidad, a las añejas barbaridades. La gigantesca nube de horror del Novecientos tiene, además, una característica peculiar. A diferencia de los tiempos antiguos, en el siglo XX se expande y domina una fuerza de choque ideológica que desde el caso Dreyfus se denomina «la intelectualidad», la cual se encarga de justificar todas las salvajadas pretendidamente izquierdistas. De ahí el «olvido» y la buena conciencia.

A comienzos de siglo, tras la Primera Guerra Mundial y la Revolución Rusa, la parte mayor y mejor de esa intelectualidad europea apoyó lo que se solían llamar «posiciones de izquierda». Y entonces lo eran. El drama es que a medida que el siglo avanzaba, las «posiciones de izquierda» iban dejando de ser de izquierda y se convertían en mero usufructo de intereses de partido, cuando no económicos y de privilegio. La derecha nunca ha tenido necesidad de justificar sus infamias, no trabaja sobre ideas sino sobre prácticas, pero se suponía que la izquierda era lo opuesto. En la nueva centuria ya no hay diferencia.

Quienes nos hicimos adultos en la segunda mitad del siglo xx y nos creímos parte integrante de esa izquierda que, según nuestro interesado juicio, recogía lo mejor de cada país, no sólo estábamos siendo conservadores y acomodaticios al no movernos de ahí a lo largo de las décadas, sino que fuimos deshonestos. Eso no quiere decir que no hubiera en la izquierda gente honrada y dispuesta a sacrificarse, muchos hubo y algunos murieron en las cárceles de Franco, pero no eran escritores, ni periodistas, no eran, vaya, «intelectuales». Y lo que es más curioso, aquellos escritores que en verdad eran de izquierdas tuvieron que soportar los feroces ataques de los «intelectuales de izquierdas» oficiales que entonces, como ahora, apoltronados en sus privilegios, eran enemigos feroces de la verdad. Tal fue el caso de Camus, de Orwell, de Serge, de Koestler, de Kolakowski, que se atrevieron a ir en contra de las órdenes del partido y de la corrección política. Las calumnias que sobre ellos volcó la izquierda aposentada, descritas por Judt, son nauseabundas.

De ellos habla su libro, pero podría haber hablado de otros cien porque cualquiera que osara ir en contra de la confortable izquierda oficial para denunciar las carnicerías que se estaban produciendo en nombre de la izquierda, era inmediatamente masacrado por los tribunos de la plebe. Tachados de fascistas, de agentes de la CIA, de criptonazis o de delincuentes comunes, hubieron de soportar casi indefensos los embustes de los ganapanes. Luego los calumniadores se tomaban unas vacaciones en Rumania y regresaban entusiasmados con Ceaucescu. En las hemerotecas constan nuestros turistas entusiastas. Lo mismo, en Cuba. Fueron muchos.

La deshonestidad no afectó tan sólo a los crímenes estalinistas, maoístas o castristas. En un capítulo emocionante explica Judt las dificultades que tuvo Primo Levi para que la izquierda italiana tomara en consideración sus libros sobre Auschwitz, comenzando por el arrogante Einaudi. Y cómo hasta los años sesenta, más de veinte años después de escritos sus primeros testimonios sobre el Holocausto, no comenzaron a horrorizarse los izquierdistas. ¡Veinte años en la inopia, la progresía!

La impotencia de tres generaciones de izquierdoides para defender la verdad se acompañó del triunfo de los héroes de la mentira, desde el Sartre envilecido de los últimos años, hasta el chiflado Althusser, cuyos delirios devorábamos los monaguillos de la revolución maoísta. Todavía hoy un valedor de la dictadura como Badiou fascina a los periodistas con un libro sobre «el amor romántico», cuando es el sentimentalismo tipo Disney justamente lo propio del kitsch estalinista y nazi, su producto supremo. Sigue siendo uno de los más dañinos errores de la izquierda no aceptar que entre un nazi negacionista y un estalinista actual no hay diferencia moral, por mucho que el segundo pertenezca al círculo de la tradición cristiana (y haya tanto sacristán comunista) y el primero al de la pagana (y por eso ahí abunda el fanático de la Madre Patria).

Ya es un tópico irritante ese quejido sobre el galimatías de la izquierda, su falta de ideas, su desconcierto. ¿Cómo no va a estar desnortada, o aún mejor, pasmada, si todavía es incapaz de admitir honestamente su propia historia? ¿Si sólo entiende la memoria histórica en forma de publicidad comercial sobre la grandeza moral de sus actuales jefes? Aún hay gente que dice amar la dictadura cubana «por progresismo» y el actual presidente del gobierno (uno de los más frívolos que han ocupado el cargo) se ufana de ello.[2] ¿Saben acaso el daño que producen en quienes todavía ponen ilusión, quizás equivocada, pero idealista, en la palabra «izquierda»? ¿Y cómo puede un partido que alardea de progresista pactar hasta fundirse con castas tan obviamente reaccionarias como las que defienden el soberanismo de los ricos? Dentro de un lustro no quedará nadie por debajo de los sesenta años que se crea una sola palabra de un socialismo fundado sobre tamaña deshonestidad.

No es que la izquierda ande desnortada o carente de ideas, es que no existe. Su lugar, el hueco dejado por el difunto, ha sido ocupado por una empresa que compró el logo a bajo precio y ahora vende que para ser de izquierdas basta con decir pestes del PP. ¡Notable abnegación la de estos héroes del progreso! ¡Cómo arriesgan su patrimonio! ¡Qué ejemplo para los jóvenes aplastados por la partitocracia farisaica! El resultado, como se vio en Francia, es el descrédito de los barones, marqueses y princesas del socialismo. Su inevitable expulsión del poder. Y la destructiva ausencia de ideas en un país que ya soporta el analfabetismo funcional mayor de Europa. Una herencia que enlaza con la eterna tradición española de sumisión al poder llevada con gesto chulo por los sirvientes. Esta vez bajo el disfraz del progreso.

---

2. Se refiere a José Luis Rodríguez Zapatero, presidente del gobierno de España entre 2004 y 2011.

Y mira que sería sencillo que la izquierda recuperara su capacidad para armar las conciencias, inspirar entusiasmo y ofrecer esperanza en una vida más digna que su actual caricatura. Bastaría con decir la verdad y enfrentarse a las consecuencias. ¡Ah, pero son relativistas culturales! Y por lo tanto para ellos la verdad es un efecto mediático.

Malraux.
Volver a leer los nuevos libros

A una edad temprana, cuando la arcilla todavía húmeda sólo se sostiene si gira velozmente, conocí a un personaje notable. Era el heredero del pintor Rusiñol y aunque quizás entonces no contara ni cincuenta años, me parecía un anciano al borde de la muerte. Coincidíamos en verano, época en la que mis abuelos me llevaban consigo a un balneario del Pirineo. Rusiñol júnior, larguirucho, filiforme, de presencia gótica, era allí celebrado por hablar con los gansos del estanque. Más tarde me diría que tenía por más inteligente la conversación de los gansos que la de los veraneantes. Conmigo hacía una excepción. Al parecer mis abuelos habían comentado con aquel caballero que la familia andaba inquieta porque yo no hacía más que leer cuando mis compañeros destacaban ya en el fútbol y los Ejercicios Espirituales. Creo que llegaron a preguntar, a él que era hombre de lecturas, si se le ocurría algún remedio.

Lo que le hacía más gracia era que yo leyera en francés (los motivos no vienen al caso), pero de aquella amistad entre niño y anciano me vino el tener a disposición su biblioteca, una de las pocas de Barcelona saturada de libros prohibidos. En domingos alternos me acercaba hasta la Diagonal y tras una breve conversación durante la cual era tratado como una persona mayor, Rusiñol tanteaba los rimeros y al fin daba con un libro que me cedía, siempre con la misma advertencia: «Sobre todo, que no lo vean tus padres». Así pude leer, sin apenas enterarme, a Sartre, a Camus, a Aragon y tantos otros con los que volvería a coincidir al cabo de los años como si fueran amigos del colegio. Ninguno, sin embargo, le avivaba tanto como Malraux.

No puedo asegurar que entendiera gran cosa de *La condición humana*, aunque la fascinación es algo ínsito en los niños y cuando se une al juego imaginativo da unos resultados explosivos. Debí de leerlo como si fuera una película de Fu Man Chu. La fe de Rusiñol en las futuras generaciones, sin embargo, llegaba tan lejos que cuando le devolví la gran novela indochina, algo hubo en mi comentario que iluminó su fino rostro. Tomó un volumen, lo puso solemnemente en mis manos y dijo: «Éste da lo mismo que lo vean». Era *El museo imaginario*, de Malraux, en la edición de 1947.

No recuerdo haber entendido gran cosa, pero de inmediato advertí que en aquellas páginas se encerraba una sabiduría que había seducido a gente tan imponente como el señor Rusiñol y si algo define a los niños es el deseo de apropiarse de todo cuanto de valor ven en sus mayores. Lo leí con ahínco, tropecé, despellejeme, me fui de bruces sangrando por ojos y oídos, quizás no logré terminarlo. No siendo un volumen fácil de disimular, me contrarió que mis padres no se alarmaran sino que incluso vieran mi dedicación con indulgencia. De modo que no cejé porque adivinaba la ironía con la que tratarían de reducirme: «¡Ah! ¿Pero ya lo has dejado?». No lo dejé. Sin duda porque era un volumen muy bien ilustrado (la soberbia selección fotográfica la había dirigido Malraux en persona) y es admirable lo que se puede desatar en la fantasía de un crío cuando ve unas fieras devorándose según el arte de las estepas asiáticas del siglo primero. En mi cuarto, junto a las inevitables fotos de Brigitte Bardot, figuraba un descendimiento de Van der Weyden en igualdad de condiciones, aunque con diverso ensoñamiento.

Pasaron los decenios y acabé como profesional de la teoría del arte. Para entonces ya conocía el descrédito que había caído sobre Malraux a partir de la colaboración con De Gaulle y su desprecio por Mayo del 68. Para los expertos, además, los trabajos sobre arte eran un capricho de aficionado y aquel ensayo que me hizo sudar tinta había sido machacado por profesores ingleses (Gombrich) y franceses (Duthuit) hasta no dejar ni ruinas. El método, tachado de «impresionista» a pesar de que Merleau-Ponty lo había alabado, carecía de valor científico. El viejo Malraux, patético morfinómano que apenas podía controlar los ataques nerviosos que le contraían el rostro de modo grotesco, era pasto de burlas y crueldades por la izquierda de salón apoltronada en el poder, excepto Bernard-Henri Lévy, lo que le honra.

Esta Semana Santa hizo frío y llovió con impertinencia en Madrid. Procesiones muy populares, la del Cristo de Medinaceli en particular, hubieron de suspenderse. La gente lloraba desconsolada. Habrá quien se burle de estas masas devotas que poco tienen que ver con la religión católica y mucho con el arte primitivo. A mí no me provocan ningún sentimiento de superioridad sino más bien lo contrario, la certeza de haber perdido la inocencia del dolor, esa capacidad para mudar el sufrimiento inútil, la pasión absurda, en fuente de sentido que alivie nuestra desesperada mortalidad.

Tenía conmigo *Las voces del silencio,* al que no había regresado en el último siglo y del que forma parte aquel *Museo imaginario* del señor Rusiñol. Sobre los rostros contritos de los creyentes oía la potente voz de Malraux contándome con esa intensidad cegadora que sólo da el resplandor de la verdad, cómo transformamos a los dioses una y otra vez, infatigablemente, porque el dolor, el sufrimiento, la insensatez y la desesperación son nuestros peores enemigos. Y contra ellos sólo cabe alzar la dignidad de la poesía.

Orwell.
Incomodidad del insumiso

Ciertamente, de haber vivido en tiempos más amables habría sido un escritor de cierto mérito, pero, como simiente en la tierra, su conciencia fue a caer en la rastrojera de Hitler, de Stalin, de la guerra civil española, de los trotskistas ingleses, y dadas las leyes del crecimiento orgánico, el desarrollo de aquel brote ya no pudo tener la airosa ligereza de un gladiolo sino la fortaleza indestructible de una pita. Él representa el linaje intelectual en una época dominada por la bastardía. No pudieron con él ni los despiadados aristócratas británicos, ni la necia burguesía, ni los resentidos comunistas, ni los nazis vesánicos, a George Orwell le mató un microbio, el enemigo más poderoso de los humanos, un bacilo.

Sin embargo, trataron de machacarle todos los enemigos de aquellas cualidades que Orwell admiraba y practicaba: el coraje para defender la libertad individual, el rigor intelectual capaz de sostener un razonamiento con solidez, la honradez que busca remedio para la vida a todas luces injusta de millones de personas sometidas a la arrogancia de los poderosos. Fue, desde luego, un gran tipo, pero no lo habría sido sin la ayuda del horror. Su talento consistió en aprovechar la inercia masiva del terror para combatirlo. Así, por ejemplo, como testigo de los asesinatos cometidos por los comunistas en Cataluña durante la guerra civil, no podía callar, a pesar de que sabía que su testimonio iba a levantar una nube de calumnias en su contra y que se quedaría solo. Pero empinado en la destructora ola del totalitarismo, cabalgando sobre ella, tomó una altura superior a la de sus sepultados contemporáneos.

En aquella Europa estúpida y canalla, Orwell, Camus, quizás también Koestler, son las escasas figuras que se mantuvieron tenazmente aferradas a una honestidad intelectual peligrosa en el océano de oportunistas y aprovechados a los que los propios comunistas llamaban «tontos útiles», gente de buenos sentimientos, almas bellas que tragaron cuantas mentiras les dictó el poder de derechas y de izquierdas, y cuyos oídos permanecieron taponados hasta que se les dio la orden de abrirlos durante un rato. Luego los volvieron a cerrar hasta nueva orden.

La supervivencia de los testigos incómodos de aquella época ruin demuestra su valor de clásicos, modelos para quienes osamos vanidosamente hablar en público. Todavía hoy es aconsejable leer a Orwell, a Camus, a Koestler, a pesar de que ya no existe la URSS, Argelia querría ser francesa, y la eutanasia lleva camino de legalizarse, no por los principios éticos que defendía Koestler, sino para rebajar la factura. En cambio, no hay quien lea una línea de lo que escribieron sus exitosos enemigos. La mentira y sobre todo la mentira ideológica, es decir, la que afirma expresar principios morales pero esconde intereses dinerarios, engaña sólo unos años, mientras haya gente que se enriquece y desea fervientemente ser engañada. En cuanto muda de lugar el centro de reparto, como ahora con el nacionalismo, los héroes morales cambian de principios de la noche a la mañana y se les ve correr pasillo arriba, pasillo abajo con una escudilla en la mano. Antes defendían al proletariado internacional. Ahora a la oligarquía local.

El principio al que jamás renunció Orwell es muy simple y me van a permitir que lo cite en su lengua original: «If liberty means anything at all it means the right to tell people what they do not want to hear», es decir, «si *liberty* significa algo, ha de ser el derecho a decirle a la gente lo que no quiere oír».[1] He dejado una palabra en inglés porque implica un matiz que el español, poco ocupado en estas finuras, no puede dar. Vean que Orwell utiliza la palabra *liberty* y no *freedom*, la cual sí aparece en el título del artículo de donde tomo la cita. Por *liberty* hay que entender la libertad para vivir a tu albedrío, sin restricciones gubernamentales y autoritarias, «faculty or power to do as one likes», dice el diccionario Oxford. Es por tanto una actividad personal. En cambio *freedom* es el derecho de decir o hacer lo que uno quiere según las reglas de la convivencia. Como es lógico, por ser un derecho, el segundo concepto se regula mediante ley. Así que la lucha por la

1. La cita pertenece al ensayo «The Freedom of the Press» («La libertad de prensa»), que George Orwell escribió para que se publicara como prólogo a su novela *Animal Farm* (*Rebelión en la granja,* 1945). Se encontró años más tarde y se publicó por primera vez en el *Times Literary Supplement* en 1972.

libertad de expresión pertenece a la *freedom*, pero la *liberty* es cosa de cada cual, algo que uno usa o deja pudrir. Por eso decimos en español, «me tomo la libertad de decirle a usted lo que no quiere oír». La libertad personal hay que tomarla, empuñarla por uno mismo, sin ayudas legales. En España hay millones de defensores del derecho a la libertad de expresión, pero casi nulas defensas de la libertad personal, de la responsabilidad individual.

Lo que a Orwell le parecía liberador era enfrentarse a aquello que el gobierno, la autoridad y la gente (la opinión pública) quieren imponernos, sea por negocio, comodidad, pereza mental, conservadurismo, inercia, maldad, misoneísmo o alucinación. Ahora bien, para poder decir algo que contradiga o corrija la presente opinión, es preciso que los presentes escuchen. Para disentir es necesario estar entre la gente de uno, los afines, los camaradas, porque disentir de los adversarios en territorio adverso es una obviedad y no sirve para nada.

Manifestar grandiosamente ante los colegas lo que están deseando oír, o bien atacar al adversario ante un público exclusivamente compuesto por los nuestros, no es practicar la libertad sino ganarse un dinero honradamente. En resumen, para Orwell la palabra libertad es sinónimo de insumisión. La libertad personal es molesta, es antipática, nos incomoda y por eso todo el mundo trata de aplastarla. En opinión de Orwell, la Gran Bretaña ha dado pocos insumisos, Swift, Defoe, Hazlitt, Cobbett, Dickens, Morris, Russell. Los demás —y muy especialmente los intelectuales de su generación— no eran sino cortesanos, covachuelistas *(parlour creeps),* arribistas, estiralevitas *(toadies),* codiciosos, imperialistas, triunfadores horteras, lameculos o íncubos de moqueta *(backstair crawlers),* según la taxonomía establecida por su inteligente biógrafo Bernard Crick.

Ciertamente, es un juicio riguroso, en absoluto benévolo, pero la competencia se lo devolvió con creces. Durante toda su vida hubo de soportar la parcialidad, la visceralidad y el sectarismo de la prensa británica: «No sé cuál es más apestoso, si el *Sunday Times* o el *Observer.* Voy del uno al otro como el inválido que se remueve en la cama sin encontrar una posición que alivie su sufrimiento». Y si la prensa, la opinión pública oficial, le ponía enfermo, aún soportaba peor el conformismo, el gregarismo, el borreguismo de la sociedad, tanto en sus formas débiles como en las fuertes: «La interconexión entre sadismo, masoquismo, idolatría del éxito y del poder, nacionalismo y totalitarismo es un asunto capital del que ni siquiera se ha explorado la superficie». Si viera en lo que se han convertido cinco de estos seis términos y cómo han dejado de ser peyorativos o despreciables, comprendería por qué ha desaparecido del vocabulario periodístico la palabra «totalitarismo». Ya no es necesaria y estropea la belleza del conjunto.

Tan extrema insumisión le mantuvo al margen de la sociedad fáctica, la cual, en cambio, recibía con alborozo a comunistas y nazis en las fiestas de canapé y chistera, mientras Chamberlain iba regalando poblaciones a Hitler. Fue machacado tanto por la crítica oficial conservadora como por la de la izquierda remunerada. Es mentira que su *Homenaje a Cataluña* (1938) tuviera la menor repercusión fuera del círculo de los que deseaban quemarlo en una pira. El libro fue bombardeado por todos los opinadores conocidos y populares, fueran de derechas o de izquierdas, y no se reimprimió hasta 1951. Aún entonces quedaban mil quinientos ejemplares por vender. En ese libro Orwell había dicho lo que nadie quería oír, algo que destruía el romanticismo de una guerra sureña, de milicianas ojizarcas con aroma de ajo y jazmín, como las del trivial Ken Loach. Como es lógico, los empleados del Partido Comunista británico escribieron en toda la prensa progresista que Orwell estaba al servicio de Franco. Esos mismos héroes populares habían aceptado sin mover un músculo el pacto de Stalin con Hitler. E incluso lo explicaron a las pobres masas desorientadas.

Su fama y reconocimiento sólo llegaron con la publicación de *Animal Farm* (1945) y sobre todo de la impresionante *1984* (1949). Comenzaban la Guerra Fría y el equilibrio del terror y a los británicos se les permitió abrir un momento los oídos para recibir un par de informaciones sobre Stalin, aunque sobre Hitler y el Holocausto no se informaría seriamente hasta los años sesenta. De inmediato todos reconocieron con grandes cabezadas que el único que había mantenido una postura honesta e inteligente era Orwell. Lo descubrían un poco tarde. Orwell murió al año siguiente. Aunque no para sus lectores.

Steiner. Sobre sabios, bobos y malvados

Imagino al viejo profesor aún errante entre París, Chicago, Ginebra, Londres, Dios sabe. Puede anidar donde le apetezca, cerca de una biblioteca, eso sí. Es viejo, pero muchos le siguen leyendo porque nunca escribió como un profesor, sino como un escritor. No sé cuáles pueden ser ahora sus hábitos. ¿Mira la luna cuando se tiñe de amarillo como si tuviera ictericia? ¿Le aburre leer a los trágicos? ¿Acaricia a su gato con una pizca de autocompasión? Ni idea. Sin embargo, todo lo que he leído de este viejo judío de ochenta años me ha complacido y le tengo un agradecimiento que nunca podré compensar ni con una felicitación navideña. «Happy New Year, dear professor Steiner.» En la cartulina se ve un arbolito adornado con bolas luminosas y a sus pies un monigote de nieve con sombrero y pipa. Felicitación de tía hidrópica y en residencia, que apenas miramos antes de arrojarla al cesto. Los últimos resplandores del amor son demasiado dolorosos.

Creo que lo que más he apreciado en George Steiner es la infrecuente atadura de modestia y soberbia, humildad y orgullo, que asocio con los judíos de novela centroeuropea. Aquellos ciudadanos que inclinaban la cabeza o bajaban de la acera cuando se cruzaban con un oficial vienés, pero que sabían con certeza cristalina que el mundo germánico podía prescindir de la totalidad del ejército austríaco (y así fue), y quedaría reducido a un cuartel de borrachos si se destruía a los judíos de Viena. Y así fue.

No es su saber, que es considerable, lo que me gusta de este hombre, sino lo que hace con ese saber. Yo supongo que es la misma simpatía que me produce la obra de Stefan Zweig, cuyos libros llevan incorporado el corsé, el parasol de seda, el sombrero de paja italiano, los veranos en Baden Baden y términos como «clorótico» o «mozalbete», pero que no han perdido ni un ápice de su singular sagacidad, ni esa capacidad para hablarle al lector como si estuvieran los dos sentados en un café, envueltos por el humo de los cigarros. La narración puede interrumpirse para pedir otro *marillenschnaps* o para encomiar la entrada de una belleza que (se dice) alivia las cargas del ministro consejero de la guerra, y seguir al cabo de un rato en el mismo tono de voz, la misma mirada al mármol, igual recogimiento. El estilo es modesto, lo que se cuenta es soberbio.

Ahora que George Steiner está un poco cansado (¡cómo ha de abatir ver en los rimeros de la biblioteca treinta libros escritos a lo largo de una vida entera, libros excelentes, elegantes, y que sin embargo carecen ya de la menor importancia!), le habrá subido la densidad a su escepticismo. Siempre miró la vanidad del mundo por una esquina del ojo, nunca pudo vivir sin impaciencia el oropel, el boato, la purpurina de la buena sociedad. Al final de su vida ha aceptado algunos premios y honores, sí, tampoco es cuestión de avergonzar a los admiradores, pero con una distancia e ironía tan sutiles que sus valedores ni la pillan.

No sé si volverá a escribir alguna obra de envergadura. ¿Para qué? Él ya no lo necesita. Escribió sus libros para averiguar qué es lo que quería saber. Y ahora ya lo sabe. Para compensar, sus seguidores están recogiendo papeles por aquí y por allá, escritos que habían quedado sepultos en almacenes de revistas y diarios, algunos ya desaparecidos, donde podían haber yacido para siempre hasta hacerse polvo. Sin embargo, en muchos de estos escritos circunstanciales, a veces forzados por la intendencia, hay fantasías, ideas, juicios, que no se habría permitido en un libro «serio» que iba a ser forzosamente comentado en el *Times Literary Supplement* o en el *New York Review of Books.* Demasiada responsabilidad, sobre todo, para el comentarista. ¿Cómo vas a hacerle esa jugada? No le pongas en un compromiso.

De modo que los libros que recogen su obra menor guardan algunas de las mejores páginas que le he leído, justamente porque aparecieron en ciertos medios a cuya clientela conocía como a su cepillo de dientes y no corría peligro ninguno mostrando su vena sarcástica. En el último de ellos (hasta el momento) se recogen casi treinta artículos publicados por la revista americana *The New Yorker,* cuyos lectores forman un compacto biotopo de ejecutivos liberales, profesores de mediana edad, acomodadas matronas con ventana a Central Park, judíos cultivados y un manojo de *radical chic.* Es como escribir para tus hijos. Puedes permitirte burlas sobre los abuelos que nunca incluirías en una conferencia.[1]

Es el estupendo equilibrio entre modestia y soberbia lo que le permite ser el mejor introductor de Thomas Bernhard en el mundo anglosajón, sin escatimar una colleja por el exceso de jeremiadas. O alabar como es debido el teatro de Brecht, sin ocultar la abyección moral del personaje. Poner en su sitio la radical belleza de la música de Webern, sin olvidar su confusa relación con los nazis. O, por el contrario, esclarecer la naturaleza criminal de Albert Speer sin negar su inteligencia, tan codiciada por los occidentales: fueron los rusos quienes impidieron que Speer se convirtiera en un ejecutivo de la élite industrial americana, como tantos otros nazis.

Si hubiera de destacar una sola de las virtudes que trae consigo este asombroso equilibrio entre humildad y orgullo, yo diría que es su coraje para asumir la identidad ética de comunismo y nazismo, así como para denunciar esa moral idiota de tantos europeos que tienden a distinguir los crímenes de Hitler de los de Stalin, justificando los de este último como «más comprensibles». Steiner es uno de los escasos escritores que desde hace muchos años (últimamente esta idiotez moral parece que disminuye) ha puesto las cosas en su sitio. Quizás porque sabe que el antisemitismo estalinista no tuvo nada que envidiar al nazi.

---

1. *George Steiner en «The New Yorker»*, edición de Robert Boyers, Madrid, Siruela, 2009.

Mucho antes de la caída del Muro de Berlín, en 1980, escribió Steiner un artículo magistral. Es uno de los más largos del libro y el más hermoso que he leído sobre ese sujeto repugnante que fue Sir Anthony Blunt. No escatima alabanzas para el experto en barroco y neoclásico, ensalza las monografías que escribió Blunt, especialmente la de Poussin, no la hay mejor. Tampoco se ensaña con el personaje, cuya traición como agente doble del espionaje soviético y de los servicios británicos toma en su artículo un carácter turbio que luego expandiría John Banville en una estupenda novela.[2] En cierto modo, Steiner quiere *entender* las debilidades de Blunt, su rencor contra la ignara clase alta inglesa, la sed de afirmación de un homosexual que podía ser condenado a penas humillantes. Pero entender no es *comprender*. El objeto de su artículo no es Blunt, sino aquellos que, una vez descubierto, juzgado y condenado, aún le defendían porque era «uno de los nuestros». En particular, sus colegas de Oxbridge, la aristocracia universitaria británica, los nacionalistas de la sabiduría.

He aquí lo que me lleva a sentir tanta simpatía por este hombre altivo y respetuoso: sabe cabalmente quién es un criminal, aunque alguno de ellos posea un talento del que carecen las gentes honradas. Al criminal hay que entenderle y castigarle sin ánimo de venganza. Pero a quien no se puede perdonar es al tullido moral que defiende o «comprende» a los criminales. Como decía Cipolla, podemos llegar a entender la coherencia de un malvado, pero el imbécil es perfectamente incomprensible. Y de-

---

2. John Banville, *El intocable*, Barcelona, Anagrama, 2009.

testable. La soberbia nos pide que tratemos de entender al criminal para combatirlo mejor. La modestia nos obliga a renegar del idiota que lo justifica. Así lo hizo Steiner sabiendo a lo que se arriesgaba, con el soberbio orgullo del modesto.

Sánchez Ferlosio.
Gran filosofía en prosa literaria

Advertía Cervantes al conde de Lemos acerca de un libro que todavía «le quedaba en el alma». Quizás, decía, aún reuniría fuerzas para dar a la imprenta *Las semanas del jardín,* tal era el título. No las tuvo. Antes de concluir la semana biológica el jardín se transformó en camposanto. Para reparar la pérdida, Rafael Sánchez Ferlosio tituló *Las semanas del jardín* uno de sus más exquisitos libros, incluido ahora en el primer volumen de los ensayos completos. Todo en Rafael Sánchez Ferlosio tiene una referencia literaria y poética, trate de lo que trate.

El primero de los cuatro volúmenes, admirablemente editado por Ignacio Echevarría, cuyo nombre debería figurar en portada, lleva otro título con referencia, esta vez episcopal: *Altos estudios eclesiásticos.*[1] Durante quince años vivió Sánchez Ferlosio encerrado en su casa entregado a las anfetaminas y a los estudios de lingüística y gramática,

1. Rafael Sánchez Ferlosio, *Altos estudios eclesiásticos. Ensayos I,* edición de Ignacio Echevarría, Barcelona, Debate, 2015.

como los clérigos caídos en desgracia que eran apartados por sus pastores para que se dedicaran a los «altos estudios eclesiásticos» en remotas residencias alpinas. Que no cunda el pánico: muy poca materia eclesiástica contiene este volumen. Durante su encierro, nuestro autor escribió decenas de miles de páginas y cuando, años más tarde, volvió sobre ellas fue para espigar aquello que le pareció digno de ser publicado. Vienen aquí muchos de esos folios y en ellos se advierte que los altos estudios fueron para él una palanca que le permitía dar el salto al espacio que le era propio, el de la especulación narrativa, una filosofía en prosa literaria que escribió sin ninguna atadura de orden científico. Los ensayos de Sánchez Ferlosio no pertenecen al orden de la ciencia lingüística, por mucho interés que despierten en los especialistas. Estos escritos viven confortablemente en la casa de las letras.

El motor fundamental de los trabajos aquí reunidos es estilístico, pero no en un sentido estético sino ético. A Sánchez Ferlosio le parecía inmoral la prosa llana, lineal, unidimensional que se había establecido como paradigma en su tiempo. Con ese pobre estilo sólo se podían comunicar ideas planas. Ni siquiera ideas, sólo sentimientos triviales y maniqueos. Su empeño, su ambición, era construir un estilo capaz de transmitir pensamientos complejos. De este empeño surgiría su famosa «hipotaxis». Una carta a Castellet del año 1965 lo pone en claro: «Se trata de construir la frase y el periodo en tres dimensiones, es decir, lineal y lateral cuando el concepto lo requiere». Deberíamos extendernos sobre esa «lateralidad» que según parece exige un tipo de conceptos y que recuerda las especulaciones de los artistas de la época, pero ahora vamos a irnos nosotros también por una lateral.

Esa prosa cuya tercera dimensión permite comunicar pensamientos complejos era también, por entonces, la obsesión literaria de Juan Benet. Comparar las múltiples soluciones que fueron encontrando uno y otro para este experimento estilístico es una tarea que le espera a alguien que tenga más ambición que codicia. En esa prosa ramificada, convolvulácea, ambos se aproximan a Proust (en absoluto a Joyce), pero hay una voluntad guerrera en Ferlosio y Benet que no está en Proust, sumiso, finalmente, a la claridad cartesiana. Es como si el mismo empeño tridimensional se hubiera dado en una tierra grasa, de espesos bosques y ríos caudalosos, pero también en un secarral de pinos raquíticos y cursos secos. Hay una rabia bíblica en el experimento español y sólo serenidad clásica en el francés.

Lo más interesante, en todo caso, es que ni Ferlosio ni Benet tenían necesidad de dirección o propósito. El primero porque no quiere demostrar nada sino más bien mostrar sus vacilaciones y dudas a medida que avanza. El segundo porque rechaza la narración argumental, la cual se dirige hacia un final que justifica el recorrido a la inversa. Hay otra diferencia entre los tres hipotácticos. Con su frase helicoidal, Proust bucea en los submundos que se ocultan tras la narración lineal. No así Benet, cuyos desvíos por la tercera dimensión apenas tienen relación con lo que está narrando y una escena de guerra puede abrirse a la descripción del cigüeñal de una tanqueta. Por su parte, Ferlosio usa los despegues y ramales de su hipotaxis para exponer las negaciones de lo que la línea principal da por supuesto. No es el tigre que borra su rastro con la cola, sino la serpiente que va devorando la suya mientras avanza.

Aquellos que se sientan atraídos por esta obra excepcional han de saber que el primer volumen no sólo reúne algunos de los mejores ensayos de su autor, sino también una parafernalia que nos hace felices a los ferlosianos. Así los tres artículos reunidos bajo el título de «Los que se quedan en casa», es decir, las mujeres y los niños, o el conjunto de escritos de la sección «Diversiones», que tratan asuntos tan variados como el artículo tercero de la Constitución o la fecha exacta en que dio comienzo el siglo XXI y que no es la que zanjó el comercio mundial. Hay también dos avisos al lector que hasta ahora eran inéditos.

El grueso del volumen se lo llevan, empero, dos sustanciosos clásicos, el ya mencionado *Las semanas del jardín* y los comentarios de Ferlosio a su propia traducción del libro de Jean Itard sobre el niño selvático de Aveyron. En ambos podemos acceder a las discretas (pero esenciales) conclusiones a las que le había llevado su vuelo anfetamínico y gramatical. La tarea, si se me permite una reducción periodística, era tratar de averiguar en qué consiste el entendimiento humano y cuánto de esa consistencia es exclusiva consecuencia del lenguaje. Sería absurdo decir que Ferlosio ha resuelto semejante misterio. Ni él ni nadie. Ése es un enigma al que sólo podemos acercarnos como un asteroide que gira en torno a un planeta hasta aproximarse demasiado y estallar en mil pedazos. Seguramente nunca lo sabremos, pero lo que han podido averiguar algunos espíritus sutiles antes de saltar en pedazos es de suma importancia.

En sus comentarios al libro de Itard sobre el niño selvático (para acortar un artículo que ya va siendo largo), Rafael Sánchez Ferlosio da vueltas en el laberinto desesperante de cómo se forman las ideas, conceptos y categorías en la mente del niño y si eso es posible sin algún aparato apriorístico aportado por el lenguaje. El problema es insondable porque tiene mucho que ver con si existe o no una «naturaleza humana» distinta de las otras, si es que hay tal cosa como una naturaleza en general. Ahí los genetistas patinan sobre aceite. El asombroso caso del niño bravío, tal y como lo relata su salvador en 1801 y 1806, da ocasión a Ferlosio para elevarse en su helicóptero hipotáctico hasta algunas cimas desde las que se ve con toda claridad, por lo menos, lo colosal, lo augusto, de la pregunta.

La historia de estos dos insuperables ensayos es tan hipotáctica como su contenido y el lector ha de acudir a la imprescindible presentación de Echevarría, así como a sus «Notas sobre los textos», para conocer la increíble peripecia de cada edición. Tan milagroso es que alguien se haya internado en esos jardines envenenados y salido con vida para contarlo como que esos cuentos hayan llegado a nosotros.

Nuestro hombre está ya rondando los noventa años. Ha recibido todos los premios y honores posibles en este cicatero país, y si no ha recibido más es porque no le da la gana. Sé de fuente segura que en este momento todo lo que le pide al severo Cronos es seguir ayudando a su nieta con las matemáticas (aunque mejor aún llevarla de paseo) y la atención de sus amigos. Quizás aún le quede en el alma alguna semana pendiente. Si por fin ve la luz, habrá sido porque este hombre respeta y ama a su prójimo como Cervantes, a quien cada día que pasa se parece más, y quiere dejar el alma ligera de equipaje para lo que sea menester.

Savater. El héroe que todo lo aprendió en los libros

A veces, aunque no siempre, los escritores tienen la fortuna de vivir una noche pascaliana durante la cual se les aparece con toda nitidez el mapa del universo y a partir de ese momento dedican todos sus esfuerzos a clarificar zonas, territorios y demarcaciones, porque la totalidad sobre la que se instalan ya no cambiará nunca más. Despejar incógnitas es, en su caso, el equivalente de proceder al registro catastral de una provincia, explorar un bosque o proyectar puentes sobre los ríos.

Yo diría que la noche pascaliana de Fernando Savater está perfectamente reflejada en uno de sus libros más señalados, *La infancia recuperada,* escrito cuando estaba cercano a cumplir los treinta años.[1] Allí nos muestra el mapa general del continente que luego será explorado, sucesivamente, por el literato, el filósofo y el hombre de acción. El ámbito es uno, la actividad triple.

---

1. Fernando Savater, *La infancia recuperada,* Madrid, Taurus, 1976.

Quizás habría que decir, desde ahora mismo, que literatura, filosofía y acción no son figuras separadas en la dramaturgia de Savater, sino modos de un sujeto único. El filósofo y el poeta comparten la misma actividad, «mostrar los nexos no evidentes entre los seres», según dice en «El aroma de Santayana», pero ya en 1981 había defendido, siguiendo a Schelling, «una "filosofía narrativa" [...] en directa relación con los mitos, es decir, con las historias que simbolizan el significado de la vida».[2] Volveremos sobre ello.

En cuanto al hombre de acción, tampoco puede separarse del personaje literario, ni del filósofo narrativo. Desde sus primeros libros, Fernando Savater afirma que no hay separación entre figuras «reales», «históricas» o «ficticias». Así, en *Criaturas del aire,* los personajes literarios son Dulcinea o Phileas Fogg, pero también Bakunin, Miguel de Mañara o Nerón.[3] Y lo que es más radical, el propio «Fernando Savater» aparece allí como personaje literario o criatura del aire, con una nota en la que se le describe como «personaje humorístico».[4] Filosofía, literatura, acción ética, son inseparables.

Podría aducirse que afirmar tan sorprendente unidad es un juego literario, pero la intención de este artículo es poner de manifiesto la seriedad de semejante juego y sus notables consecuencias. La intimidad del narrador con el héroe narrado y la del filósofo con su propia ética produ-

---

2. «El aroma de Santayana» es un artículo publicado en la revista *Archipiélago,* n.º 70, mayo de 2006. La segunda cita pertenece a Fernando Savater, *La tarea del héroe,* Madrid, Taurus, 1981, p. 91.
3. Fernando Savater, *Criaturas del aire,* Barcelona, Planeta, 1979.
4. *Criaturas del aire, op. cit.,* p. 178.

ce un sólido de tres aristas en el que se funden narrador, filósofo y hombre de acción de modo insoluble. Tal era la unidad descrita en los años setenta y nunca ya cambiará. Por lo menos, treinta años más tarde no ha cambiado.

Añadamos que no hay ni una sola página de Savater que no sea autobiográfica a la manera de Nietzsche o de (casi todo) Kierkegaard. El yo-narrador de los tres escritores, a diferencia del *je*-narrativo de Descartes, no impone distancia alguna entre el sujeto y la representación. Por esta razón, ya desde el prólogo, Savater advierte: «A lo que más se parece este libro es a un volumen de memorias».[5] Con la peculiaridad de que estas memorias y recuerdos no son de los que pueden disecarse en un álbum de fotos. Esta memoria no cabe en una figura visible. Su lugar es el relato, la narración, el cuento, porque ninguna imagen puede fijar el recuerdo mítico, el instante en el que el héroe toma una decisión y entra en acción.

Estamos hablando de un oxímoron, de unos recuerdos inmemoriales próximos a la tradición oral y que se encuentran en el origen de los valores éticos fundamentales. Si algún sentido tiene la palabra «bondad», éste no puede ser sino la capacidad para entrar en acción según valores que no dependen de la causalidad, sino de algo previo a cualquier cálculo de consecuencias.

> Se intenta así reconstruir —evocar— el nivel ético de la narración, su importancia fundacional en la adquisición de una moral que no remita ante todo a la timorata corrección de las costumbres, sino

5. *La infancia recuperada, op. cit.*, p. 13.

a eso que alude la expresión española «tener la moral alta, tener mucha moral»: la rebelión ante la necesidad ciega.[6]

Acostumbrados a enjuiciar los actos según hayan sido sus consecuencias, el planteamiento de Savater nos sitúa en un lugar exterior a toda la ética académica y en el momento *previo* al dictamen sobre la responsabilidad del que actúa. Así por ejemplo, el valor de la decisión de Jim, en *La isla del tesoro* de Stevenson (no menos heroico tras haber elegido a los «malos» en lugar de los «buenos»), no depende de nuestro juicio sobre el oficio de pirata y el de oficial de Su Majestad, sino de algo *anterior* a ese juicio.[7] Y por supuesto tampoco depende de que el niño acabe de mala manera o como heredero de un tesoro.

Los decaídos héroes novelescos o históricos de la modernidad suelen tener asumida su derrota porque ya han reflexionado sobre las consecuencias de sus actos y saben que su decisión los conduce fatalmente al fracaso. Son héroes estoicos y calculadores. El héroe de la memoria y de la narración, por el contrario, no tiene la menor duda sobre el éxito de su empresa, no ve la más mínima sombra de negatividad, y no la ve porque no está aplicando sus conocimientos técnicos y científicos, sino un valor que se sitúa en el «origen genealógico de la moral».

En el momento vigoroso y ambiguo que la narración relata asistimos al origen genealógico de la moral. Pero no del moralismo y éste es el punto crucial. En la narración, al héroe [...] todo se le

6. *Ibidem*, p. 15.
7. *Ibidem*, p. 46.

> vuelve bien, fuerza y victoria; incluso si es derrotado y aniquilado [...] el lector sabe que al protagonista nada puede pasarle de malo, ni siquiera aunque perezca [...] Noble y generosa ingenuidad, nacida libre, que aún no separa el bien del triunfo del bien, ni el mal de la derrota del mal.[8]

Cada héroe protagoniza un mito, un relato universal capaz de fundar los valores de la ética, antes de que ésta aparezca como una disciplina académica y cuando tan sólo es el resultado de una admiración originaria. El valor de lo bueno surge sin concepto. Si así no fuera, «lo bueno» sería una categoría ancilar y mera consecuencia lógica de «lo verdadero», sin consistencia propia. Únicamente podría ser «buena» aquella acción cuyo resultado pudiera interpretarse lógicamente como eficaz desde el principio, lo cual es imposible. El héroe de la narración es «bueno» sin concepto.

Todo lo anterior trae como consecuencia que la narración heroica es anterior a la filosofía, no sólo en sentido genealógico, sino también ontológico. De hecho si la filosofía tiene la capacidad de influir sobre nuestra conciencia, si la filosofía tiene algún valor, es porque lleva incorporada la narración que la funda: «si el filósofo realmente cuenta, es decir, si vale, lo que cuenta es una historia».[9] Como se ve, todo descansa sobre el estatuto de la narración, a cuya descripción dedica el fundamental capítulo titulado «La evasión del narrador».

---

8. *Ibidem*, p. 29.
9. *Ibidem*, p. 20.

Siguiendo la senda abierta por Walter Benjamin en su célebre artículo «El narrador», Savater propone un contraste de géneros (novela *versus* narración) que le permite evitar la definición (la cual nos devolvería al terreno de la verdad y del concepto) y de ese modo se aproxima a una definición negativa. La narración es aquello que *no* es la novela.

Si la narración es rememoración de lo inmemorial, la novela es historia: cuenta sucesos que ponen de manifiesto los problemas y tribulaciones de las sociedades modernas, los propios de la vida convencional secundaria, siendo la primaria la propiamente heroica.

> Llamo «convenciones secundarias», para seguir con la sociología de urgencia, a las que nacen de la implantación del dominio de la burguesía y tienen su mejor exponente argumental en las novelas de Flaubert o de Stendhal: adulterio, medro económico, adaptación o inadaptación al medio social, problemas religiosos, triunfo de la honradez y la laboriosidad o derrota de ambas por la injusticia, perplejidades psicológicas de todos los matices, lacras de la miseria o de la corrupción viciosa...[10]

Frente a los problemas habituales y cotidianos de las sociedades burguesas, el héroe primario mantiene el recuerdo inmemorial del recuerdo mítico. De ese modo la narración mantiene su capacidad formadora, su pedago-

---

10. *Ibidem,* p. 22. Casi treinta años más tarde Fernando Savater mantuvo un diálogo con José Luis Pardo al que luego haremos referencia. Me pregunto si la primareidad del héroe según Savater no es sino el resultado de la secundareidad según Pardo y su correlato necesario, según expone en *La regla del juego,* 2004. *(N. del A.)*

gía fundamental y originaria, frente a la novela, la cual no transmite sabiduría sino información. En la narración sobrevive y continúa su tarea formativa la *paideia* originaria.

Por lo tanto, el héroe de la narración inmemorial no puede identificarse con ningún «yo histórico», que es lo propiamente novelesco. El personaje de novela es original, individual, marcadamente único (incluso cuando se llama «K»), en tanto que el héroe originario es multitud porque es anterior a la individuación psicológica.

> Lo específico de la narración es suponer que cada hombre se parece más a todos los hombres que a ese impreciso y vago fantasma que llamamos «él mismo».[11]

Se entiende ahora por qué decíamos al principio que todos entramos en el territorio del héroe y por qué razón Savater podía considerarse a sí mismo como un personaje de ficción, uno más entre las criaturas del aire. Unos años más tarde, en 1979, lo dirá de nuevo:

> No es que nos identifiquemos con el personaje [del relato], sino que éste nos identifica, nos aclara y define frente a nosotros mismos [...] La pasión por la literatura es también una forma de reconocer que cada uno somos muchos.[12]

La identificación novelesca nos permite vivir a través del personaje las experiencias propias de «uno mismo». La identificación con el personaje heroico, en cambio, nos

---

11. *Ibidem,* p. 27.
12. *Criaturas del aire, op. cit.,* p. 13.

hace vivir la experiencia de «todo el mundo», la fundamental y originaria.

La diferencia se ahonda cuando a la experiencia narrativa le añade Savater lo que llama «el sentido de la vida». En la novela, casi siempre es la muerte lo que da sentido a la vida, de modo que ese sentido se construye desde el final hacia el principio. En la narración, es la vida la que da sentido a la muerte y la rescata, de tal manera que ni siquiera hay negatividad cuando el héroe muere, lo que produce esa sensación de inacabamiento tan característica de la narración mítica, la cual, estrictamente no tiene fin, no tiene conclusión.

Dicho de otro modo, la novela es necesariamente «realista» o «naturalista» porque ha de mostrar la vida «tal como es». La narración, en cambio, nos permite experimentar la superación de la realidad y entrar en el terreno de lo maravilloso, allí en donde tiene su guarida el insumiso: «no prestar crédito a lo que este mundo ha decidido proclamar "real" en él mismo parece la primera y más saludable vocación de los insumisos».[13]

Y hete aquí que de un modo natural, el mundo del héroe que todos *podemos* ser, nos lleva a la ética y a lo que todos *debemos* hacer, porque la función formativa de la narración no es otra que el mantenimiento de los valores éticos inmemoriales. Ahora bien, esta ética no puede ser una ética positivista, normativa, sociológica, «novelesca», sino una ética trágica que aparece rectamente formulada en 1981 en otro de sus más celebrados ensayos, *La tarea*

13. *La infancia recuperada, op. cit.*, p. 36.

del héroe, y en su complemento explícito, la esperable *Invitación a la ética.*[14]

¿Cómo unir fundadamente la permanencia viva del mito y la inaplazable obligación de actuar en un medio que no es en absoluto imaginario? Si la narración se definía negativamente respecto de la novela, la ética trágica lo hace contra las éticas académicas. Frente a ellas, en lugar de resolverla, la ética trágica mantiene la escisión destino/libertad sin tomar partido por el «triunfo del bien», ya que el valor de la acción es previo a sus consecuencias:

> El objetivo fundamental de cualquier investigación ética que hoy aspire a trascender el academicismo trivial será buscar el momento originario del tratamiento ético, es decir, *el punto en que la acción comienza a ser valorada sin coagularse todavía en juicio objetivador,* la mirada que considera a la acción como tal y la valora *antes de decidir si es buena o mala,* incluso resistiéndose a someterla a esta dicotomía legal.[15]

Resuena en el oído del lector aquella admiración sin concepto que hacía del héroe la encarnación del valor *antes* del conocimiento de las consecuencias de su acción, como si la responsabilidad se situara en el umbral y previamente a que hubiera nada sobre lo que responder. También ahora los valores de la ética trágica son previos a la escisión entre bien y mal.

---

14. Fernando Savater, *Invitación a la ética,* Barcelona, Anagrama, 1982.

15. *La tarea del héroe, op. cit.,* p. 24. Los subrayados son del texto original.

> Llamo «trágica» [...] a la postura ética que no pretende resolver la antinomia destino/libertad [...] ni sustentar el inevitable triunfo trascendente del Bien como sentido de la ética [...] Se pretende ir más allá de la antinomia, pero conservándola; más allá del bien y del mal, pero sin *superar* esta dicotomía, buscando el origen indistinto en que la distinción nace, origen en el que descubrimos que jamás podrá darse el triunfo definitivo de una de las polaridades contrapuestas y *que esto no sólo no invalida el sentido de la ética, sino que lo funda.*[16]

El juicio trágico se ejerce con anterioridad al encadenarse de los eslabones causales puestos en marcha por la acción heroica. Podría decirse que el objeto de la ética trágica es la pura decisión y el ejercicio de la libertad sin ataduras. En la senda de Sartre, Savater también cree que «ser libre» no significa obtener lo que uno desea, sino saber elegir lo que se quiere. En el ejercicio de la libertad, que el final sea feliz o desdichado no puede entrar en consideración.

> Ni libertad racional, angélica, ni determinismo mecanicista, la tragedia propone un modelo de destino en el que la libertad es perdición y orgullo, pacto y aniquilación: ciertamente no hay salvación, pero la acción es soberanamente posible y se mantiene firme la resistencia a dejarse poseer.[17]

La espontaneidad de la decisión, anterior a todo beneficio o pérdida, posee la energía fundadora de un acto mágico,

---

16. *Ibidem,* p. 25. El subrayado es del texto original.
17. *Ibidem,* p. 65.

poético o artístico. Es un *fiat* que trae al mundo todo lo necesario para que haya acción, pero ésta queda detenida en su ser instantáneo, independiente del mecanismo causal incalculable que pueda haber abierto. Esta situación externa a la temporalidad histórica es la que obliga a que el valor trágico encarne, necesariamente, en una figura heroica que sólo puede ser narrada, nunca reflexionada: «Héroe es quien logra ejemplificar con su acción la virtud como fuerza y excelencia» .[18]

En un razonamiento no exento de la circularidad nietzschiana, la narración heroica funda la acción trágica, la cual sólo puede exponerse como peripecia ejemplar de un héroe (cuya decisión funda el mito, etcétera). La ejemplaridad de la acción se asemeja a la obra de arte en que no tiene más justificación que su misma presencia, su aparición en el mundo y entre nosotros. Si hay una palabra atada a la narración heroica esa palabra es «aventura», pero ahora es claro que debe entenderse exclusivamente como aquello que *niega* la desventura y la desventura es el mero no ser.

Como la obra de arte, la aparición del héroe es simultáneamente lo más inesperado y lo absolutamente esperable. Y ambos fundan el valor, no en la verdad, sino en la evidencia. Lo cual nos conduce apaciblemente hacia nuestro último momento.

El héroe, como la obra de arte, puede parecer raro, infrecuente, lujoso y distante, sin embargo, tanto la obra de arte como el héroe, dadas las premisas de Savater, no pueden sino ser algo de lo más *común*. Está en su esencia

---

18. *Ibidem,* p. 111.

pertenecer a todo el mundo y poder aparecer en cualquier situación. La obra de arte, como el héroe, es lo más frecuente, lo más popular y lo más cotidiano. Cada uno de nosotros, en nuestra particular circunstancia histórica, social y biológica, podemos ser héroes del mismo modo que es casi imposible que no seamos artistas.

El ensayo donde Savater da las más claras pistas, los argumentos menos divagatorios, sobre este condenado asunto de la democracia entendida heroicamente, es, no me cabe duda, *Las preguntas por la vida,* donde ahonda los temas tratados en Ética para Amador (libro que le condenó al reconocimiento internacional), pero ahora dirigiéndose a un público adulto.[19]

Quizás abuso de mi imaginación, pero creo oír en estas preguntas vitales algo así como el testimonio de alguien que ya tomó una decisión, que conoce de qué va el asunto y que trata de comunicar a sus semejantes la necesaria naturalidad del paso dado. En su particular y azarosa circunstancia, Savater tuvo que pasar a la acción en un medio histórico y social concreto, las provincias vascongadas a comienzos del siglo XXI, contra un adelanto de la muerte llamado ETA. La tarea del héroe que a él se le presentaba no era otra que la de enfrentarse al fascismo vasco. La ética trágica dictaba mantener el destino sin por eso renunciar a actuar libremente contra los apoderados de la muerte. En su libro, Savater defiende que es más difícil resistirse a la tarea heroica que ponerla en marcha.

---

19. Fernando Savater, *Ética para Amador,* Barcelona, Ariel, 1991, y *Las preguntas de la vida,* Barcelona, Ariel, 1999.

Más esfuerzo y dolor requiere disimular, colaborar, humillarse, desaparecer, huir, fantasear, que decir: «Basta ya».

El argumento parte de que todos sin excepción y sin necesidad de asistir a clases de ética en la universidad, sabemos cuál es nuestra obligación (qué es lo que queremos) en cada invitación a la muerte. No obstante, la necesidad inmediata de la acción heroica no es fatal, no es biológica, no es determinante, y por eso puede *no darse*. La necesidad de la decisión aparece de la mano de Sófocles.

> A los animales, la inteligencia les sirve para procurarse lo que necesitan; en cambio a los humanos nos sirve para descubrirnos necesidades nuevas. El hombre es un animal *insatisfecho*, incapaz de satisfacer unas necesidades sin ver cómo otras apuntan en el horizonte de su vida.[20]

Este asunto de la insatisfacción, tan esperable en un discípulo de Schopenhauer, lleva consigo el añadido de la *inquietud* que Heidegger señala en Sófocles (segundo coro de *Antígona*) cuando el trágico define al humano como «lo más inquietante». Los humanos inventamos constantemente nuevas tareas y somos incapaces de dejar las cosas tal cual están. Nuestra inquietud transforma sin pausa la tierra y nos transforma a nosotros mismos. La insatisfacción de Schopenhauer no es distinta de la inquietud de Sófocles y ambas están presentes en el héroe de Savater. Todo humano es un héroe porque sólo aquellos que renuncian a ser humanos dejan las cosas tal cual

20. *Las preguntas de la vida, op. cit.*, p. 101.

están, se acomodan, se resignan, se doblegan, parasitan o se aburren. Abandonan el reino humano y entran en el reino vegetal.

El mecanismo que hace posible esta inquietud esencial del humano no ha de ser otro que el lenguaje, el cual nos permite proyectar y compartir nuestros sueños con otros humanos. La imaginación, la capacidad de ver sin tener lo visto delante de los ojos, es la fuerza que horada constantemente el muro de hormigón que nos presenta la vida, todas las vidas.

> Gracias al lenguaje cuentan para los humanos aquellas cosas que ya no existen o que todavía no existen... ¡incluso las que no pueden existir![21]

Éste es una nueva presentación de la inmemorialidad de los recuerdos heroicos. Permanece en nuestra memoria lo que ya no existe, lo que existió, pero también lo que quizás nunca exista, como por ejemplo una sociedad sin asesinos ni colaboradores en el País Vasco. El héroe «recuerda» un país en paz y formado por ciudadanos libres. De modo que para él tomar una decisión es lo más fácil del mundo. Se trata, sencillamente, de habitar el mundo adecuadamente.

> El hombre *habita* en el mundo. «Habitar» no es [...] simplemente «estar dentro» del mundo como un par de zapatos están dentro de su caja [...] Para nosotros los humanos, el mundo no es sencillamente el entramado total de los efectos y las causas sino la palestra

---

21. *Ibidem,* p. 106.

llena de significado en la que actuamos. «Habitar» el mundo es «actuar» en el mundo [...] Los humanos no sólo respondemos al mundo que habitamos sino que también lo vamos inventando y transformando de una manera no prevista por ninguna pauta genética.[22]

La invención del mundo es libre, en el sentido de que ninguna previsión racional podrá dar cuenta de la cadena causal, la cual sólo se explica «hacia atrás», cuando ya todo es inevitable y todo lo real es racional. En consecuencia: «somos lo que queremos» porque aquello que queremos es lo que nos hace ser como somos, pero al mismo tiempo «somos lo que no somos, lo que aún no somos o lo que anhelamos ser». La tarea del héroe es dar sentido a la vida mediante la transformación constante del mundo en la dirección de «lo que (aún) no es». Para lo cual ha de estar en constante combate contra los efectos adelantados de la muerte, contra la pasividad, el hastío, el cinismo, el egoísmo, el rencor, en fin, todos aquellos elementos mortíferos que condenan a la vida a carecer de sentido.

La tarea del héroe es la de todos y cada uno de nosotros, no tiene nada de grandioso, es algo tan simple como «mantener alta la moral» y ésa es la ética trágica que no anuncia ni vende «triunfo del bien» ninguno, tan sólo un modo de habitar el mundo digno de ser narrado.

En un extraordinario párrafo que reproduzco por entero, Savater fija cuáles son, a su juicio, los objetivos de una sociedad éticamente respetable, un lugar en donde se pueda vivir y no sólo se deba morir.

---

22. *Ibidem,* p. 141.

> Si la muerte es olvido, la sociedad será conmemoración; si la muerte es igualación definitiva, la sociedad instaurará las diferencias; si la muerte es silencio y ausencia de significado, el eje de la sociedad será el lenguaje que convierte todo en significativo; si la muerte es completa debilidad, la sociedad buscará la fuerza y la energía; si la muerte es insensibilidad, la sociedad inventará y potenciará todas las sensaciones, el derroche «sensacional»; como la muerte es el aislamiento final, la sociedad instituirá la compañía del afecto y el mutuo auxilio en la desventura; si la muerte es inmovilidad, la sociedad humana premiará los viajes y la velocidad que nada logra detener; si la muerte es repetición de lo mismo, la sociedad intentará lo nuevo y amará como algo siempre nuevo los viejos gestos de la vida, los nuevos seres como nosotros, la progenie indomable de los mortales; contra la putrefacción informe cultivará la hermosura, el juego donde puede morirse y resucitarse muchas veces, las metamorfosis del significado.[23]

Todas las vidas corren peligro de caer en la muerte y lo que es aun peor, de vivir en la muerte. Algunas, sin embargo, asumen ese peligro no como una amenaza sino como un estímulo. En su mencionado diálogo con José Luis Pardo, decía Savater:

> Quizá gente como yo debiese estar agradecida al «obstáculo» que la terca realidad de la situación vasca [...] ha supuesto en nuestras agradables y cómodas carreras intelectuales. Porque nos ha obligado a razonar contra nuestro narcisismo, contra la moda apreciada internacionalmente, contra aquellas preocupaciones distinguidas

23. *Las preguntas de la vida*, *op. cit.*, p. 278.

> cuya frecuentación nos *halaga* y nos realza, por muy desasosegantes que sean.[24]

Así, con agradecimiento, asume Savater su tarea particular. Desde el año 2000 vive protegido por guardias de seguridad. Hoy, en julio de 2006 y a pesar de la negociación que el PSOE ha abierto con ETA, algunos ciudadanos, como Fernando Savater, siguen viviendo gracias a la protección de los guardias. Esos escoltas cuidan, en realidad, las escuetas áreas de libertad que quedan en aquel lugar. Y esas áreas libres son las que mantienen viva la memoria de un país digno, es decir, que bien vale un relato.

---

24. Fernando Savater y José Luis Pardo, *Palabras cruzadas*, Valencia, Pre-Textos, 2003.

Eugenio Trías.
Ya suenan los claros clarines

Es bastante agradable consumir el día del domingo en leer un grueso volumen sobre música, *La imaginación sonora* de Eugenio Trías, mientras por la radio van fluyendo pieza tras pieza y te sorprenden una y otra vez con algo inesperado.[1]

A veces se dan coincidencias rotundas. Debo decir que cuando he llegado al último capítulo, el que se titula «Coda filosófica», donde Trías expone y resume algunos de los misterios más insondables de la música que han ido apareciendo a lo largo del libro, sonaba en la emisora nacional la adaptación para orquesta que hizo Weingartner de la *Grosse Fuge* de Beethoven. Era una coincidencia astral, pitagórica, especialmente hermosa porque la letra empujaba a la música y Beethoven empujaba a Trías. Un baile.

---

1. Eugenio Trías, *La imaginación sonora: argumentos musicales,* Barcelona, Galaxia Gutenberg, 2010. Se trata de la segunda parte de *El canto de las sirenas: argumentos musicales,* Barcelona, Galaxia Gutenberg, 2007.

En este segundo volumen nuestro filósofo vuelve sobre algunos compositores que en el anterior se le habían quedado en el cajón, pero lo presenta casi como una historia de la música, de Josquin Des Prés a Ligeti y Scelsi, cuyo capítulo es de esencial lectura porque contiene algunos de los elementos principales de la apreciación musical de Trías, la cual es tan generosa, tan amplia, incluye tantísimos autores y tan diversas formas, que uno acaba convencido de que también le gusta La Parrala, aunque de modo distinto y por lo tanto no la trata. En su análisis de Scelsi vienen los datos más relevantes sobre lo que podríamos llamar «una escucha eugenésica», ¿o sería mejor decir «triásica»?

En el inicio y en el final, sin embargo, Trías se asoma al abismo de la significación musical y es en esos dos momentos en los que me parece más entusiasta. Un entusiasmo que se contagia porque he tenido la tentación de descolgar el teléfono y empezar a preguntarle cosas sin darle tiempo a reponerse. No obstante, como sé que no descuelga el teléfono ni aunque le llame Wagner, no lo he hecho, pero las preguntas son acuciantes.

Como es bien sabido, Trías sitúa el origen mismo de nuestra capacidad musical (un enigmático *logos* musical) en el momento previo al nacimiento, en la vida intrauterina. Allí, mientras flotamos por unos meses en el líquido amniótico, se produciría ya una separación entre ruidos y sonidos. De darse tal separación estaría todo el juego resuelto: si a nuestros oídos fetales llegaran unos entes desagradables que de inmediato clasificamos como «ruidos» y los podemos diferenciar de otros que son más bien agradables a los que llamamos «sonidos», allí, en ese momento previo a todo entendimiento, ya hemos unido unos entes sonoros a la significación y dejado fuera a otros que irán al archivo de lo que «no dice nada». Los ruidos serían sonidos sin sentido, inútiles y fatigosos.

El ejemplo que propone Trías —con apoyatura científica— es el de la voz materna que el recién nacido reconoce a los pocos días de venir al mundo, cuando carece de todos los restantes sentidos. Aquel amasijo ciego y torpísimo parece que inclina la cabeza repetidamente en dirección a la madre en cuanto ésta habla. En el principio, por lo tanto, estaría el sonido y nuestro oído buscaría ese proyecto de mundo antes incluso de abrir los ojos.

La propuesta es sumamente ambiciosa y se asemeja a la de Chomsky en el terreno lingüístico. Por decirlo de un modo brutal, así como naceríamos siendo ya seres lingüísticos, si aceptamos la propuesta de Trías naceríamos siendo músicos. Lo cual, desde luego, explicaría que no se dé en el mundo, ni se haya dado, sociedad alguna que no tenga como componente primordial la danza.

En fin, habría muchas más preguntas, pero a lo mejor sí que me acerco al teléfono y le invito a un baile.

Juaristi y Unamuno. El vencido invicto

Entre los muchos que proporciona, uno de los mayores placeres de la literatura es el de convertir en literatura a los autores de la literatura. Todos sus lectores hemos imaginado a Garcilaso atacando una fortaleza espada en mano o a Berceo bebiendo un vaso de vino en compañía de otros errabundos con los que coincidía en la posada. Es una tentación irresistible. Seguramente si los estudios literarios severos, en especial los estructuralistas y analíticos, no han alcanzado la difusión de los viejos tratados filológicos de Auerbach, Menéndez Pidal o Spitzer es por esa amputación de la mitad del placer. La obra de arte sin autor, gran fantasía francesa del siglo pasado, es teóricamente irreprochable y debe ser defendida en la universidad, pero es también inaceptable para un lector educado.

Los autores reclaman ser imaginados junto a sus criaturas, es una de las razones por las que escriben. Y un modo agradable de imaginarlos es el de leer sus biografías, algunas más literarias que las obras del biografiado. Pocos leen hoy a Frederick Rolfe (con razón), pero su biografía, *The Quest for Corvo,* de A. J. A. Symons, sigue siendo una de las más perfectas obras literarias del siglo xx. He aquí un escritor que casi puede decirse que sobrevive gracias a su biógrafo.

Rolfe era un ser odioso, un mal bicho a quien todos detestaban y su biógrafo no pudo evitar la repugnancia. O quizás fuera mejor decir que sólo pudo evitarla mediante los recursos del arte narrativo. Otros escritores, por el contrario, no pueden ser odiados de ninguna manera. Antonio Machado es el caso supremo. Si usted encuentra a alguien que diga odiar a Machado, apártese de él a toda prisa. Lávese luego entero en cuanto pueda. Es muy probable que pertenezca a alguna de las sectas satánicas más peligrosas después de la de Charles Manson.

Finalmente hay autores que piden ser alternativamente odiados y amados. Y ése es el caso que ahora nos ocupa, el de Unamuno y la biografía, a mi entender soberbia, que ha escrito sobre él Jon Juaristi.[1] Soberbia biografía porque Unamuno, sin dejar la escena en ningún momento, a veces es sólo un trasunto que le permite a Juaristi hablar sobre las guerras carlistas, la renovación de la panadería en Bilbao, el periodismo caciquil, el puente colgante, la invención del folklore vasco, la mujer de Sabino Arana, en fin sobre todas aquellas cosas que hacen de una biografía una pieza literaria de gran enjundia.

Y como debe ser, Juaristi a veces ama a Unamuno y a veces le odia. El lector agradece esa ducha escocesa, porque le sucede exactamente lo mismo cada vez que se pone a leer a Unamuno, que suele ser a menudo. Así, por ejem-

---

1. Jon Juaristi, *Miguel de Unamuno,* Madrid, Taurus, 2012.

plo, el lector agradece que Juaristi no disimule la conducta canallesca de Unamuno con Valentín Hernández, el editor de *La Lucha de Clases* que fue a la cárcel en su lugar. O sus grotescos ofrecimientos a los militares sublevados durante el año 1936. Unamuno tenía momentos odiosos porque era un hombre dotado de un enorme ego, un yo colosal que muchas veces ocupaba demasiado espacio, como decía Ortega cuando esperaba visita del vasco y había alguien en el despacho: «Salga usted ahora mismo, que viene Unamuno con su yo, y no vamos a caber».

El yo es una entidad peligrosa, entre otras cosas porque no contiene nada y debe ser ocupado de inmediato por alguna identidad (nacional, deportiva, religiosa, sexual, da lo mismo) a la que obedecer. Quien desee un planteamiento filosófico riguroso del problema, lea a Carlos Piera y su espléndido *La moral del testigo.*[2] Unamuno, por tanto, llenaba constantemente su yo con lo primero que le cayera en gracia identitaria. A veces era el vasco preterdiluviano, a veces el labriego intrahistórico, o bien el socialismo, aunque también el fascismo, qué le vamos a hacer. Por fortuna, la mayor parte de las veces no era la política lo que llenaba su identidad, sino los paisajes, los tipos, el crucificado, la diversidad de la convivencia, el campo, los campesinos, la literatura, don Quijote, la muerte, en fin todo lo inactual. Y entonces no hay más remedio que amarlo.

Juaristi, con una de las mejores prosas que se escriben hoy en España, repasa todos los aspectos de Unamuno, los

2. Carlos Piera, *La moral del testigo,* Madrid, Antonio Machado, 2012.

amables y los odiosos, aunque predominan ampliamente, como era de esperar, los amables. Don Miguel ha dejado miles y miles de páginas (aún sin editar seriamente, a pesar de los esfuerzos magníficos de la Biblioteca Castro) que no son sólo el mejor retrato de nuestra vida terrestre y anímica, sino que son nuestra exacta definición. He aquí, en este hombre tan poseído por su yo, cómo se fue haciendo sitio un Yo trascendente que acabó por abarcarnos a todos sus lectores.

Sus terribles días finales, cercado por las hienas de Millán Astray, salvado del linchamiento por gente a la que despreciaba, horrorizado de lo que había dicho sobre los generales y la República, fueron un ejercicio agónico de despellejamiento en el que acabó por perder lo que le quedaba de yo. Vio abrirse el abismo bajo sus pies y aquel temor y aquel temblor de que había hablado tanto y tan bien en sus ensayos, de repente era ya todo lo que le quedaba, temor y temblor. Es muy posible que entonces se abandonara al sosiego de no ser nadie y acabara sus días en paz.

IV. La lectura hoy

El final del siglo xx

Es posible que suframos un espejismo. Creemos que la nuestra es una era de cultura avanzada y para todo el mundo y nos resulta insoportable ir comprobando, de año en año, la destrucción de la gran cultura clásica y la desaparición de la herencia humanista. Ese vacío nos produce una sensación de fin de mundo, sobre todo a los profesores de universidad. Puede ser un espejismo.

Algunos grandes constructos culturales determinan nuestra visión histórica. Por ejemplo creemos que el Renacimiento es un momento de gran importancia para la historia de la humanidad porque revoluciona el sistema de la visión, la cual pasa de simbólica a realista. La perspectiva permite crear una atmósfera de gran verosimilitud que se impone como el escenario ideal de la imagen hasta finales del siglo xix.

En realidad, a poco que se mire de cerca, el fenómeno afecta a muy pocas gentes y en un lugar reducido: el Cuatrocientos florentino, y poca cosa más. En buena parte de Europa continúa el modelo gótico hasta el siglo xvii. El florentino ni siquiera fue un modelo duradero, muy pronto la pintura nórdica y el manierismo romano negaron los grandes principios racionales y humanistas. La Reforma puso en marcha una nueva iconoclastia y la Contrarreforma una representación irracional, onírica y mística.

Puede que nos esté sucediendo algo similar. Tenemos como modelo el de una democracia en la que todo el mundo sabe leer y escribir, y en la que las masas buscan la cultura como afirmación del saber en tanto que valor supremo. Nos parece impensable que este modelo desaparezca como desapareció el modelo humanista florentino arrasado por las guerras de religión. Este «progresismo» ingenuo puede ser un espejismo y quizás estamos viviendo el final de un modelo que de hecho no ha durado ni doscientos años en los lugares donde se implantó más extensamente.

En realidad el modelo del que hablamos no se establece hasta mediados del siglo XIX. Si hago caso de los datos de Martyn Lyons, no hay un número relevante de lectores fuera de las clases burguesas y de género masculino antes de 1850.[1] Para entonces en Gran Bretaña el 70 por ciento de los hombres, pero sólo el 55 por ciento de las mujeres están alfabetizados. En 1870 el salto es mayor: en Alemania el 88 por ciento de la población está alfabetizada. También es de 1870 la Ley de Educación británica que extenderá la alfabetización entre las mujeres.

1. Martyn Lyons, «Los nuevos lectores del siglo XX», en Guglielmo Cavallo y Roger Chartier (eds.), *Historia de la lectura en el mundo occidental,* Madrid, Taurus, 1998.

En Francia el cambio se produce a partir de la Reforma Ferry de alfabetización universal que se implanta en 1880. Y si a eso añadimos la reducción de la jornada laboral de catorce a diez horas diarias (Alemania, 1870) o incluso a nueve (Gran Bretaña, 1880), puede decirse que ya tenemos las condiciones materiales para ese gigantesco impulso cultural. Pero sólo se ha implantado en los países más ricos y casi en el cambio de siglo. La máxima extensión de la alta cultura durará, por lo tanto, de 1890 a 1950. Sesenta años.

A partir de 1950 el modelo comienza a desintegrarse, no porque la gente deje de aprender a leer y escribir, sino porque los hábitos irán haciendo cada vez menos frecuente el uso de esas capacidades. Es lo que solemos llamar «analfabetismo funcional». Simultáneamente la alta cultura será reemplazada por una cultura popular o populachera cada vez más poderosa. En la actualidad es evidente que debemos ir preparando nuevas estrategias. El modelo social ha cambiado por completo.

En pocas áreas de conocimiento es más evidente esta transformación que en la mía. Cuando comencé a dar clases de filosofía del arte, hace ahora treinta años, todavía se conservaban algunos elementos de las viejas vanguardias capaces de mantener la continuidad con el humanismo clásico. El estudio de Schoenberg, Rothko, Proust, Beckett o incluso Bernhard, Schnittke o Kiefer permitía enlazar con la potente tradición filosófica de Adorno, Gadamer, Deleuze, Jameson, etcétera. Sin embargo el edificio comenzaba a resquebrajarse.

Por ejemplo, ya nadie sabía qué se podía enseñar en las facultades de bellas artes. A medida que las artes iban incorporándose a la iconoclastia de Duchamp, de Fluxus, al conceptualismo de las escuelas postmodernas y postvanguardistas, no había enseñanza alguna posible que no fuera la estrictamente teórica. En la actualidad un estudiante de bellas artes estudia (por ejemplo en la Goldsmith) a Derrida y a Žižek, pero no recibe enseñanza manual alguna, excepto la fotografía, el vídeo y sus aplicaciones a Internet.

En el terreno propiamente filosófico, el de la teoría del arte, se impone a partir de los años ochenta el filósofo Arthur Danto, que desde la analítica anglosajona aterriza en la Estética con un discurso neo-hegeliano sobre el fin del arte. De hecho, lo más relevante de los últimos veinte años gira en torno a esta cuestión: el acabamiento del Arte, la muerte del Arte, el fin del Arte, o bien el más sofisticado: «arte después de la muerte del Arte» o arte de la desartización del Arte, título de un ensayo de Gerard Vilar recién publicado.[2]

Todas estas corrientes son extremadamente sutiles, en especial las que representan la síntesis de filosofía analítica anglosajona y filosofía continental, casi siempre hermenéutica. Filósofos como Goodman, Wolheim o Bryson, de formación rotundamente antimetafísica, coquetean con la tradición hegeliana. Los hegelianos a su vez utilizan la crítica analítica. Con lo que se produce una paradoja muy curiosa. A medida que la práctica del arte se va convirtiendo en algo más trivial, espectacular y al alcance de todo el mundo, simultáneamente se convierte

---

2. Gerard Vilar, *Desartización. Paradojas del arte sin fin,* Salamanca, Universidad de Salamanca, 2010.

en un producto esotérico, oscuro, inmaterial, que requiere una interpretación cada vez más filosófica.

Eso supone una quiebra sorprendente entre la filosofía que se ocupa del arte y el arte mismo, ya que ambos, uno y otro, están de acuerdo en proclamar su autodestrucción en tanto que obra de arte.

A mi modo de ver, la primera mitad del siglo XX fue la última en que podíamos usar el utillaje conceptual heredado de la gran tradición kantiana y hegeliana. En la actualidad esto es imposible y en cierto modo la teoría del arte se está disolviendo en la nada junto con el así llamado arte actual. La disolución de al teoría del arte está dando paso a una crítica del espectáculo cultural a la manera de Baudrillard, Lipovetsky o Žižek.

¿Cómo se debe, entonces, encarar el proceso de desaparición del mundo «humano» que aún permanecía vivo hacia 1950?

En primer lugar, tomando como objeto de trabajo algo que aún es difícil de precisar: la democratización del arte. Que esa actividad, propiamente humana junto con la religión y la ciencia, se democratice no quiere decir que todo el mundo pueda apreciar la música de Boulez, las *performances* de Beuys o los poemas de Ashbery. Más bien al contrario, esas formas de arte irán desapareciendo del espectáculo cultural a medida que el espacio mediático lo vayan ocupando los ídolos masivos, de Shakira a Harry Potter. Desaparecidos los centros de decisión y las publicaciones especializadas, los productos artísticos son los que propone el goteo incesante de los medios de persuasión.

Hay que ir preparándose para un mundo sin universidad (o con una universidad tan degradada como la actual, al menos en España), con porcentajes elevadísimos de analfabetos funcionales (los aparatos electrónicos han sustituido al profesorado), y con un Estado arruinado que deja de subvencionar lo que antes se llamaba «alta cultura».

Esto puede parecer una catástrofe, como al clasicista florentino le podía parecer aberrante el estilo de los jesuitas romanos, puro populismo teatral, pero es en todo caso el comienzo de un nuevo modelo.

Nuestro desconcierto actual responde a que se ha terminado el mundo aculturado, pero no ha comenzado el nuevo mundo neoanalfabeto, cuya cultura es una incógnita, aunque sabemos que es ya muy cambiante, activo, potente y en un enorme porcentaje concentrado en el universo de la red. Desde luego los ciudadanos menores de veinte años no conocen otra cosa, y en ese océano inmaterial se mueven y con él construyen el sentido de sus vidas.

Ante esta situación me parece inútil cualquier protesta contra Bolonia, que no es sino la consecuencia de un final y la liquidación de las antiguas existencias. Y me parece inadecuado cualquier discurso nostálgico o regeneracionista, porque está condenado al fracaso. La única posibilidad antes de retirarse a los cuarteles de invierno es tratar de entender el nuevo mundo semianalfabeto que ahora tiene veinte años, sus causas, sus consecuencias y el tipo de mundo que describen.

Dios nos libre de los libros

La maldita crisis ha atrapado con su garra de hielo a un amigo mío que ha dedicado su vida entera a la literatura, quiero decir que la ha sacrificado como antes se hacía cuando de verdad te empleabas en hacer algo serio. Ahora, con más de sesenta años, se ve obligado a restringir unos gastos que nunca fueron exagerados. Su mayor lujo era vivir con su mujer en un pueblecito de las afueras de Barcelona, pero guardando un estudio en la ciudad para la biblioteca y la mesa de trabajo, dos utensilios que son como el clavo y el martillo para el carpintero. Ahora tiene que dejar el estudio. No es un alquiler elevado, en absoluto, pero ni a eso alcanza.

Le esperaba una sorpresa cuando comenzó a desmontar los rimeros de libros para meter en cajas de cartón aquellos que no podía llevarse al pueblo. Eran muchos, eso ya lo sabía: toda una vida reuniendo las mejores obras de la literatura habían acabado por juntar una masa considerable.

Meter un libro en el cajón de desecho era como arrancarse un ojo. Los hojeaba uno a uno con dolor y resignación. «¿Voy a tener que prescindir de Baroja? No hay más remedio. Al fin y al cabo, siempre podré leerlo en una biblioteca.» Así se consolaba mientras metía en la caja los bellos volúmenes de Caro Raggio como si los colocara en el féretro.

Cuando por fin hubo concluido la fatídica selección pasó a llamar a diversas entidades con la intención de donarlos, ya que eran demasiado valiosos para liquidarlos al peso. Y allí comenzaron las sorpresas. Las bibliotecas públicas no los querían. Alguna de ellas se justificó aduciendo que como no estaban en catalán no le interesaban, pero la verdad era otra: ni tienen espacio suficiente, ni empleados que puedan cargar con el trabajo de clasificar y archivar los libros. Las bibliotecas públicas van tirando con lo que ya han almacenado y lo que envían las instituciones. Igual le sucedió con las universidades y en parecidos términos.

Cambió de registro y trató de ofrecerlos a colegios, hospitales, hogares del jubilado, cuarteles, cárceles. Fue recorriendo una a una las instituciones, patronatos, fundaciones o sociedades (cadenas hoteleras, seminarios eclesiásticos, colegios mayores), ahora ya acuciado por la curiosidad más que por el interés. Ninguno los quiso. Los más educados le sugerían que si él mismo seleccionaba unos pocos y los llevaba personalmente, a lo mejor se quedaban con alguno por hacerle un favor.

Mi amigo ahora los va dejando en montoncitos por la ciudad o como al descuido en los asientos del metro y de los autobuses.

El corolario es, creo yo, escalofriante. En los últimos meses he leído en la prensa un montón de artículos de graves personajes opinando sobre el daño que los *e-books* y otros ingenios electrónicos están haciendo a las editoriales y a las librerías. Muchos de ellos aseguraban en tono dramático que el libro no moriría nunca, que es un pilar fundamental de nuestra cultura, que nadie puede comparar la lectura en papel con la lectura en pantalla, y así sucesivamente. Me da a mí la impresión de que era un mero ejercicio sentimental. No hace falta que el mercado electrónico se cargue al de papel. De hecho, el libro es, en este momento y para las instituciones, fundaciones, bibliotecas, universidades, patronatos e incluso para las cárceles, una molestia. A nadie le interesan ya los libros, nadie los quiere y por eso pueden ser sustituidos por cualquier juguete electrónico, porque da absolutamente igual.

No son necesarios más llantos. En todo caso, unas flores sobre la tumba.

Palabras para una biblioteca

La verdad es que mi biblioteca es bastante grande, tiene unos 15.000 volúmenes. Digo yo que será una de las últimas que hayan alcanzado ese formato. Algunos miembros de mi generación tienen bibliotecas similares, o incluso más grandes, pero el precio de los libros y la reducción del espacio doméstico hacen casi imposibles las bibliotecas privadas de semejante tamaño. Eso sin contar con el desfallecimiento de la bibliopatía. Será quizás cada vez más frecuente reunir discotecas y videotecas de 15.000 volúmenes, Terenci Moix y Javier Chavarri las tienen, pero ya no bibliotecas.

La gente de mi generación comenzó a formar estas gigantescas máquinas por pura necesidad. Era muy arduo conseguir en librería aquello que uno quería o necesitaba leer. Las bibliotecas públicas eran un desastre y había muy pocas. Todo esto ha ido cambiando, precisamente cuando ya era demasiado tarde. En todo caso, yo diría que las grandes bibliotecas privadas forman parte del pasado.

La mía me ha salvado de muchos apuros cuando he necesitado evacuar una consulta, pero era inútil buscar el volumen en las bibliotecas de Madrid, Barcelona o San Sebastián, que son las ciudades donde he vivido y trabajado. En una ocasión necesité la *Estética* de Hegel (soy profesor de esa disciplina) y acudí a la biblioteca municipal de San Sebastián por ver si tenían la vieja traducción de Giner de los Ríos. Tras buscarla inútilmente en los ficheros acudí a la encargada y le pregunté si había otros fondos o más ficheros. «¿Y qué busca usted?», me preguntó con retintín. Poco seguro del éxito, le dije: «La *Estética* de Hegel». «¡Hombre, por Dios! —exclamó—. Si es que no saben ustedes buscar... ¡Sígame!». Fui tras ella como un perro, escarbó en el fichero general, y me mostró triunfante una ficha: «¡Aquí lo tiene! Aunque está en préstamo, es un libro muy consultado». Ante mis ojos se agitaba la ficha de la *Estática del automóvil* de un tal Jedres.

Con los años, sin embargo, mi biblioteca se ha convertido en un peso muerto. Es casi imposible cambiar de piso o de ciudad cuando uno arrastra un monstruo de ese peso. De manera que estoy ahora haciendo gestiones para cederla en donación a una institución pedagógica de Barcelona. Cuando me jubile, me veré libre del trabajo, pero también de mi biblioteca. Será el momento de cambiar de lugar, antes de ocupar el lugar definitivo.

Mantengo un orden férreo en mis libros. Cuando la gente lo advierte suele decir que soy una persona muy ordenada si son amigos, o bien que soy un paranoico si son enemigos. En realidad no soy ninguna de las dos cosas. Cuando se pasa de los cinco mil volúmenes, o bien uno mantiene un orden riguroso o no vuelve a encontrar nada en su vida. He pasado horas rastreando un Duque de Rivas que en algún momento de distracción, hablando por el teléfono móvil supongo, coloqué en el rimero de egiptología. Es cierto, en cambio, que a veces dar con lo inesperado es como encontrarte con un viejo amigo. Necesitas un Gombrich y tropiezas con aquel Wölfflin que dabas por perdido hace años. Si eres humano, caes de rodillas y lloras de alegría.

Así pues, un orden. Voy a explicar muy brevemente mi orden porque, cuando comencé a preparar esta charla, pensaba hablar sobre libros interesantes o curiosos que hubieran ido a dar a mis manos, una especie de *Salsa rosa* del libro, pero pronto caí en la cuenta de que no sería posible. Sólo el primer cuerpo de la biblioteca ocupaba todo el tiempo de la conferencia. Ya verán por qué.

Así pues, comenzaré contándoles mi sistema de clasificación, por si pudiera ser útil a alguien. A mí me ha servido durante muchos años.

Primer juicio salomónico: el ensayo no está mezclado con la literatura. Yo me crié en la modernidad y a la postmodernidad llegué cuando la biblioteca ya había crecido demasiado, de modo que para mí sigue siendo cierto que la literatura y el ensayo, aunque parientes próximos, no son hermanos. Eso quiere decir que, por mucho que me duela, Nietzsche está con la filosofía y no en la literatura, pero Diderot está en la literatura y no con la filosofía. Esta primera división es muy dolorosa, pero imprescindible.

En la literatura aplico todavía los criterios filológicos del siglo XIX: las literaturas o son nacionales, o no son. De modo que las obras van separadas por lenguas y (de nuevo con mucho dolor) por ejemplo Beckett está en Francia como colega de Sartre, Dios me perdone, y Kafka junto a Trakl y no en compañía de su heredero Milan Kundera. Sólo transgredo esta sagrada regla en un caso, y lo hago a conciencia de que, dados los tiempos que corren, puede ser peligroso. La literatura hispánica está toda junta, de modo que Josep Pla va del brazo con Rosalía de Castro, Eça de Queirós y Baroja, en animado cuarteto de viento.

Hay cuerpos con tantas subsecciones o microsecciones que dan un poco de pena. Los rusos han acabado cerca de los noruegos, pegados a los húngaros y un poco antes de los japoneses. Son imperativos que a veces producen una cierta culpabilidad, como cuando se unen desconsideradamente Yasunari Kawabata y Knut Hamsun, incapaces de cruzar una palabra. Debería ser más cuidadoso, pero estas agudezas sobre la singularidad cultural también son una novedad reciente.

En la librería literaria hay, en efecto, algunos volúmenes singulares que han venido a caer en mis manos, a veces por pura casualidad, como ese ejemplar de *La guerra,* de Antonio Machado, con ilustraciones del hermano olvidado, el pintor José Machado, editado en Madrid en 1937, una rareza por la que me han ofrecido fortunas y que compré a un librero de viejo por veinticinco pesetas. También, en un lugar muy destacado figura un manuscrito original de *Volverás a Región* de Juan Benet, más valioso por su valor sentimental que bibliográfico, ya que el más valioso en términos absolutos lo tiene la actual directora de esta casa, Rosa Regàs, y es el ejemplar censurado por el cuñado de Fraga.[1] ¿O era su yerno?

---

1. El autor pronunció esta conferencia en Madrid, en la Biblioteca

Una vez establecidos los cuerpos de la literatura nacional, basta con ordenar los autores por fecha de nacimiento para tener la historia de la literatura a golpe de ojo. A veces eso obliga a consultar una enciclopedia para comprobar una fecha porque uno ha olvidado si Flaubert cae antes o después de Nerval, pero también ayuda a mover las células grises. Tras un intenso día de trabajo, es ejercicio muy saludable servirse un generoso whisky y pasear con parsimonia, de arriba abajo, por una de esas literaturas a la vista: Don Sem Tob, los trovadores, Mio Cid, el arcipreste, ¡ah caramba, Gil Vicente!, Juan de la Cruz, Tirso de Molina, ¡hombre, el conde de Villamediana!, y así sucesivamente. Es como caminar por los pasillos del Museo del Prado, con aires de propietario.

Otra ventaja es que deja a la vista las cordilleras del talento. Es gratificante observar, por ejemplo, que los alemanes amanecen a la literatura casi con la máquina de vapor, en tanto que los rimeros dedicados a la literatura medieval y renacentista española o francesa son inacabables. O los momentos de densidad, como el siglo XVIII francés o el XIX inglés, que ocupan más que trece siglos rusos.

En cuanto a la otra mitad de la biblioteca, la zona de ensayo, tiene menos misterio. Aquí predominan los libros útiles sobre los placenteros, y las especialidades derivadas de mi trabajo. Hay mucha filosofía, mucho arte, mucha teoría del arte, bastante historia, en fin, lo normal en un profesor de filosofía del arte. Aquí sí que se impone el

---

Nacional, de la que Rosa Regàs fue directora entre 2004 y 2007.

orden alfabético y sólo algunas áreas muy especializadas acceden a un espacio propio. En mi caso, la música.

Y aquí concluye la introducción. Hasta ahora hemos hablado de un caso bastante generalizado de biblioteca de los años sesenta del siglo pasado. No tan grandiosa como las de la generación anterior —las bibliotecas de Blecua o de Martín de Riquer, por ejemplo, eran incomparablemente superiores—, pero sorprendente para los menores de treinta años. Sorprendente, todo hay que decirlo, ay, como si vieran una gigantesca colección de relojes de cuco.

Y ahora empecemos a mirar la biblioteca *de verdad.*

Los libros están formados por páginas, las cuales están cubiertas de párrafos construidos con frases compuestas de palabras. En la biblioteca de todo escritor, por majadero que éste sea, las palabras son el fundamento mismo de su biblioteca. Eso quiere decir que la sección de diccionarios es la más importante y la más interesante. Dime qué diccionarios tienes y te diré quién te publica y para qué. Beckett, por ejemplo, sólo leía diccionarios. Mientras esperaban en el recibidor, varios testigos aseguran haber oído escandalosas carcajadas, y luego aparecía Beckett secándose las lágrimas y con un diccionario en la mano.

Mis diccionarios son lo que la Armada de Su Majestad fue para el Imperio británico, o la *Grande Armée* para Napoleón, es decir, no un instrumento, no una herramienta, sino un motivo de orgullo y de pasmo universal. Creo que he exagerado un poco, pero trataré de justificarlo.

Un diccionario no es simplemente un aparato que permite resolver crucigramas o jugar al Scrabble; un diccionario es el tesoro de la lengua. Tal es el nombre de uno de los más antiguos diccionarios europeos, el célebre diccionario de *Cobarruvias* (así lo escribía él mismo). Data de 1611 y por lo tanto en esas páginas es el propio Cervantes quien define las palabras. Recuerden que en 1615 apareció la segunda parte del *Quijote.* Me permito leerles una entrada inmortal, una de las más bellas. Sedujo a Borges y va a seducirnos a nosotros. Es un fragmento de la entrada «Tigre»:

> Siendo [el tigre] crecido y grande es dificultoso el caçarle a los cachorrillos tiernos. Los caçan desta manera: Previénese el caçador de cavallo ligero y de un globo cristalino y, aviendo ojeado al tigre cuando sale a la presa, entra entonces en la gruta y con toda ligereza le roba los hijos e monta a cavallo. Bolviendo la fiera con el robo y hallando menos a sus hijos, buelve a salir desalada, sigue al caçador y éste, viéndola, dexa caer el cristalino globo, prosiguiendo en su carrera mientras la tigre cariñosa le da bueltas y acaricia su misma imagen que representa en pequeña forma el espejo, y el tiempo que pierde engañosamente divertida, gana en la huyda el caçador.

En los diccionarios se esconde la concepción del mundo de nuestros antepasados. Las definiciones nos dicen mucho más sobre sus vidas, sobre sus almas, de lo que pueda decirnos el mejor libro de historia. El mundo de Covarrubias, como el de Cervantes, era todavía un mundo encantado y mágico, aunque ya le quedaba poco para modernizarse, es decir, para desencantarse y penetrar en el oscuro mundo de las luces. Si del siglo XVII pasamos al siglo XVIII, todo cambia. El *Diccionario de autoridades* de 1726, otra obra maestra y otra inagotable fuente de placer, muestra un mundo enteramente nuevo aunque sólo hayan transcurrido cien años. Si leen la entrada «Tigre» se encontrarán con una descripción ya muy sensata, que se corresponde con un mundo en donde la magia y el encantamiento han desaparecido. Sin embargo, no hay que engañarse, ese mundo del XVIII es todavía un mundo muy lejano del nuestro. Vean ustedes lo que era entonces el «Alma». O, ya que en ella estamos, lo que era una «Biblioteca»:

> Alma: La parte más noble de los cuerpos que viven, por la cual cada uno según su especie vive, siente y se sustenta: o según otros el acto del cuerpo, que le informa y da vida, por el cual se mueve progresivamente. Divídese en vegetativa, sensitiva y racional.
>
> Bibliotheca: Nombre griego, que en su riguroso sentido significa el paraje donde se venden libros; pero aunque en nuestra lengua se suele entender así alguna vez, más comúnmente se toma por la librería que junta algún hombre grande y erudito, y por las que hay en las comunidades religiosas, y principalmente por las que son comunes para el beneficio público, de que hay varias en Europa, y la tiene el rey nuestro señor en su Real Palacio.

Éste es el cuerpo histórico de las palabras, algo así como su carácter monumental. No obstante, las palabras tienen también un alma íntima y biográfica, que es la que les da sentidos múltiples e infinitamente matizados, como si cada una de ellas fuera un ser viviente con una vida propia y peculiar. Cada palabra tiene en verdad una existencia de cientos de años, a veces miles, y cuando las usamos con seriedad, literariamente, la vida que han llevado deposita su carga en nuestro entendimiento.

Vean un ejemplo. Los críticos sin entrañas suelen decirme que en las cosas que escribo a veces me muestro *sardónico* y yo lo daba por bueno, pero en una ocasión me pregunté si acaso sabía yo con exactitud lo que me estaban diciendo. Consulté entonces el *Diccionario etimológico de helenismos españoles,* un viejo trabajo de Crisóstomo Eseverri editado en Burgos en 1945, y me encontré con lo siguiente: «Del griego *Sardó,* propio de Cerdeña. Se criaba en Cerdeña una hierba que causaba en quien la comía unas convulsiones y contracciones en la cara, preludio de la muerte, y que eran semejantes a las que produce la risa». Pensé que aquello era demasiado bonito para ser cierto y acudí al *Diccionario Etimológico* de Corominas, una obra colosal y magnífica, respetada en el mundo científico aunque, según parece, Corominas, que era un tremendo catalanista, le encontraba a todo una raíz catalana. Pues hete aquí que la cosa iba en serio: «Derivado de *sardonion,* sardonio, especie de ranúnculo cuyo jugo produce en los músculos de la cara una contracción que imita la risa. Derivado a su vez de *sardonios,* perteneciente a Cerdeña».

A partir de aquel descubrimiento se me aparecía en sueños una risa convulsa flotando en el vacío, producto del envenenamiento, la cual contraía los músculos de la víctima hasta matarla, y aquello tenía lugar en los ásperos riscos de la ruda Cerdeña por medio de un ranúnculo... ¡Y ese ranúnculo era una página mía! Desde entonces he procurado reprimir todo sentimiento sardónico.

En la vida de las palabras, quizás lo más extraordinario es su nacimiento, su oscuro origen. Es en la cuna donde se juega todo. Este aspecto de la palabra ya no es ni su monumento, ni su biografía, sino algo así como su código genético, aquel secreto e invisible agente que lleva impuesto desde que nació y que va a decidir su destino. Mientras preparaba esta conferencia abrí al azar el *Diccionario etimológico indoeuropeo de la lengua española* y anoté lo primero que encontré.[2] La raíz *bhreu,* del sánscrito *bhuráti,* que se encuentra en lo más profundo de muchas palabras que de un modo más puro tienen relación con hervir o quemar. Está en el italiano *brodo,* en *brühe* que es «caldo» en neerlandés medieval, en *brûler,* el quemar francés, en *borbollón,* la espuma hirviente de los ríos torrenciales, en *bodrio,* que era un sopistrajo medieval para los pobres, también en *embrollar.* Ciertamente, sólo el poeta trabaja las palabras con tanta minuciosidad y por esta razón cada una de ellas tiene resonancias que, como las que producen las cuerdas del piano, nos remiten a tiempos oscuros y tierras que nunca hemos pisado.

Cuando un poema nos admira y no sabemos por qué, la razón es simple, es que nos trae el eco de un sentido perdido pero esencial de la palabra.

> La caza de amor
> es de altanería:
> trabajos de día,
> de noche dolor.

---

2. Edward A. Roberts y Bárbara Pastor, *Diccionario etimológico indoeuropeo de la lengua española,* Madrid, Alianza, 1996.

Halcón cazador
con garza tan fiera,
peligros espera.[3]

Cuando acusamos a alguien de «altanería» estamos convocando la *altana,* que era la iglesia en donde se refugiaban los fugitivos de la justicia, y también los halcones que se usan para la caza de cetrería. De ahí que un personaje altanero sea alguien radicalmente distinto de un chulo, de un pretencioso o de un petulante. No todo el mundo puede ser altanero.

En ocasiones, el alma de la palabra aparece por un lugar inesperado, casi diríamos que por sus aromas sutiles o su simpatía para formar familia con otras palabras. En el *Diccionario etimológico de sufijos* de David Pharies nos encontramos con la familia de los *astros,* que a pesar de su atractiva presencia fonética, acoge a todos los bastardos imaginables.[4] Posiblemente esta familia haya comenzado a formarse en la botánica, porque cuando no se conocía la filiación de una planta se le añadía lo de «astro» según el vegetal más cercano, como por ejemplo «liliastro» o «alicastro», podríamos inventar un «cebollastro» o un «alcachofastro». Vinieron luego los poetastros, los pillastres, los camastros, los hijastros y, ya en plena euforia creativa, los zarrapastrosos.

En el extremo final hemos de ir a buscar los jugos internos de aquellas palabras que se formaron directamen-

3. Gil Vicente.
4. David A. Pharies, *Diccionario etimológico de los sufijos españoles y de otros elementos finales,* Madrid, Gredos, 2002.

te en nuestra boca y con nuestra lengua, a la manera de las vasijas que se hacen en el torno del alfarero y con sus manos. El sentido de estas últimas palabras ya no es intelectual sino por completo musical. Las encontraremos en el *Diccionario de voces naturales* de García de Diego.[5] Allí verán ustedes que *chik,* Dios perdone a los franceses, no es algo muy elegante sino que «es la voz con que se llama al cerdo». Recuerden que en muchos lugares de España, aunque no en todos, a las pocilgas las llaman «cochiqueras». Y cuando hablen de una «patrulla» sepan que se ha formado a partir de *patr,* que es la onomatopeya de pisar tierra. Al decir «patr» uno tiene la desagradable sensación de estar mascando arena.

Con estas historias estoy poniendo de relieve lo mucho que me gustan los diccionarios y la frecuencia con que los visito. En efecto, tengo cientos de diccionarios, los hay de cultura grecolatina (el de Oxford), de filosofía (el Ferrater Mora), el fraseológico de Seco, el de usos y dudas de Martínez de Sousa, de instrumentos musicales (un gran trabajo de Ramón Andrés, el mejor en su género en toda Europa), de historia de España (lo dirigió Germán Bleiberg para Alianza), de retórica, de lingüística, de psicoanálisis, en fin, de todo lo que encuentro. No me pierdo ni uno. Si quieren hacerme feliz, regálenme un diccionario, lo más raro posible.

Alguien puede pensar que todo esto es una pérdida de tiempo... y acertará. Sin embargo, muchas veces los diccionarios más raros son los que ofrecen informaciones

5. Vicente García de Diego, *Diccionario de voces naturales,* Madrid, Aguilar, 1968.

más relevantes para entender el mundo y los libros. En efecto, es un capricho tener un *Vocabulario de ocupaciones* (Ministerio de Trabajo, 1963), sin embargo a veces uno puede necesitar la definición del «embragador permanente», del «jabegote» o de la «iñude»: son oficios en desuso o desaparecidos, pero que siguen vivos en las páginas de Galdós y de Fernández Mazas.[6] Si se tropieza con una frase como ésta: «Breve fue mi felicidad y poco pude gozar de la iñude», ya puede acudir al *Diccionario* de la Real Academia Española que no lo encontrará. Hay que ir al de ocupaciones.

Con mayor razón, que nadie dude de la utilidad de tener a mano un viejo diccionario geográfico como el *Universal pintoresco de las cinco partes del mundo* publicado por la Imprenta de la Viuda de Mayol en 1844. Sin él es muy difícil saber a qué se refieren los grandes novelistas, Conrad, Stevenson, Melville, cuando hablan de lugares como Trípoli, el Reino de Berbería o la Puerta Otomana. En algunos novelistas españoles que trataron de las guerras africanas, así Pedro Antonio de Alarcón, aparece la Cafrería o el país de los cafres, una comarca del África meridional que ahora se ha subdividido en varios países y que sólo puede ya localizarse en los viejos mamotretos geográficos. Estas antiguallas dan, a veces, noticia sobre una situación vital esclarecedora, como cuando el *Pintoresco* dice de Alsacia: «La mayor parte del pueblo habla todavía alemán, sólo en las ciudades y entre las clases más elevadas se habla el francés». En esta breve viñeta se advierte que en 1844 Alsacia era francesa, pero sólo podía

6. *Vocabulario de ocupaciones,* Madrid, Ministerio de Trabajo, 1963.

llamarse realmente franceses a sus dirigentes y a la administración, lo que explica la reacción popular durante la siguiente guerra y la anexión alemana.

Incluso los más inútiles diccionarios proporcionan ayudas imprescindibles. Fíjense ustedes lo que significa «chotear» en el *Diccionario lunfardo* de José Gobello: «Sujetar a alguien, poner al descubierto sus órganos sexuales y escupir o echar tierra sobre ellos».[7] Comprendan ustedes la importancia de conocer estas cosas cuando uno viaja al Cono Sur, no vaya a ser que lo tomen a choteo.

En fin, mi amor por los diccionarios se ha visto recompensado y ahora también aparezco yo en ellos. No en los de literatura, eso sería baladí, sino en los serios, en los de verdad. En el *Diccionario del español actual* de Manuel Seco y en su muy divertido *Diccionario fraseológico documentado*, voy de modelo para determinados usos lingüísticos:

> De alivio. Se usa para ponderar la mala condición de alguien, o la violencia o gravedad de algo. Azúa. *Diario* 23: «Tardaron tres días en localizar el coche; la factura fue de alivio».[8]

No es una cita apoteósica, pero me siento muy ufano de figurar como ejemplo de algo. Entre mis diccionarios favoritos hay varios dedicados a la Biblia y al mundo bíblico, porque si bien en los diccionarios se encuentra la

---

7. José Gobello, *Nuevo diccionario lunfardo*, Buenos Aires, Corregidor, 1999.

8. Manuel Seco, Olimpia Andrés y Gabino Ramos, *Diccionario del español actual*, Madrid, Aguilar, 1999, y *Diccionario fraseológico documentado del español actual*, Madrid, Aguilar, 2004.

vida de las palabras, en la Biblia se encuentra la palabra misma. Mi sección bíblica viene a seguido de los diccionarios.

Sin duda estamos de nuevo ante verdaderos tesoros lingüísticos. Leer la Biblia del Rey Jaime, la célebre King James, es como leer a Shakespeare y a Faulkner, así como leer el Covarrubias era leer a Cervantes. De las biblias españolas la más grandiosa, la excelsa, la insuperable, es la menos leída, la llamada Biblia del Oso. Alfaguara intentó editarla y tuvo que interrumpir su publicación. Les voy a leer el comienzo del Génesis para que reconozcan la música de una lengua inmortal.

> En el principio crió Dios los cielos y la tierra. Y la tierra estaba desadornada y vacía y las tinieblas estaban sobre la haz del abismo y el espíritu de Dios se movía sobre la haz de las aguas. Y dijo Dios: Sea la luz y fue la luz. Y vio Dios que la luz era buena, y apartó Dios a la luz de las tinieblas. Y llamó Dios a la luz día y a las tinieblas llamó noche. Y fue la tarde y la mañana, un día. Y dijo Dios: Sea un extendimiento en medio de las aguas y haga apartamiento entre aguas y aguas. E hizo Dios un extendimiento y apartó las aguas que están sobre el extendimiento, y fue así. Y llamó Dios al extendimiento cielos. Y fue la tarde y la mañana, el día segundo. Y dijo Dios: júntense las aguas que están debajo de los cielos en un lugar y descúbrase la seca, y fue así. Y llamó Dios a la seca tierra y al ayuntamiento de las aguas llamó mares. Y vio que era bueno.[9]

9. *Biblia del Oso,* Madrid, Alfaguara, 2001.

El mundo bíblico no es sólo un manantial lingüístico fascinante (recuerden el mito de su traducción, en el faro de Alejandría, cuando encerraron a siete traductores en siete celdas incomunicadas y los siete salieron con el mismo texto), sino también el seno en el que se han criado los grandes escritores de la literatura occidental. Fue la prohibición de su lectura, en la España de la dominación católica, lo que a partir del siglo XVII hundió el nivel artístico de nuestros escritores hasta convertirlos en cabrerizos de la lengua. Todavía en el siglo XX, los más grandes, Benet y Ferlosio, son lectores apasionados de la Biblia del Oso y conocedores de la pseudoepigráfica.

Con este nombre se conoce lo que también ha dado en llamarse «escritos intertestamentarios» o «apócrifos bíblicos», y que están siendo publicados con extraordinario rigor por Ediciones Cristiandad. Se reúnen bajo este epígrafe aquellos textos que fueron excluidos del canon masorético cuando, en el siglo primero de nuestra era, los fariseos fijaron el contenido de la Biblia tal y como lo conocemos. Hay en los intertestamentarios narraciones, sermones, novelas, poemas, que de haber sido integrados en el canon habrían traído consecuencias inimaginables para nuestra cultura. Algunos son cuentos deliciosos, como la «Vida griega de Adán y Eva» en la que Seth, uno de los treinta hijos que tuvieron (hay también treinta hijas), viaja en busca de la puerta del Paraíso del que fueron expulsados, para robar una planta que salve la vida de su padre agonizante. Me extraña que Spielberg no lo haya descubierto.

Otras veces, sin embargo, lo que cuentan nos hace soñar. Es como una ventana que se abre sobre otro mundo, un mundo que en algún momento fue posible, pero se malogró. Voy a leerles un fragmento conocido como *Libro primero de Henoc* (o Henoc I), en el cuarto volumen de la soberbia edición de Alejandro Díez Macho:

> *Caída de los ángeles y viaje celestial de Henoc.* En aquellos días, cuando se multiplicaron los hijos de los hombres, sucedió que les nacieron hijas bellas y hermosas. Las vieron los ángeles, los hijos de los cielos, las desearon y se dijeron: Ea, escojámonos de entre los humanos y engendremos hijos. [...] Y tomaron mujeres, cada uno se escogió la suya y comenzaron a convivir y a unirse con ellas, enseñándoles ensalmos y conjuros y adiestrándolas en recoger raíces y plantas. Quedaron encinta y engendraron enormes gigantes de tres mil codos de talla cada uno. Consumían todo el producto de los hombres, hasta que fue imposible a éstos alimentarlos. Entonces los gigantes se volvieron contra ellos y se comían a los hombres. Comenzaron a pecar con aves, bestias, reptiles y peces, consumiendo su propia carne y bebiendo su sangre. Entonces la tierra se quejó de los inicuos.

Durante unos segundos nuestra civilización se balanceó sobre un abismo. ¿Qué habría sucedido si la Iglesia católica hubiera tenido que lidiar con estos ángeles que copulan con humanas, con estos gigantes, con el gran Nemrod, el constructor de la Torre de Babel? ¿Cómo habría llevado Europa el sueño de que en cualquier momento podían caer de nuevo los ángeles sobre la tierra para robarnos a nuestras novias, hijas y esposas?

Aunque a lo mejor siempre hemos sabido que en cualquier momento podían regresar los ángeles de gigantescas alas, esos ángeles feroces que custodian los templos asirios, y que sin aviso caerían sobre nosotros como aullantes bombas atómicas, y que eso nos hace débiles y temerosos cuando miramos el firmamento.

Son delirios que sólo pueden tener lugar en una biblioteca.

Si hay ocasión, algún día hablaremos de la siguiente estantería.

Un neologismo y la Hache. Discurso de ingreso en la Real Academia Española

Cuando ustedes tuvieron la bondad de concederme la letra H de esta Academia, no podía yo imaginar que mi vida cotidiana iba a cambiar de un modo tan repentino.[1] A la mañana siguiente recibí salutaciones en la panadería, en el quiosco, en el puesto de frutas y verduras, en el estanco, me felicitaban por la calle los conserjes del barrio, la incansable empleada de Correos e incluso un taxista de los que habitualmente ocupan la parada del hotel me dio un par de cómplices bocinazos. Debía rendirme a la evidencia: pertenecer a la Real Academia Española es un asunto de interés popular. La Academia es popular. A la gente le interesa y le entretiene todo lo que se relaciona con esta institución.

Lo comenté con un colega que pertenece a la Academia de Ciencias Morales y Políticas y me observó con envidia. A él nunca le había sucedido nada semejante. Otro tanto me comentó alguien de la Academia de Bellas

1. Véase, al final de este volumen, la procedencia de los textos.

Artes de San Fernando. Reconozcámoslo, la RAE es popular. Y eso no depende de la mayor o menor ciencia que cada academia produzca, ni de su valor social, ni de los beneficios que pueda distribuir entre los ciudadanos, sino de la materia misma de que se ocupa. Evidentemente, las palabras son un elemento tan vital en nuestras vidas como el agua, pero uno no está obligado a sentir una gran simpatía por el agua y basta con que se la beba. En cambio, las palabras son una materia vital, pero también simpática. La gente ama las palabras, y basta para comprobarlo la cantidad de concursantes que se presenta a cualquier competición de ese tipo o el éxito de algunos programas en los que el agonista ha de demostrar una gran habilidad léxica.

A mí me sucede lo mismo que a la gente: me seducen las palabras, las he estado persiguiendo toda la vida, las he cortejado, he intentado seducirlas, con algunas he llegado a bailar, otras me han desesperado. Y ahora estoy en la casa de las palabras. Confieso que mi emoción, en este momento, es grande.

Ocupo, además, un sillón que había sido de Martín de Riquer, uno de los más destacados medievalistas que ha dado Europa. Lo conocí un poco. Habría querido conocerle mejor. Voy a aprovechar la ocasión para contarles lo que le debo a Martín de Riquer y, como no soy un erudito, sino un humilde escritor, se lo contaré en forma de cuento, es decir, sin mentir en un solo momento.

Para lo cual debo retomar lo que les venía diciendo sobre las palabras. Una buena parte del trabajo académico consiste en recoger y clasificar las nuevas especies que se producen de modo espontáneo, porque una de las maravillas del lenguaje es que está vivo y cambia constantemente. Pero otra parte no menos importante del trabajo de la Academia es la de proponer palabras que se hacen necesarias para cubrir un vacío del significado que ha quedado al descubierto. Así, por ejemplo, tenemos una palabra para el niño que tiene la desgracia de perder a sus padres, el huérfano. En cambio, no la tenemos para los padres que han perdido a su hijo. Palabra temible, extremadamente dolorosa y que quizás por eso aún no hemos inventado.

En el año 2012, la Comisión de Vocabulario Científico y Técnico le pasó a la Comisión Plenaria una palabra estupenda. Tan estupenda que se aprobó por unanimidad y anda ya por ahí viva y coleando. La palabra es *serendipia* y su definición dice:

> **serendipia.** (Adapt. del ingl. *serendipity,* y este de *Serendip,* hoy Sri Lanka, por alus. a la fábula oriental *The Three Princes of Serendip,* «Los tres príncipes de Serendip».). f. Hallazgo valioso que se produce de manera accidental o casual. *El descubrimiento de la penicilina fue una serendipia.*

Se trata, como ven, de andar uno buscando algo y encontrarse, de pronto, con otra cosa tanto o más valiosa que la buscada. Es verdad que teníamos ya la palabra *chiripa* (que también es bastante estupenda y puede derivar del quechua), pero pertenece al ámbito técnico del billar y designa un éxito casual, sin fundamento alguno. Andaba uno buscando una carambola y de pronto se la encuentra por pura chiripa. Muy al contrario, la serendipia es el resultado de una búsqueda consciente que conduce al investigador a un lugar inesperado y distinto, no de carambola, sino casi de milagro. Vean ustedes que hay cosas enormes que se han descubierto por serendipia, como el continente americano, cuando Colón buscaba las Indias, y cosas mucho más humildes y, sin embargo, de cierta utilidad para algunos pacientes, como la Viagra, que apareció cuando los científicos buscaban un fármaco contra la angina de pecho.

La palabra misma, *serendipia,* ya han visto que contiene un montón de serendipias ocultas en su seno como las crías del canguro. Para empezar, la de los tres príncipes de Sri Lanka, leyenda persa rescatada por Horace Walpole y aprovechada por el mismísimo Voltaire en su celebérrimo *Zadig.* La leyenda persa cuenta una serendipia compleja a partir de un camello perdido en el desierto y tres príncipes que van deduciendo su aspecto a partir de unas pistas disparatadas: el camello es cojo, tuerto, le falta un diente y lleva en las alforjas miel y mantequilla. Cuando describen el camello a su dueño, éste llama a los guardias para que los encarcelen: le parece indudable que son ellos quienes lo han robado. Las posteriores explicaciones de los tres príncipes ante el sultán son dignas de Sherlock Holmes. En el trasunto de esta leyenda está el comienzo del método deductivo de Edgar Allan Poe en *Los crímenes de la calle Morgue* y los sucesivos detectives modernos.

La traigo a cuento y me extiendo tanto sobre la serendipia porque hay una relación serendípica entre Martín de Riquer y quien ahora va a ocupar con gran humildad su sillón. Este es el cuento que mencionaba al comienzo. Les voy a contar un cuento.

Fue en noviembre de 1970, exactamente el día 4, según he sabido gracias al investigador Daniel Rico, y yo trabajaba entonces en la editorial Seix Barral de Barcelona. Ese día acudí a una conferencia que pronunciaba Martín de Riquer en el Círculo Cultural de los Ejércitos, que estaba entonces en la plaza de Cataluña, junto a El Corte Inglés. Anunciada como «Armas y armaduras de los caballeros catalanes en la Edad Media», el tema de la charla versaba sobre el lenguaje guerrero de los siglos XI al XV y los efectos que tuvo la batalla de Nájera sobre la impedimenta y el lenguaje defensivo. Yo creo que me interesé en la conferencia por influencia de Carlos Barral, que era muy aficionado a las armas antiguas y competía con su amigo Juan Eduardo Cirlot por saber quién de los dos tenía la mejor armería privada de Barcelona.

La conferencia me fascinó y más aún el personaje. Era un hombre pequeñito, enérgico y con una oratoria inflamada. Lo más conspicuo era que le faltaba un brazo, pero daba la impresión de que lo movía blandiendo uno de los espadones de sus caballeros renacentistas. Hablaba de armamento antiguo, pero se le adivinaban unas ganas tremendas de participar en las batallas que describía.

Tiempo atrás, leyendo a los trovadores provenzales, esta vez por influencia de otro académico, Pere Gimferrer, ya me había percatado de que había una enorme cantidad de palabras caballerescas que me eran desconocidas, lo que no es extraño en un lector del común y medio analfabeto, pero se daba el caso de que también las desconocían los sucesivos anotadores de los poemas. Estos términos instrumentales no son necesarios para gozar de un poema trovadoresco o de un texto medieval, pero fastidia no entenderlos, no poder darles figura, no poder imaginar si el caballero, en esa circunstancia concreta, empuñaba una maza, un martillo, una espada, una lanza o un escudo. La heroicidad también depende de saber mantener las formas.

Recuerdo haber comentado con Barral el formidable poema de Bertran de Born que comienza con el verso «Be'm platz lo gais temps de pascor». Se lo sabía de memoria. Es un poema de júbilo por la llegada de la primavera *(lo gais temps de pascor)* porque florecen los campos, crecen los frutos, cantan los pájaros y forman en línea de ataque los caballeros armados y sus caballos. Bertran sigue cantando en el poema lo mucho que le gusta la primavera hasta que por fin asegura que lo que más le place es ver al señor cuando es el primero en asaltar las líneas enemigas, a caballo, armado y sin miedo. Es una escena que hemos visto con mucha frecuencia en el cine porque sigue siendo tan emocionante como cuando la leímos en la *Ilíada;* sin embargo, pocos poetas hay en la actualidad que le dediquen un serventesio a este tipo de actividades.

Y entonces llegaba el momento en que Barral mostraba sus conocimientos militares. Dice la estrofa:

> Massas e brans, elms de color,
> escutz trauchar e desguarnir
> veirem a l'entrar de l'estor
> e maintz vassals emsems ferir,
> don anaran arratge
> chaval dels mortz e dels nafratz.

La traducción de Riquer dice:

Veremos al principio de la lucha romperse y descomponerse mazas y espadas [massas e brans], yelmos de colores y escudos, y a muchos vasallos hiriendo al mismo tiempo, por lo que los caballos de los muertos y de los heridos vagarán errabundos.

El viejo nombre provenzal de la espada, *bran,* emocionaba a Barral hasta las lágrimas. «¡Viene del escandinavo *brandr,* Azúa —exclamaba—, es el *brand* de los teutones; la hoja de la espada como una brasa ardiente cuando la alumbra el sol, por eso la del Cid se llama *Tizona,* era un fogoso tizón!». Barral amaba las palabras, como todo poeta verdadero.

Dos años antes había publicado Riquer, en la editorial Ariel, el maravilloso tratado *L'arnès del cavaller,* profusamente ilustrado.[2] Uno de los más bellos libros que existen en la edición española sobre asunto tan principal, y el primero en tratar esta cuestión del armamento ofensivo y defensivo desde el medievo. Me puse a buscarlo compulsivamente porque era ya entonces inencontrable, como en la actualidad, aunque hay una reedición barata que no le hace justicia. Desesperaba ya de leerlo cuando cuál no sería mi sorpresa al toparme con montones bastante considerables de ejemplares saldados en una de las librerías de lance del barrio chino a donde había acudido en busca de otra pieza. Más serendipia.

Riquer andaba completamente entregado a su tarea, porque en 1969 publicaría un brillante artículo en el boletín de esta casa (hoy reimpreso) con el título «La fecha

---

2. Martín de Riquer, *L'arnès del cavaller: armes i armadures catalanes medievals,* Barcelona, Ariel, 1968.

del "Ronsasvals" y del "Rollan a Saragossa" según el armamento». En él demostraba la posibilidad de datar escritos antiguos, en este caso dos poemas épicos provenzales, gracias a las características del léxico militar. De hecho, retrasaba en dos siglos, del XIV al XII, el origen oficial de ambos poemas admitido hasta entonces. En su respuesta al discurso de Riquer, decía Dámaso Alonso: «¡Cuánto talento, cuánto trabajo, cuánta intuición súbitamente reveladora, en estas indagaciones sobre una palabra o una fecha!».

Quiere decirse que la suya no era una tarea solamente literaria —ese era el aspecto que más nos seducía a poetas como Barral y aficionados como yo mismo—, sino sobre todo científica. Palabras como *falberta* hacen conspicua una fecha con tanta precisión como las mandíbulas de un coleóptero declaran su especie. Si en un texto aparece una lanza «en ristre», no puede ser anterior al siglo XIV. Términos como *bocla, asbergo, gambax* o el yelmo cónico con *nasal* datan con certeza un texto.

Fue este archipiélago de términos muertos, de palabras calladas, lo que me sedujo de Riquer, piloto entre islas desconocidas. Recuperar alguna de aquellas palabras era como desenterrar terracotas hundidas en el olvido y volver a admirar su contorno, la delicadeza de los rostros, la elegante apostura de las damas griegas con sus sombrillas.

De inmediato comencé a pensar en una novela que las recuperara. ¿Era posible devolver a la vida esa colección terminológica sin que pareciera una resurrección de cartón piedra? Llené cuadernos y más cuadernos desbordantes de estampas léxicas medievales y renacentistas con dibujos imaginarios o copiados de viejas fuentes figurativas usadas por Riquer, como los dibujos de Carderera en la

Iconología española de mediados del XIX. Todo se perdió en los sucesivos traslados a media docena de ciudades donde fui dejando rastro de nostalgia medievalista. Tardé diez años en encontrar la excusa adecuada para desenterrar el tesoro de Riquer y tratar de darle una vida impostada.

Antes, sin embargo, permítanme que hable de otra serendipia, la que reunió a Barral y Mario Vargas Llosa cuando buscaban un Joanot Martorell y se encontraron un Riquer. Aquellos eran buenos años para la edición y algunas firmas, como Seix Barral, arriesgaban de modo considerable. Cuenta el propio Mario Vargas Llosa en sus obras completas (vol. VI, p. 33) que a él le había deslumbrado un libro de caballerías valenciano llamado *Tirant lo Blanc* desde que lo descubrió siendo muy joven en una biblioteca limeña. Cuando llegó a España como estudiante, en 1958, se quedó atónito al constatar que nadie conocía una novela que a él le había parecido la cumbre del género.

Años más tarde, tras ganar el Premio Biblioteca Breve de 1962 con *La ciudad y los perros,* entabló una buena amistad con el editor barcelonés. Fruto de ella fue la aparición en dos volúmenes del *Tirant* en 1969. Reproducía fielmente la original de Valencia de 1490, con leves modernizaciones ortográficas. Para encontrar la última lectura del texto original había que remontarse a 1947. ¿Y quién había cuidado de aquella vieja edición veinte años atrás? Martín de Riquer, naturalmente, el cual prologaría también la edición de Seix Barral con una larga introducción tomada de su *Historia de la literatura catalana,* que sigue siendo lo mejor que puede leerse para comenzar la lectura del gran valenciano.

El trío formado por Riquer, Vargas Llosa y Martorell se paseó aquellos años por España casi como los empresarios taurinos que han descubierto a una figura y la llevan a todos los cosos de importancia. El mismo año de 1969 vio la luz la versión moderna, aunque rigurosa, del *Tirant* en Alianza Editorial, traducido por Vidal Jové y prologado por Mario Vargas Llosa con uno de sus mejores escritos literarios, la «Carta de batalla por Tirant lo Blanc», un homenaje a la literatura más ambiciosa, la de los «suplantadores de Dios», los llama. Para Vargas, este narrador del siglo XV puede ponerse junto a Fielding, Balzac, Dickens, Flaubert, Tolstói, Joyce y Faulkner. Cito textualmente.

El deslumbramiento, tentado estoy de decir el *bran*, la brasa, el tizón de Joanot Martorell, me convenció de que tenía que escribir una novela de aventuras caballerescas. Proyecto disparatado en aquellos años en que se rendía pleitesía a la escuela francesa de Robbe-Grillet y a la irlandesa de Beckett. Las novelas históricas estaban muy mal vistas en los años setenta del siglo XX. Eran consideradas entretenimientos infantiles como el cómic del Capitán Trueno, o bien productos comerciales para señoras románticas. El proyecto quedó aparcado hasta que encontré, ya no sé si por serendipia o por chiripa, el texto adecuado «para desenterrar el tesoro de Riquer y tratar de darle una vida impostada», como les dije antes. Ese texto era el de un caballero francés de la Champaña, Jean de Joinville, nacido en 1225, y me iba a permitir la ambiciosa tarea de dar vida a decenas de palabras dormidas, fenecidas u olvidadas. O por lo menos, intentarlo.

Puede resultar extraño que, en aquellos años convulsos, los de las revueltas estudiantiles en París, del desafío de los campus americanos y de las huelgas universitarias en España, me pareciera fascinante un asunto caballeresco, pero en mi imperdonable candor yo veía también las luchas estudiantiles y sus consiguientes represiones no como un fenómeno moderno, sino como algo próximo al final del Antiguo Régimen. Me daba la impresión entonces, hoy plenamente ratificada, de que, aunque tenían un aspecto político y revolucionario, aquellos levantamientos y aquella violencia en realidad eran el anuncio de un mundo nuevo, aunque desde luego no sería comunista, como nosotros pensábamos entonces, sino todo lo contrario: sería un mundo dominado por la técnica que en aquellos días nadie sospechaba. En el nuevo mundo tendría mucha mayor influencia sobre el ámbito laboral la acción de la píldora anticonceptiva que las obras completas de Marx. Era esa transformación la que se celebraba con grandes revueltas en el mundo civilizado sin tener conciencia de ella.

El libro de Jean de Joinville se suele llamar *Histoire de Saint Louis,* pero el título que le dio su autor es *Livre des saintes paroles et des bons faiz de nostre saint roy Looÿs,* porque su finalidad no era otra que la de ayudar a canonizar al rey Luis IX. Lo escribió a los ochenta años de edad y con él quería rememorar los grandes hechos de armas de la séptima cruzada, que había sido una verdadera catástrofe. Cualquiera que lea este maravilloso libro se percatará de que nada había de santo en el rey francés, pero sí una grandeza de espíritu y un coraje extraordinarios. El testimonio de Joinville, que era su senescal, es uno de los más bellos libros que se han escrito nunca sobre el valor, el esfuerzo y la gallardía que no logran alcanzar ningún éxito, sino el más absoluto fracaso.

Con enorme candidez me puse a recordar, hacia 1982, cuando Mayo de 1968 ya era una momia, nuestros propios «hechos de armas», nuestras insensatas cruzadas y nuestros fracasos. También los muertos, los desaparecidos, los prisioneros, los que habían arruinado su vida no sólo por la revolución social, sino sobre todo por la ideología del momento, las drogas, las comunas, la irresponsabilidad, el viaje a Oriente, toda la insensatez que fue cobrándose vidas de jóvenes a lo largo de los años setenta del siglo XX. En mi círculo de amigos hubo más bajas que en el de mi padre durante la guerra civil.

Ahora me parece un disparate, pero en aquellos años me sentí perfectamente identificado con la séptima cruzada, hermosa historia de caballeros armados que no ganaron una sola batalla, que fueron hechos prisioneros casi desde que pusieron pie en tierra, que sufrieron la lepra, el desierto, la tortura, la humillación a cambio de nada y sólo por permanecer fieles a una ideología perfectamente arcaica y muerta ya en el siglo XIII. Así también yo y mis amigos estábamos al servicio de unas ideas, las comunistas, que considerábamos esperanzadoras cuando en realidad ya habían fracasado en todas partes con enormes carnicerías que podían compararse con las del Tercer Reich.

Movido por esa emoción que todos los escritores conocen perfectamente cuando un asunto les oprime el corazón, pero no tienen ni idea de cómo exponerlo, me puse a escribir mi primera novela aceptable. Se editó en 1982 con el título de *Mansura* y uno de mis valedores en esta Academia, Javier Marías, la acaba de reeditar por pura serendipia en su caballeresca editorial del Reino de Redonda.[3]

Ahora entienden ustedes por qué he insistido tanto en el neologismo y cuál era la razón por la que me empeñaba en contarles un cuento. Yo mismo he sido el camello cojo y tuerto de la leyenda, y anduve vagando por un desierto en el que me echaron una mano procurándome una decisión hasta seis príncipes de Sri Lanka, de Riquer a Barral, de éste a Vargas Llosa, de ahí a Joanot Martorell y finalmente a Joinville y Javier Marías. Todos ellos inventaron una parte del camello y debo decir que, a partir de *Mansura,* ya no había remedio, el camello tenía vida propia. Dos años más tarde repetí la misma historia, pero desde el punto de vista de la madurez, de la lucidez y de la ironía: fue la *Historia de un idiota contada por él mismo* que, aunque parezca imposible, viene a ser de nuevo la séptima cruzada, pero ahora escrita desde el desengaño.[4] Un desengaño que, como el de tantos jóvenes en la actualidad, no destruye el sentido del humor.

Puedo decir con toda la sencillez y verdad del contador de cuentos que, hace cuarenta años, Martín de Riquer, sin él saberlo, comenzó a traerme hacia este sillón que hoy ocupo, su sillón, del mismo modo que sin duda ya habrá recorrido buena parte de sus serendipias y chiripas aquel que algún día me sustituirá también a mí.

Roguemos todos, y yo el primero, para que no suceda tal cosa demasiado pronto.

---

3. Félix de Azúa, *Mansura,* Madrid, Reino de Redonda, 2015.
4. Félix de Azúa, *Historia de un idiota contada por él mismo,* Barcelona, Anagrama, 1986.

Procedencia de los textos

¿DE QUÉ HABLAN LOS POETAS?

Prólogo a Friedrich Hölderlin, *Poemas,* selección y traducción de Eduardo Gil Bera, Barcelona, Lumen, 2012.

PERDER LO QUE NUNCA FUE NUESTRO

Publicado en *El País* el 3 de enero de 2012.

SIEMPRE EN BABEL

Publicado en la revista *Archipiélago,* n.º 26-27, 1996.

DON JUAN SE JUBILA

Conferencia impartida el 11 de noviembre de 2007 en la primera jornada del ciclo «Visiones contemporáneas de Don Juan», organizado por la Fundación José Manuel Lara en Sevilla.

TRUENOS, NINFAS Y AGUA SUCIA

Publicado en *El País* el 4 de febrero de 2014.

CARTAS DE POETAS

Presentación en Barcelona de *Memorias y palabras. Cartas a Pere Gimferrer 1966-1997*, de Octavio Paz, el 22 de junio de 1999.

LA MÚSICA DE LOS BUITRES

Presentación de *Ciudad propia*, la poesía reunida de Francisco Ferrer Lerín, en la librería La Central de Barcelona, el 8 de febrero de 2007.

UT PICTURA POESIS

Prefacio al libro de Neus Galí *Poesía silenciosa, pintura que habla*, Barcelona, Acantilado, 1999.

APOTEOSIS DE UN FAMOSO PÍCARO

Publicado en *El País* el 15 de septiembre de 2013. Del texto aparecido en el periódico se han suprimido los tres últimos párrafos, que se referían a la colección en la que se publicó el libro y eran meramente circunstanciales. Los reproducimos en cambio aquí:

> ¿Y por qué es tan difícil comprar los libros de esta colección? Pues porque el negocio de librería ya no es lo que era y, como todo el mundo puede suponer, un volumen de semejante envergadura, con un título que apenas dice nada a quien no sea buen lector de literatura española, dura como mucho una semana en exposición y luego se devuelve. Seguramente el distribuidor sólo pudo colocar tres o cuatro ejemplares en las grandes librerías, y eso con suerte.
>
> Ahora bien, quien desee tener la colección sin pérdida ni retraso, volumen a volumen, puede apuntarse como miembro del Círculo de Lectores, en cuyas listas figura toda la serie a medida que se va

editando. Cumplida la obligación con los miembros del Círculo, Galaxia Gutenberg distribuye a los libreros otra cantidad de ejemplares. Por esta razón, o lo pillas según se expone o ya será muy difícil hacerte con él.

¿Podría mejorarse este punto? Creo que merecería la pena. No hay en la actualidad otra colección de clásicos que se la pueda comparar, excepto quizás la Biblioteca Castro, que edita muy bellos libros, pero sin aparato crítico. La colección de la Real Academia Española es, hoy por hoy, obligada en toda biblioteca educada. Siendo así que tenemos un gobierno que detesta la cultura y trata de arruinarla, siempre lo podemos combatir comprando estos libros monumentales.

LOS NUEVOS MUNDOS NUEVOS

Publicado en *El País* el 10 de septiembre de 2004.

LA SEGUNDA ENCARNACIÓN

Publicado en *Claves de Razón Práctica*, n.º 150, marzo de 2005.

LA MADRE DE LA LITERATURA

Publicado en *El País* el 26 de mayo de 2013.

LA SENSIBILIDAD CULPABLE

Prólogo a la traducción catalana de Lluís Maria Todó de *Manon Lescaut* de Antoine-François Prévost, Barcelona, Biblioteca Pompeu Fabra, 2004.

UNA CRUZ EN DUCHOV

Prólogo a *Historia de mi vida* de Giacomo Casanova, Vilaür, Atalanta, 2009. En el texto se han suprimido los comentarios a la bibliografía sobre Casanova, que en cambio reproducimos aquí:

> La bibliografía de Casanova es tan inmensa como laberíntica. De manera que sólo doy unas informaciones básicas sobre lo que acaba el lector de leer.
>
> Hasta el momento, la mejor biografía es la de J. Rives Childs, *Casanova: a New Perspective* (Paragon House, 1988), aunque la última que yo he podido leer es la de Alain Buisine, *Casanova. L'Européen* (Tallandier, 2001), que no añade gran cosa a Childs. Como introducción literaria sigue siendo muy entretenido el *Casanova* de Stefan Zweig, aunque data de 1929 y está plagado de errores.
>
> Los casanovistas españoles son numerosos y activos. El episodio de Casanova en España es uno de los más graciosos e instruye sobre la abyecta situación moral y política de la España de esa época. El libro colectivo *Giacomo Casanova. Memorias de España* (Espasa Calpe, 2006) es sumamente interesante. En él destaca la aportación de Marina Pino, con una de las más chuscas historias del periplo catalán del veneciano: «Casanova, el conde, la bailarina y el obispo: ¿drama o vodevil?».
>
> Las terribles humillaciones del anciano bibliotecario están recogidas en un libro de temible lectura. Son las cartas que escribió un Casanova histérico y mentalmente desequilibrado en sus últimos años. G. Casanova, *Lettres a Sieur Faulkircher*, Caen, L'Echoppe, 1988.
>
> Sobre la cuestión específica de Casanova y sus amantes se ha publicado recientemente un trabajo de Judith Summers, *Casanova's Women* (Bloomsbury, 2006), dedicado a identificar las mujeres reales que se ocultan bajo iniciales o con nombre supuesto en el escrito de Casanova, pero no ha sido recibido con entusiasmo por los casanovistas.

> Es de uso muy útil la publicación canónica de los casanovistas: *L'Intermediaire des Casanovistes,* editada por Helmut Watzlawick y Furio Luccichenti. Suscripciones: 22, Ch. de l'Esplanade; CH-1214 Vernier (Suisse).

ÉSTE ES UN ASUNTO PARA SEÑORES

Publicado en la revista *Jot Down,* n.º 5, octubre de 2013.

A IZQUIERDA Y DERECHA, O EL AÑO NUEVO

Publicado en *El País* el 10 de enero de 2005.

ORIGEN DE NUESTROS OJOS

Publicado en *El País* el 10 de febrero de 2008.

EL CUARTO OSCURO

Publicado en el suplemento «Babelia» de *El País* el 22 de noviembre de 2015. Al final del artículo, el autor hacía referencia a los libros de Henry James que se acababan de publicar. Damos aquí esa referencia bibliográfica que se ha suprimido en el presente volumen:

> Todo lo anterior viene a cuento de la edición que está llevando a cabo Penguin Clásicos. Son ya cinco los títulos aparecidos, a cual mejor y más necesario. Son ediciones cuidadas, con las traducciones más notables (traducir a James es morir un poco) y prólogos o epílogos de buena firma: Luis Magrinyá, Colm Tóibín, Philip Horne. En este año han salido ya: *Retrato de una dama, Otra vuelta de tuerca, Las bostonianas* y *Los embajadores,* además de una perfecta selección de *Relatos.* Todas son obras maestras.

PARA EMPEZAR POR EL FINAL

Conferencia inédita.

JUVENTUD DE UN CENTENARIO

Publicado en *El País* el 12 de noviembre de 2013.

DOKTOR FAUSTUS

Conferencia pronunciada en septiembre de 2015 en las conversaciones literarias de Formentor, Mallorca. El ciclo se tituló aquel año «El misterio del mal».

DE VISITA EN LA VIEJA CASA

Publicado en *El País* el 10 de mayo de 2005.

MAZMORRAS DEL TIEMPO Y DEL ESPACIO

Publicado en *El País* el 10 de septiembre de 2005. En la versión impresa del periódico, el segundo párrafo se cerraba con una alusión bibliográfica que reproducimos aquí:

> Anteriormente publicada en dos tomos, la autobiografía ha sido reeditada por Galaxia Gutenberg en uno solo y con emocionante prólogo de Antonio Muñoz Molina.

LARGO VIAJE HACIA LA TRANSPARENCIA

Publicado en *El País* el 27 de abril de 2014.

LOS ESTRAGOS DE LA EDAD

Publicado en *El Periódico* el 4 de enero de 2008.

UNA CHICA DEL MONTÓN

Publicado en el blog El Boomeran(g) el 7 de junio de 2011.

EL FINAL DE UNA MADRE

Publicado en *El País* el 20 de enero de 2013.

LA NOVELA EUROPEA O UN BAILE DE DISFRACES

Publicado en *El País* el 27 de mayo de 2010.

BUSCANDO UNA DIRECCIÓN BAJO LA LLUVIA

Publicado en el blog El Boomeran(g) el 9 de mayo de 2011.

HABLEMOS DE LITERATURA UN POCO

Prólogo a *Idiotas y humillados,* Barcelona, Anagrama, 2010, una edición que recopila dos novelas del autor: *Historia de un idiota contada por él mismo* (Barcelona, Anagrama, 1986) y *Diario de un hombre humillado* (Barcelona, Anagrama, 1987).

¿EN QUÉ NOVELA VIVES?

Publicado en la revista *Jot Down* el 7 de de agosto de 2016

EL REFUGIO DE LA MONTAÑA

Publicado en el blog El Boomeran(g) el 3 de mayo de 2011.

EN EL ORIGEN DE LA VANGUARDIA

Publicado en *El País* el 2 de abril de 2013.

LOS SIAMESES ESTÁTICOS

Publicado en *El País* el 9 de marzo de 2007.

LAS CATACUMBAS Y EL FIRMAMENTO

Publicado en *El País* el 22 de enero de 2014.

REGRESO A LA URBE

Publicado en *El País* el 4 de mayo de 2015. En la versión aparecida en el periódico del artículo anterior, el autor, en una frase que hemos suprimido, anunciaba la publicación del segundo volumen de la *Obra de los Pasajes* de Benjamin. Cuando finalmente Abada publicó dicha edición, el autor escribió este artículo que se abría y se cerraba con unos párrafos sobre la edición que hemos suprimido más atrás pero que reproducimos aquí:

> Hace año y medio, en enero de 2014, di cuenta de la aparición del primer volumen de la *Obra de los pasajes,* nombre que toma en la edición de Abada el célebre *Das Passagen-Werk,* magno trabajo inacabado de Walter Benjamin. Allí anunciaba la publicación del segundo volumen en unos meses. Han sido bastantes más de los que suponía, pero por fin aquí está el cierre de la obra. Nadie que comprara el primero puede quedarse sin el segundo, y aquellos que prefirieron esperar a que la obra estuviera completa ya pueden ir a la librería con una maleta. Los dos volúmenes suman 1.662 páginas. Una edición colosal en inmejorable traducción de Juan Barja. La edición se completa con una extensa sección en la que el editor explica la composición de *Pasajes* mediante cientos de cartas de Benjamin a Adorno, a Scholem, a Horkheimer, a Hannah Arendt, con decenas de respuestas. Es una antología epistolar del filósofo,

imprescindible para cualquier aficionado. Admirable e imprescindible edición.

BORRÓN Y CUENTA NUEVA

Publicado en *El País* el 10 de febrero de 2005.

LECTURAS PARA EL SIGLO XXI

Publicado en el suplemento «Babelia» de *El País* en mayo de 1995.

A FAVOR DE LA MEMORIA HISTÓRICA

Publicado en *El País* el 20 de febrero de 2010.

VOLVER A LEER LOS NUEVOS LIBROS

Publicado en *El Periódico* el 23 de abril de 2009.

INCOMODIDAD DEL INSUMISO

Publicado en *El País* el 10 de octubre de 2005.

SOBRE SABIOS, BOBOS Y MALVADOS

Publicado en *El País* el 4 de septiembre de 2009.

GRAN FILOSOFÍA EN PROSA LITERARIA

Publicado en *El País* el 22 de enero de 2016.

EL HÉROE QUE TODO LO APRENDIÓ EN LOS LIBROS

Publicado en la revista *Araucaria,* n.º 17, primer semestre de 2007.

YA SUENAN LOS CLAROS CLARINES

Publicado en el blog El Boomeran(g) el 20 de diciembre de 2010.

EL VENCIDO INVICTO

Publicado en *El País* el 8 de diciembre de 2012.

EL FINAL DEL SIGLO XX

Conferencia impartida en Ginebra en noviembre de 2010.

DIOS NOS LIBRE DE LOS LIBROS

Publicado en *Jot Down* el 13 de febrero de 2012.

PALABRAS PARA UNA BIBLIOTECA

Conferencia impartida en la Biblioteca Nacional de Madrid el 9 de marzo de 2005. Este texto ya se había publicado en otro libro del autor titulado *Ovejas negras*, Barcelona, Bruguera, 2007.

UN NEOLOGISMO Y LA HACHE

Discurso de ingreso en la Real Academia Española pronunciado el 13 de marzo de 2016. Le contestó el académico Mario Vargas Llosa.

Otros títulos

1. *Anatomía poética*
J.M. Caballero Bonald y J.L.Fajardo

2. *Radical libre*
Manuel Vicent

3. *Zona de Obras*
Leila Guerriero

4. *Suspense*
Patricia Highsmith

5. *Para ser escritor*
Dorothea Brande

6. *El tiempo reversible*
Francisco Umbral

7. *Puntos suspensivos*
Ángel Gabilondo

8. *Toda la vida preguntando*
Juan Cruz

9. *Hambre de realidad*
David Shields

10. *La vida en cinco minutos*
Virginia Galvín

11. *Ensayos Bárbaros*
Jordi Soler

12. *Vidas de santos*
Antonio Lucas

13. *Lacrónica*
Martín Caparrós

14. *Las Encantadas*
Charles Darwin y Herman Melville

15. *El arte de perder*
F.Scott Fitzgerald

16. *Japón el paisaje del alma*
Rudyard Kipling e Inazo Nitobe

17. *Cosas que brillan cuando están rotas*
Nuria Labari

18. *Largo viaje inmóvil*
Doménico Chiappe

19. *Mientras haya bares*
Juan Tallón

20. *¿Pero qué broma es esta?*
Miguel Ángel Aguilar

21. *Leer es un riesgo*
Alfonso Berardinelli

22. *Un abuelo rojo y otro abuelo facha*
Juan Soto Ivars

23. *La importancia de no entenderlo todo*
Grace Paley

24. *Constantinopla, eterno viaje a Itaca*
Thèophile Gautier y Konstantinos Kavafis

25. *América*
Manuel Vilas

circulodetiza.es

Este libro terminó de imprimirse el 2 de febrero de 2017. Tal día como hoy de 1882 nace James Joyce, escritor irlandés, uno de los más importantes e influyentes del siglo xx. Joyce es aclamado por su obra maestra, *Ulises* y por su controvertida novela posterior, *Finnegans Wake.*